Dritte Welt Haus Bielefeld

Atlas

der Weltverwicklungen

Ein Schaubilderbuch
über weltweite Armut,
globale Ökologie
und lokales Engagement

Redaktion: Georg Krämer
Schaubilder: Th. Ellmer, M. Henrici

Peter Hammer Verlag

Vervielfältigung der Schaubilder

Dritte Welt Haus Bielefeld
August Bebel Str. 62, 4800 Bielefeld 1.
Tel. 0521/62802. Fax: 0521/63789.

CIP-Titelaufnahme der deutschen Bibliothek

Dritte Welt Haus Bielefeld:
Atlas der Weltverwicklungen : ein Schaubilderbuch über weltweite Armut, globale Ökologie und lokales Engagement / Dritte-Welt-Haus Bielefeld (Hg.). [Red.: Georg Krämer. Zeichn.: Gerhard Eickmeyer]. - Wuppertal : Hammer, 1992
ISBN 3-87294-490-8
NE: Krämer, Georg [Red.]; Eickmeyer, Gerhard; Dritte-Welt-Haus <Bielefeld>

Redaktion: Georg Krämer, Dritte Welt Haus Bielefeld
Grafiken und Satz: Ellmer GmbH, Bad Salzuflen
Zeichnungen: Gerhard Eickmeyer
Umschlag: Magdalene Krumbek
Druck und Bindung: Ebner Ulm

Inhaltsverzeichnis

An jedem Tag ...

... wächst die Weltbevölkerung

um 250.000 Menschen

... wird die Erde mit

60.000.000 Tonnen Kohlendioxid

aus Kraftwerken, Schornsteinen und Auspuffrohren aufgeheizt

... wird die Fläche von

63.000 Fußballfeldern Regenwald

vernichtet

... werden

4.200.000.000 DM

für die Rüstung ausgegeben

... sterben

36.000 Kinder

an den Folgen des Hungers

An jedem Tag ...

Wir leben in einer widersprüchlichen, kaum noch überschaubaren Welt. Die globalen Dimensionen und Folgen unseres Handelns sind uns weder bewußt noch erfahrbar. Wie können wir lernen, WeltbürgerInnen zu werden?
Die Menschheitsfamilie wächst jeden Tag um eine Viertel Million Personen (1). Doch Mensch ist nicht gleich Mensch; in Lebensstil und Konsum, Wohlstand und Ernährung, Luxus und ökologischer Belastung der Erde durch Energieverbrauch, chemische Stoffe oder Müllaufkommen unterscheiden wir uns mindestens ebenso erheblich wie in Sprache oder kultureller Orientierung. So wird z.B. der Treibhauseffekt, die wohl gefährlichste globale ökologische Herausforderung der Menschheit, überwiegend durch das knappe Drittel der Weltbevölkerung im reichen Norden der Erde ("Industrieländer") verursacht. Täglich werden rund 60 Millionen Tonnen Kohlendioxid allein durch das Verbrennen von "fossilen Energieträgern" (Öl, Erdgas, Kohle) in die Erdatmosphäre emittiert (2). Dieser "zusätzliche" CO_2-Ausstoß im Energiebereich – zusätzlich zum natürlichen Kohlenstoff-Kreislauf-- ist zu 95% von den Menschen im Norden zu verantworten. Die Auswirkungen der Erderwärmung sind dennoch global, ebenso wie die Folgen der rasanten Zerstörung des Regenwaldes. Nach Berechnungen der FAO werden jeden Tag ca. 463 qkm – das entspricht der Fläche von über 63.000 Fußballfeldern – vernichtet, und dies allein bezogen auf die geschlossenen, noch nicht genutzten Wälder (3). Im auffälligen Kontrast zu diesen ökologischen Bedrohungen stehen die "Sicherheitsaufwendungen" im militärischen Bereich, die 1990 weltweit die Summe von ca. 4,2 Mrd. DM pro Tag (allein für Großwaffen) ausmachten (4). Mit einem Bruchteil dieser Summe wären wesentliche Maßnahmen für das Überleben der Menschen in der "Dritten Welt" zu bewerkstelligen; dort sterben laut Unicef jeden Tag ca. 36.000 Kinder (unter 5 Jahren) an den direkten oder indirekten Folgen des Hungers (5).

Anregungen zur Weiterarbeit: Welche der hier angedeuteten Entwicklungen wird am stärksten als Bedrohung erlebt? Wo sehen die SchülerInnen am ehesten Möglichkeiten der Abhilfe? In welcher Weise ist unsere Gesellschaft an diesen einzelnen Prozessen beteiligt?

Quellen:

(1): Berechnet nach UNFPA, Weltbevölkerungsbericht 1992, der von einem Zuwachs von knapp 90 Mio. Menschen für die 90er Jahre ausgeht.
(2): Zu den gut 22 Mrd t CO_2 aus den "fossilen Energieträgern" kommen noch ca. 5,5 Mrd. t CO_2, die aus Waldrodung und Landwirtschaft resultieren. Diese insgesamt ca. 27 Mrd t CO_2 (1990) tragen zu 50% zum "zusätzlichen Treibhauseffekt" bei. Vergl. dazu den Dritten Bericht der Enquete-Kommission "Vorsorge zum Schutz der Erdatmosphäre" (Schutz der Erde) , Bundestags-Drs. 11/8030, Bonn 1990.
(3): Die FAO gibt in der Tropenwaldinventur 1990 an, daß jährlich 169.000 qkm "geschlossener Regenwälder" zerstört werden. Zitiert nach dem "Ersten Bericht" der Enquete-Kommission des Deutschen Bundestages "Klimaänderung gefährdet globale Entwicklung", BT-Drs. 12/2400, Bonn 1992.
(4): Berechnung des Stockholmer Friedensforschungsinstitutes SIPRI, das nur Ausgaben für "Großwaffen" erfaßt, für 1990, zit. nach FR vom 25.5. 91. Kursumrechnung: 1$ = 1.60 DM.
(5) Vergl. Unicef-Jahresbericht 1992.

Tagesanzeige

Bin ich denn der Hüter
meines Bruders? (Gen 4,9.)

Gestern starben weltweit

36.000 Kinder

an den Folgen des Hungers.

Die Beerdigungen haben in aller Stille stattgefunden.
Von Beileidsbekundungen bitten wir Abstand zu nehmen.
Wir wußten nicht, wie wir ihren Tod hätten vermeiden können.

Die reichen Verwandten im Norden der Erde.

Tagesanzeige

Daß täglich ca. 36.000 Kinder an den Folgen des Hungers sterben, gehört zu den Realitäten, die kaum erträglich sind und deshalb häufig verdrängt werden (müssen). Wie könnten wir noch leben und uns freuen, wenn wir uns dieses Massensterbens (oder Massenmordes?) ständig bewußt wären?
Diese "Tagesanzeige" will provozieren, Betroffenheit, "schlechtes Gewissen" und Erschrecken auslösen und darüber ins Gespräch kommen. Denn gerade die Auseinandersetzung mit den durchaus ambivalenten Gefühlen, die derartige Texte (wie auch jeder Fernsehbericht über Hungerlager in Afrika) auslösen, ist wichtig, kann unser Verhältnis zur "Dritten Welt" klären, unsere eigenen Anteile, Ängste, Verdrängungen deutlicher machen.
Natürlich ist ein schlechtes Gewissen ein "unangenehmes Gefühl" und gleichzeitig wohl auch keine erfolgversprechende Strategie für entwicklungspolitisches Lernen, es sei denn, man hat es auf die schnelle Spende als Gewissensberuhigung und Ersatzhandlung abgesehen. Viele Sperren gegen diesen Lernbereich kommen aus dieser emotionalen Dissonanz: Einerseits wird Betroffenheit zugemutet (der Tod von Kindern kann ja eigentlich niemandem egal sein), andererseits weiß man schon, daß wir da eh nichts ändern können.
Deshalb sollte es ein Ziel entwicklungspolitischen Lernens sein, auch über diese emotionalen Anteile ins Gespräch zu kommen. Auch wenn die Gefahr groß ist, daß wir – wenn wir ehrlich sind – am Ende relativ hilflos, empört, betroffen und ratlos sein werden, die Auseinandersetzung mit dieser entwicklungspolitischen Realität unserer Welt ist wichtig, weitet unsere Perspektive, muß zugemutet werden. Aber erträglich ist das vielleicht nur, wenn wir uns über diese emotionalen Anteile verständigen können, über unsere Ohnmacht, unsere Wut, unsere Hilflosigkeit und unsere Angst. Und nur diese Verständigung gibt vielleicht am Ende die Kraft, kleine – immer unzureichende – Schritte des Engagementes zu versuchen.

Anregungen zur Weiterarbeit:
Versuchen Sie, ein Gespräch über den emotionalen Gehalt dieser "Tagesanzeige" (z.B. in Kleingruppen) auszulösen. Was ist an einer solchen Anzeige provokant, ärgerlich, mitleidsheischend, sentimental usw.?
Warum haben viele "keine Lust", sich mit so etwas zu befassen? Wo gibt es andere Lebensbereiche (Krankheit, Tod), mit denen eine Beschäftigung aus ähnlichen Gründen unterbleibt?
Andererseits: Was könnte dafür sprechen, sich dennoch mit dem Thema "Dritte Welt" (z.B. Hungertod von Kindern) zu beschäftigen? Warum tun dies einige (aus der Klasse, Gruppe, Gemeinde etc.)? Was läuft bei denen emotional anders als bei der Mehrheit?

Quellen:
Ausführlicher dazu: Elke Begander: Dritte Welt? Nein danke! Abwehrmechanismen und Widerstände gegen entwicklungspolitische Themen (in: Dritte Welt Haus Bielefeld: Von Ampelspiel bis Zukunftswerkstatt, 198 S., Peter Hammer Verlag, Wuppertal 1990. Preis: 16.80 DM; Bezug: Dritte Welt Haus, Bielefeld).

Wer ist die »Dritte Welt«?

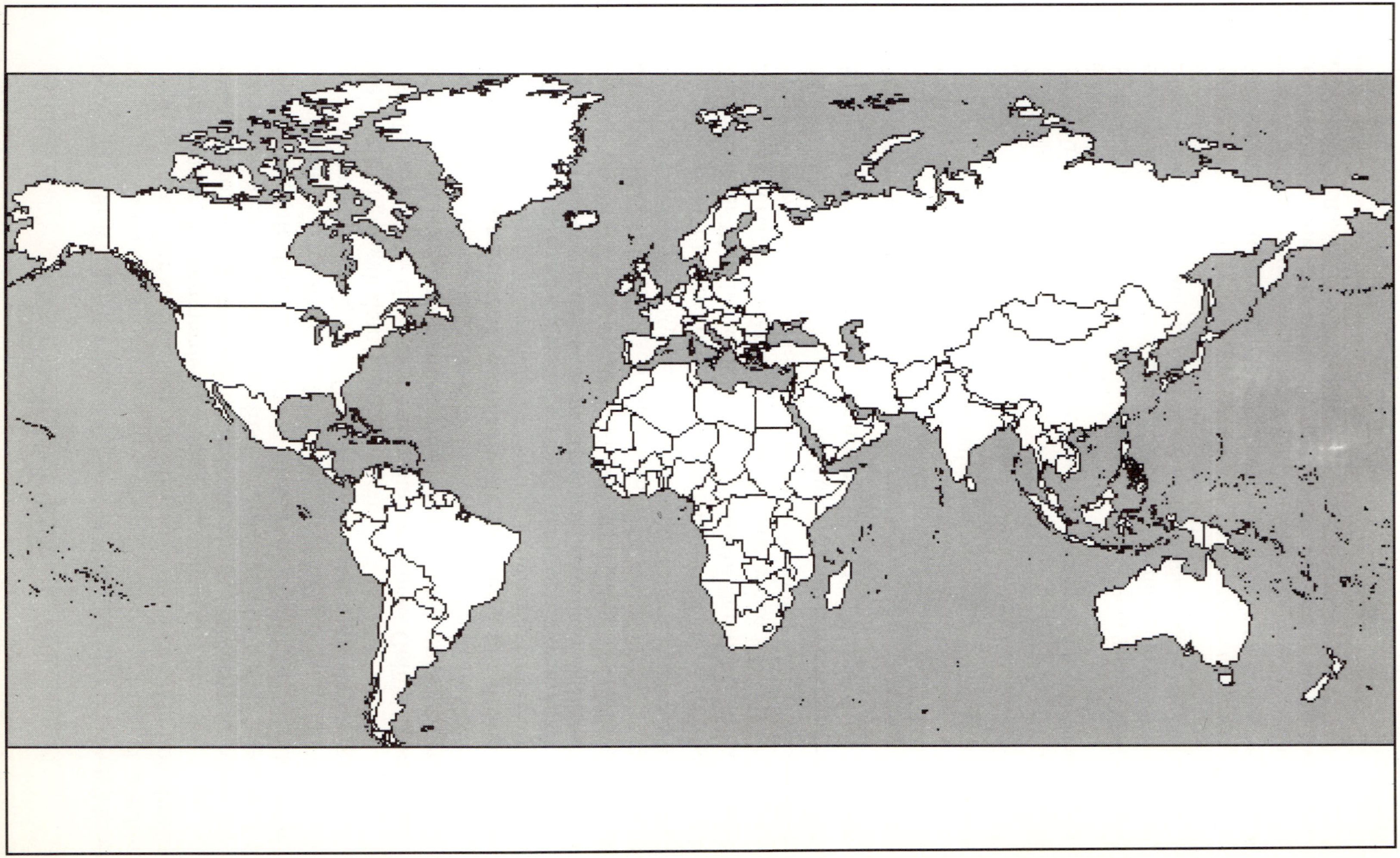

Wer ist die »Dritte Welt«?

»Dritte Welt« – ein fragwürdiger und schwieriger Begriff. Er soll jene Gruppe von höchst unterschiedlichen Staaten auf der Südhalbkugel unseres Globus bezeichnen, die weder den westlichen Industrieländern (Zusammenschluß OECD) noch dem früheren RGW der sozialistischen Staaten angehör(t)en.
Kriterien für ein Entwicklungsland oder ein "Dritte Welt-Land" festzusetzen ist problematisch, weil diese sich erheblich voneinander unterscheiden. Vereinte Nationen, Weltbank und OECD orientieren sich bei der Eingruppierung zwar überwiegend an der Meßgröße "Bruttosozialprodukt pro Kopf", setzen aber das Kriterium nicht gleich hoch an, was zu unterschiedlichen "Listen von Entwicklungsländern" führt. Streitfälle sind z.B. Griechenland, Portugal, Türkei oder Israel. Daß die Einteilung Dritte Welt/entwickelte Länder fragwürdig ist, liegt auf der Hand; manches "Dritte Welt-Land" (wie Bahrain oder die Vereinigten arabischen Emirate) ist reicher als manches "entwickelte" Land Europas.
Üblicherweise werden zur Kategorie der Entwicklungsländer alle afrikanischen Staaten (außer Südafrika), alle amerikanischen Staaten (außer USA und Kanada) sowie ganz Asien (außer die Länder der ehemaligen Sowjetunion, Japan) – ohne Australien und Neuseeland – gerechnet. Ab 1993 ist geplant, 8 der 12 Staaten der ehemaligen Sowjetunion ebenfalls zu den "Entwicklungsländern" zu rechnen.
Es existieren weitere Kategorien: Die Weltbank unterteilt gemäß dem Kriterium des BSP/Kopf die Staaten in Länder mit niedrigem (bis 610 $), mit mittlerem (611 $ bis 7619 $) und mit hohem Einkommen (1). Die UN definieren nach bestimmten Kriterien eine Gruppe der Least Developed Countries (LDC), die u.a. besonders zinsgünstige Kredite durch die International Development Association (IDA, eine Weltbanktochter) erhalten. Maßgeblich für die Zuordnung zu den LDCs ist neben dem Pro Kopf-Einkommen neuerdings ein ganzes Bündel von Kriterien (wie ein Lebensqualitätsindex, ein Wirtschaftsindex, ein Index über Ressourcenausstattung etc.) (2). Weitere kategoriale Zuordnungen (wie Schwellenländer, hoch verschuldete Länder etc.) ergänzen die Vielfalt und die Begriffsverwirrung.
Der Begriff "Dritte Welt", der auch in diesem Buch überwiegend verwendet wird, ist von seiner Entstehungsgeschichte her weitaus weniger abwertend gemeint als weithin angenommen. In den 50er Jahren wurde im französischen Sprachraum mit "Dritte Welt" jene Ländergruppe bezeichnet, die weder zur westlichen noch zur sozialistischen Staatengemeinschaft gehören wollte, sondern einen eigenständigen Weg zu gehen versuchte. Der Begriff hat sich weithin eingebürgert. Bei aller Fragwürdigkeit: Ein ideologiefreies Äquivalent für "Dritte Welt" wurde bisher nicht gefunden.

Anregungen zur Weiterarbeit: Diskutieren Sie das Für und Wider der einzelnen Begriffe (Dritte Welt, Entwicklungsländer, Peripherie, arme Länder). Was können oder wollen stattdessen Begriffe wie "2/3 Welt" oder "Eine Welt" aussagen?

Quellen:

(1) Zahlenangaben nach World Development Report 1992. Die Dollarangaben für die Kategorien werden jährlich angepaßt.
(2) Zur Neudefinition von "LDC" durch die UN-Generalversammlung im Jahre 1991 vergl. Nord-Süd-aktuell 4/91, S. 493 f.

Ein anderes Weltbild

Ein anderes Weltbild

Unser "Weltbild" sieht fast selbstverständlich Europa im Mittelpunkt und die Dritte Welt an der Peripherie. Dies muß sich ändern, wenn ein solidarisches Miteinander in der Einen Welt Wirklichkeit werden soll.
Vielleicht kann das andere Kartenbild ein Umdenken unterstützen. Die Peters-Projektion dieser Abbildung (1) zeigt die Erdteile und Länder in stärker flächentreuer Abbildung als die weithin verwendete Mercator-Projektion. Das bedeutet:

▶ Der Äquator ist tatsächlich in der Mitte. Dadurch beanspruchen die Nordländer nicht länger 2/3 der Abbildungsfläche.

▶ Die Kontinente der "Dritten Welt" sind zumindest annäherungsweise in der angemessenen Größenrelation wiedergegeben: Afrika ist größer als die "Gruppe unabhängiger Staaten"; bei der Mercatorprojektion wirkt die ehemalige Sowjetunion doppelt so groß wie Afrika. Lateinamerika ist doppelt so groß wie Europa, Indien dreimal größer als Skandinavien; bei der Mercator-Projektion sieht dies alles genau umgekehrt aus.

▶ Die Längengrade wurden bei dieser Abbildung aufgehoben. Statt Greenwich, also Europa, in das Zentrum zu rücken (0.ter Längengrad), liegt der 0-Punkt jetzt im östlichen China. Europa ist an die Peripherie gerückt, eine neue, fremde Perspektive.

Anregungen zur Weiterarbeit:

Hängen Sie nach Möglichkeit eine alte Weltkarte (Mercator-Projektion) in der Klasse auf und verteilen Sie das "andere Weltbild" als Arbeitsblatt (2).

▶ Welche Unterschiede fallen den SchülerInnen auf?

▶ Welche Kontinente sind besonders fremd/anders dargestellt? Wie verhält es sich mit den tatsächlichen Größenverhältnissen? Welche Länder können identifiziert werden?

▶ Wie wird diese andere Form der Darstellung (Peters-Projektion) beurteilt?

Quellen:

(1) Kartendarstellung der Peters-Projektion aus der Zeitschrift: Eine (Dritte) Welt in der Grundschule, 1/92 (Bremen 1992).

(2) Eine farbige Weltkarte (70 cm x 110 cm) in der flächentreueren Peters-Projektion mit Erläuterungen der Unterschiede zur Mercator-Projektion ist erhältlich bei: Missionshilfe-Verlag, Mittelweg 143, 2000 Hamburg 13. Preis: 10.oo DM.

Die Dritte Welt gibt es nicht

Große Unterschiede zwischen den Entwicklungsländern

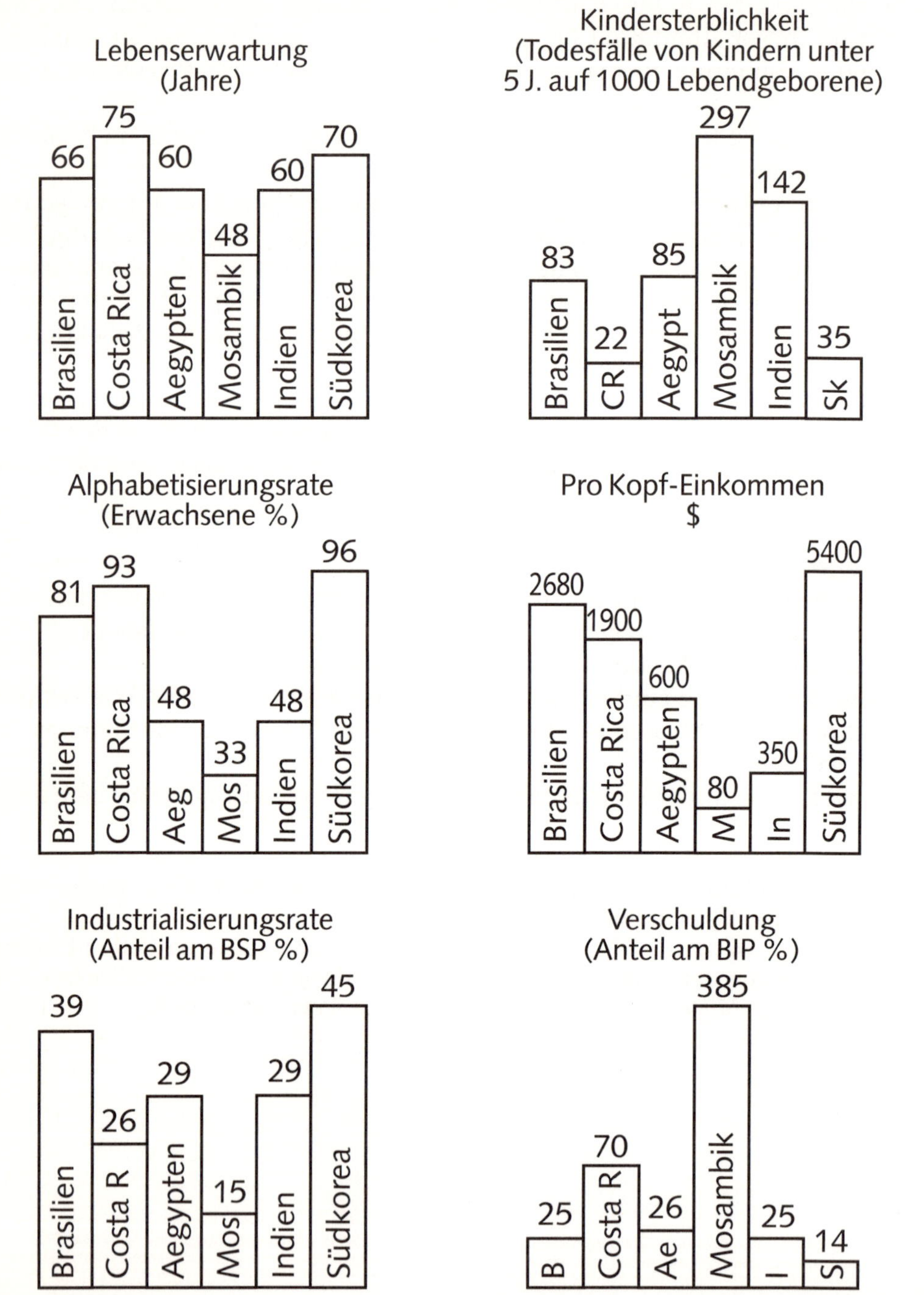

Die Dritte Welt gibt es nicht

"Dritte Welt" oder "Entwicklungsländer" – dies sind über alle Fragwürdigkeit der Bezeichnung hinaus auch deshalb problematische Begriffe, weil sie Sammelkategorien für eine große Zahl von höchst unterschiedlichen Ländern darstellen. Auch wenn es notwendig sein mag, mit Sammelbegriffen zu arbeiten, wir tun gut daran uns zu erinnern, daß sich dahinter höchst unterschiedliche soziale Lebensverhältnisse von Menschen und fast gegensätzliche ökonomische Realitäten verbergen.

Diese Unterschiedlichkeit von Ländern, die sämtlich unter dem Begriff "Entwicklungsländer" geführt werden, soll an sechs Kriterien und sechs verschiedenen Ländern verdeutlicht werden. Bezüglich der Lebenserwartung (1) haben einige Entwicklungsländer fast den Stand der Industrieländer erreicht (Costa Rica, Südkorea), andere vor allem in Schwarzafrika (Beispiel Mosambik: 48 Jahre) liegen weit darunter und machen die ganze Spannbreite unterschiedlicher Lebenschancen auf der "Einen Welt" deutlich. Bei der Kindersterblichkeit – gemessen in Todesfällen von Kindern unter 5 Jahren auf 1000 Lebendgeborene – nimmt das von Krieg und Hunger gezeichnete Mosambik erneut einen einsamen Spitzenplatz ein (2). Ähnliches gilt für die Analphabetenquote (3). Beim Pro-Kopf-Einkommen (Bruttoinlandsprodukt pro Kopf) darf die absolute Höhe des statistischen Durchschnitts (Beispiel Brasilien) nicht suggerieren, der größte Teil der Bevölkerung lebe in relativem Wohlstand (4). Weiterhin: Der Industrialisierungsgrad vieler Entwicklungsländer ist erheblich und deutet darauf hin, daß viele Dritte Welt Länder längst keine klassischen Rohstoffländer/Kolonialwarenländer mehr sind (5). Aufschlußreich ist schließlich auch der Grad der Verschuldung – gemessen im Verhältnis Auslandsverschuldung – Bruttoinlandsprodukt. Die relative Verschuldung z.B. für Brasilien – in absoluten Zahlen in der Spitzengruppe der Schuldnerländer – ist geradezu bescheiden im Vergleich mit Mosambik oder auch Costa Rica (6).

Angesichts solcher Unterschiedlichkeiten stellt sich die Frage, wie überhaupt über allgemeine Perspektiven dieser heterogenen Ländergruppe gesprochen werden kann, wo die Gemeinsamkeiten einer politischen wie ökonomischen Süd-Süd-Zusammenarbeit liegen könnten und mit welch differenziertem Instrumentarium Entwicklungspolitik arbeiten müßte, wenn man der Situation in den einzelnen Ländern gerecht werden will.

Anregungen zur Weiterarbeit:

Lassen Sie die SchülerInnen (Oberstufe) die Kennziffern für die einzelnen Länder nebeneinander schreiben. Wie würden die SchülerInnen auf der Basis dieser statistischen Informationen den sozialen und ökonomischen Entwicklungsstand der Länder beschreiben? Wie sähe eine entsprechende Rangskala aus? Nach welchen Kriterien sollte man überhaupt den "Entwicklungsstand" eines Landes bewerten?

Quellen:

(1) Daten aus UNDP: Human Development Report 92.
(2) Unicef: Zur Situation der Kinder in der Welt 1992.
(3) UNDP: Human Development Report 92.
(4) Weltbank: World Development Report 92.
(5) ebenda
(6) ebenda.

Der Club der Reichen

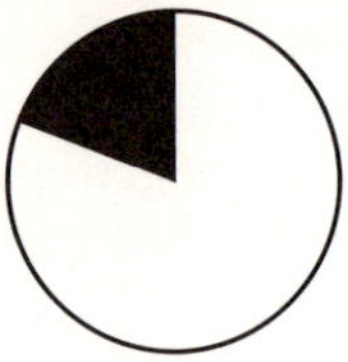

20 % der Weltbevölkerung

besitzen
83 % des
Reichtums (BSP)

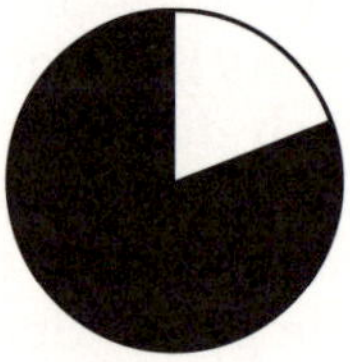

verbrauchen
70 %
der Energie

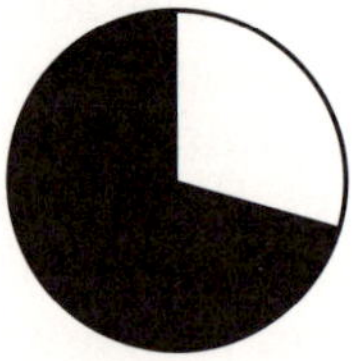

kontrollieren
81 % des
Welthandels

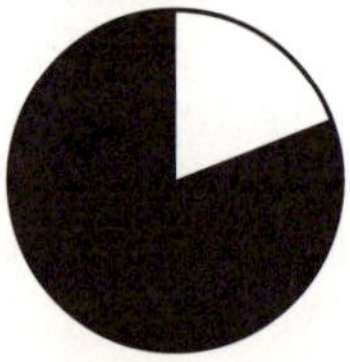

verbrauchen
85 % des
Holzes

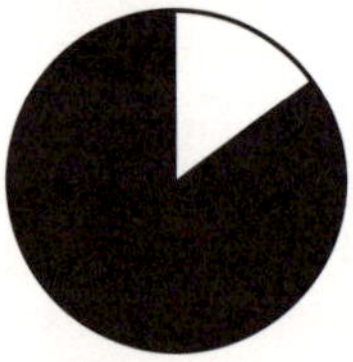

erhalten
81% der
Investitionen

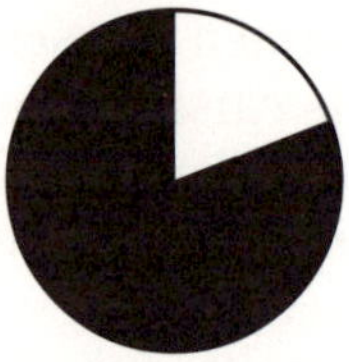

verbrauchen
60 % der
Nahrungsmittel

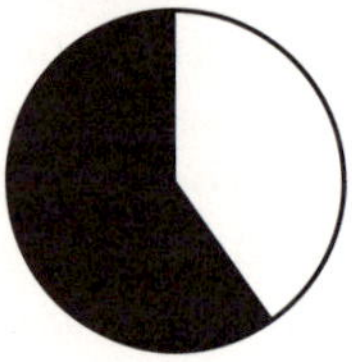

Einkommensgefälle

die reichsten
20 %
der Welt-
bevölkerung

die ärmsten
20 %
der Welt-
bevölkerung

60 : 1

Der Club der Reichen

Die Ungleichheit der Verteilung des Reichtums, der Verteilung der Güter und ihres Verbrauchs gehört zu den zentralen Kennzeichen unserer Welt. Wir leben in der Situation einer "globalen Apartheid", in der die kleine weiße Minderheit der Weltbevölkerung ein Übermaß der Ressourcen für sich beansprucht.
Wird das Weltbruttosozialprodukt zugrunde gelegt, so verfügen die Länder, in denen die 20% Reichsten der Welt leben, über 83% des Reichtums (1). Entsprechend hoch ist ihr Anteil am Welthandel (81%) und an den weltweit getätigten Inlandsinvestitionen (ebenfalls 81%).
Die reichsten Reichen (hier sind jetzt die 23% Weltbevölkerung gemeint, die in den "Industrieländern" leben) verbrauchen "standesgemäß" 70% der (kommerziellen) Energie, 85% des Weltholzaufkommens und 60% der Nahrungsmittel.
Das weltweite Einkommensgefälle zwischen reich und arm beträgt (1990) 60:1.
Wenn über diese Vergleiche nationaler Durchschnittszahlen hinaus der Versuch gemacht wird, tatsächlich das Einkommen der 20% reichsten Menschen der Erde, ungeachtet in welchen Ländern sie leben, mit dem Einkommen der 20% Ärmsten zu vergleichen, so beträgt die Relation schätzungsweise 150:1, wie der UNDP (allerdings auf der Basis unvollständigen statistischen Materials) hochgerechnet hat.

Anregungen zur Weiterarbeit:
Vergleichen Sie die weltweiten "Disparitäten" (Unterschiede) mit der Situation bei uns oder in einzelnen Ländern der Dritten Welt (Vergl. das Schaubild: "Auch bei uns: Wachsende Armut", S. 62). Kennzahlen zu einzelnen "Dritte Welt-Ländern" können dem Human Development Report (Bezug: UNO-Verlag, Poppelsdorfer Allee 55, 5300 Bonn 1; Preis: 48.- DM) entnommen werden.
Welche "psychohygienischen" Muster existieren (bei uns und bei anderen), diese enormen Ungleichheiten zu rechtfertigen?

Quellen:
Alle Zahlenangaben aus UNDP (United Nations Development Programme): Human Development Report 1992.
(1) Verglichen werden hier länderbezogene Durchschnittszahlen. Dies unterschlägt die zusätzlichen Disparitäten innerhalb der einzelnen Länder. Natürlich kann man vom Bruttosozialprodukt nicht unmittelbar auf die Lebensverhältnisse schließen oder die jeweilige Kaufkraft vergleichen; insofern ist das BSP nur eine Orientierungsgröße.

Entwicklung = wachsende Ungleichheit

Die 20 % Reichsten der Welt

Anteil am Welteinkommen

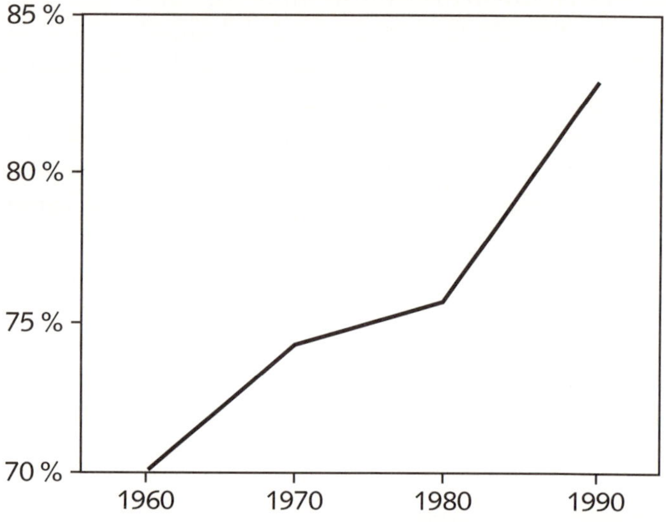

1960	1970	1980	1990
70 %	**74 %**	**76 %**	**83 %**

Die 20 % Ärmsten der Welt

Anteil am Welteinkommen

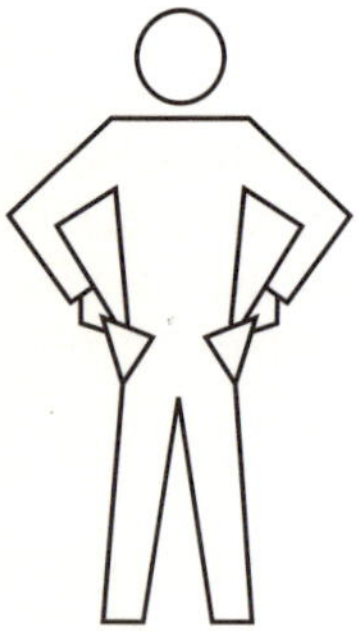

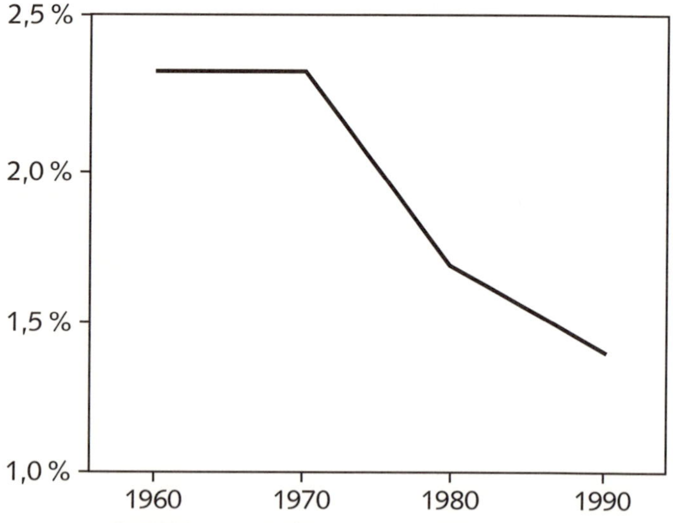

1960	1970	1980	1990
2,3 %	**2,3 %**	**1,7 %**	**1,4 %**

Entwicklung = wachsende Ungleichheit

Weltwirtschaft und Welthandel, weltweite Investitionen oder Kapitalströme, sie alle haben vielleicht Wachstumsimpulse (vor allem in den Industrieländern und in den "Schwellenländern") ausgelöst, das enorme Gefälle zwischen reich und arm aber nicht verringert. Im Gegenteil: Der weltweite Kapitalismus (nach dem Friedensforscher J. Galtung das beste System für Wachstum, aber das schlechste für eine gerechte Verteilung) hat die bestehenden Unterschiede weiter vertieft, trotz Entwicklungshilfe, Erdölkrise etc.
Im Jahre 1960 lag der Anteil am Welteinkommen derjenigen 20% der Menschheit, die in den reichsten Staaten lebten, bei 70%. Er stieg weiter von 74 % (1070) auf 76 % (1080) und auf 83 % im Jahre 1990. Umgekehrt mußte sich das Fünftel der Menschheit in den ärmsten Staaten schon 1960 mit gerade 2,3% am Welteinkommen begnügen – und auch dieser geringe Anteil fiel noch einmal 1970 (2,3%) und 1980 (1,7%) auf 1,4% im Jahre 1990. Was immer mit "Entwicklung" und mit "Entwicklungsdekaden" beabsichtigt gewesen sein mag: Ein Abbau der gigantischen weltweiten Ungleichgewichte war damit nicht verbunden.

Anregungen zur Weiterarbeit:
Diskutieren Sie das Konfliktfeld "politische Gleichheit – ökonomische Ungleichheit". Warum sollte "Gleichheit" überhaupt ein Ziel der Entwicklungspolitik sein? Wie wäre es zu begründen (ethisch, politisch, ökonomisch, ökologisch)?
Im Rahmen einer vertiefenden Beschäftung (z.B. im Fach Volkswirtschaft) wäre über den möglichen Zielkonflikt "Wachstum vs. gerechte Verteilung" zu sprechen. Vergl. die Wirtschafts- und Tarifpolitik bei uns, bei der häufig ebenfalls vor der "Wachstumsschädlichkeit gleichmachender Nivellierung" gewarnt wird.

Quellen:
Die Zahlen sind dem Human Development Report 1992 (herausgegeben vom United Development Programme) entnommen.

Was ich zum Leben (ver)brauche

Ein(e) Deutsche(r) – wieviele Schwarzafrikaner

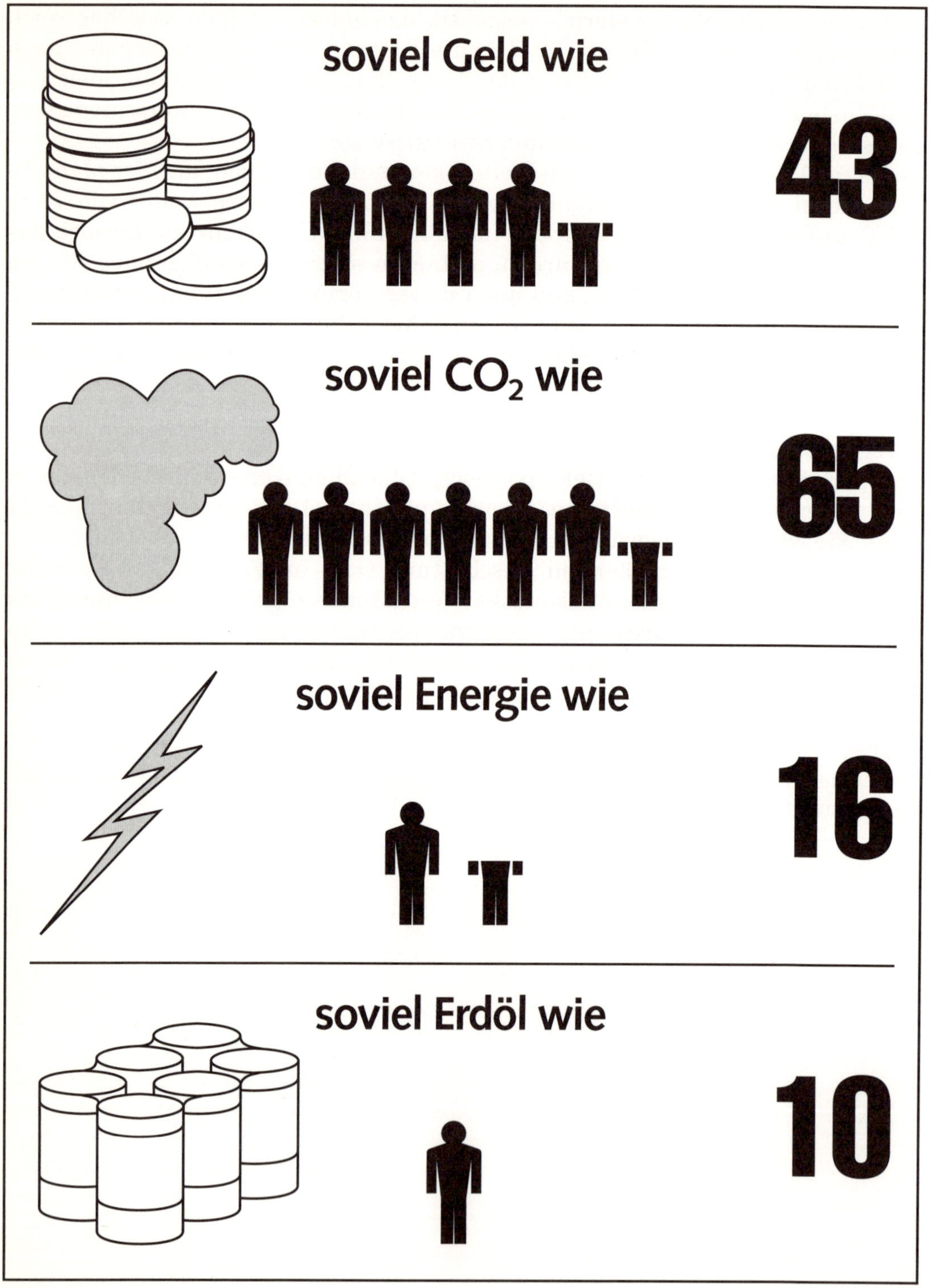

Was ich zum Leben (ver)brauche

Wohlstand und Lebensstil bei uns sind oligarchisch und elitär, weil sie Kennzeichen einer kleinen, privilegierten weißen Minderheit auf unserem Globus sind. Wir vergessen sehr schnell, daß dieselbe Anzahl an Gütern, die wir für uns beanspruchen und konsumieren, viele Menschen in der "Dritten Welt" sich teilen müssen.
Das beginnt beim Wohlstand unseres Landes, gemessen in "Bruttosozialprodukt pro Kopf" (1). Jede(r) Deutsche lebt im statistischen Durchschnitt 43mal aufwendiger als Menschen in Afrika südlich der Sahara (2).
Auf der anderen Seite schädigt dieser aufwendige Lebensstil die ökologischen Lebensgrundlagen unseres Globus. Gemessen in CO_2-Emissionen ist jeder Bundesbürger so "umweltschädlich" wie 65 Schwarzafrikaner (3).
Auch beim Energieverbrauch findet dieses Mißverhältnis seine Entsprechung. Gemessen in Pro Kopf-Verbrauch "kommerzieller Energie" benötigt oder vergeudet jede(r) Deutsche 16mal soviel wie Menschen in Afrika südlich der Sahara (4).
Ähnliches (Verhältnis 1:10) gilt auch für den Erdölverbrauch (5).

Anregungen zur Weiterarbeit:
Welche Bezugspunkte (Industrialisierungsgrad, Klima, Bevölkerungsdichte...) könnten als Begründung für den unterschiedlichen Ressourcenverbrauch herangezogen werden? Welche Empfindungen ruft dieser aufwendige Lebensstil hervor, wenn wir ihn in Bezug setzen zu den Lebensverhältnissen anderer Menschen (z.B. in Schwarzafrika)?
Was von dem, was wir verbrauchen, brauchen wir wirklich?
Wie sähe wohl eine Statistik aus, die den Überkonsum der reichen Länder an Verkehrsunfällen, Herzinfarkten, Psychopharmaka, Streßsymptomen etc. auflistet?

Quellen:
(1) Die Problematik des Bruttosozialproduktes und der Durchschnittszahlen soll an dieser Stelle unberücksichtigt bleiben.
(2) "Schwarzafrika" oder "Afrika südlich der Sahara": Alle Länder Afrikas ohne die relativ reichen Länder Nordafrikas und ohne die Republik Südafrika. Zahlenangaben bezogen auf 1989 aus UNDP: Human Development Report 1992.
(3) Zahlenberechnungen (Basisjahr: 1986) aus dem "Dritten Bericht der Enquete-Komission des Deutschen Bundestages, BT-Drs. 11/9030, 1990. Für 1990 gibt die Enquete-Kommission des Deutschen Bundestages den deutschen CO_2-Ausstoß mit 13 t/Kopf an (1986: 13,7). Diese Zahlenangabe würde zu einer etwas günstigeren Relation bezüglich der CO_2-Emissionen in Schwarzafrika führen, kann hier aber nicht zugrundegelegt werden, weil es keine diesbezüglichen neueren Zahlen für Schwarzafrika gibt.
(4) Erfaßt sind hier nur handelbare Energien wie Kohle, Öl, Erdgas, Strom ohne Brennholz. Weltbankangaben, zit. nach UNDP: Human Development Report 1992.
(5) Berechnungen aus Fischer Weltalmanach 1992.

Fortschritte

Nicht alle Entwicklungen waren negativ
(Angaben über Dritte Welt-Länder)

Lebenserwartung
(Jahre)

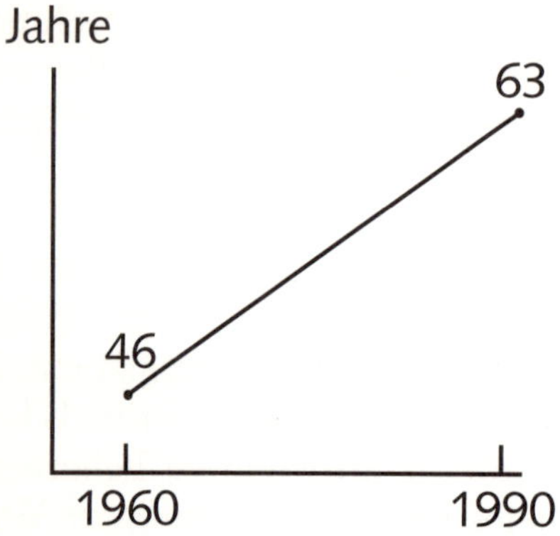

Kindersterblichkeit
(Todesfälle auf
1000 Lebendgeborene)

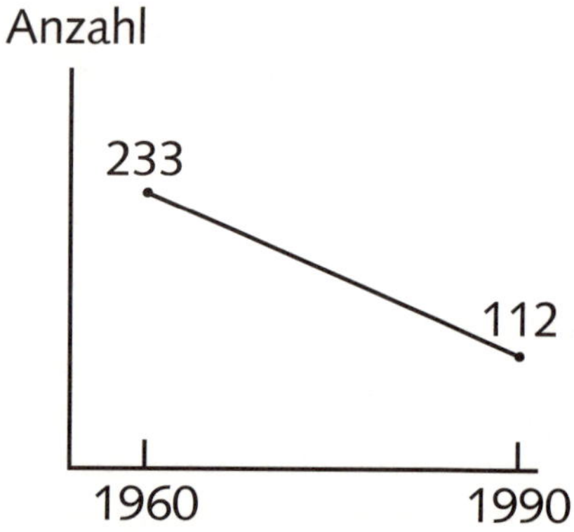

Alphabetisierung
(Erwachsene)

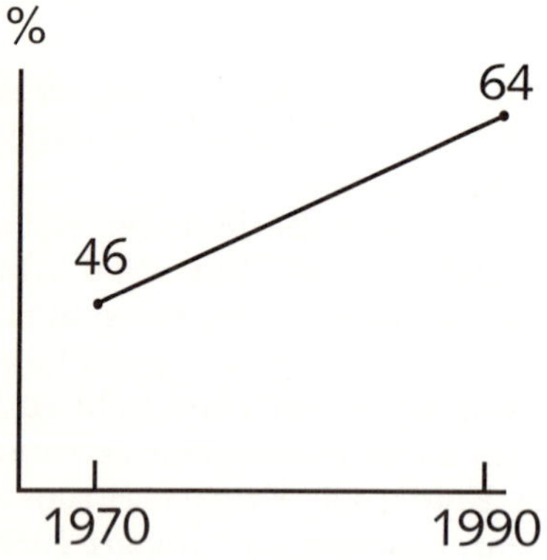

Einkommen
(Kaufkraft in $)

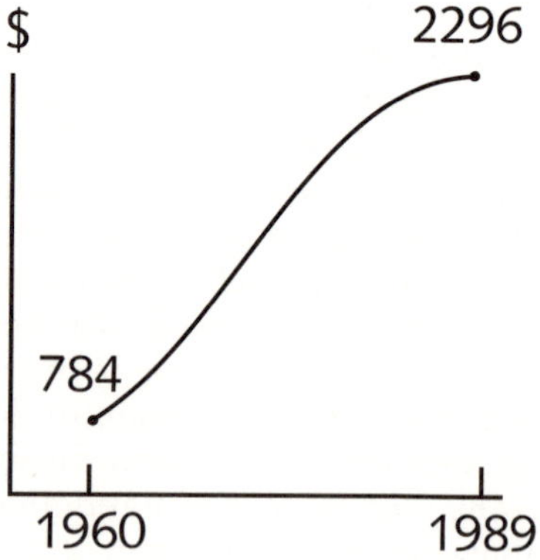

Fortschritte

Wir sind es gewohnt, Entwicklungen in der Dritten Welt als negative Trends darzustellen: Mehr Armut, mehr Hunger, mehr Ungleichgewicht zwischen Nord und Süd. Tatsächlich aber weisen keineswegs alle Trends nach unten, wenn auch – in absoluten Zahlen – z.B. die Anzahl der absolut Armen noch immer im Steigen begriffen ist. Bei wesentlichen Entwicklungsindikatoren gibt es stattdessen deutliche Verbesserungen, gerade wenn man diese aus einer etwas längeren Zeitperspektive betrachtet.
Zu diesen positiven Entwicklungen gehört die durchschnittliche Lebenserwartung der Menschen in den Entwicklungsländern, die sich von 1960 bis 1990 immerhin um 17 Jahre verbessert hat. Auch bei der Kindersterblichkeit ist im Jahre 1990 ein Absinken von über 50% des Standes von 1960 festzustellen. Positive Tendenz auch bei der Anzahl der alphabetisierten Erwachsenen (von 1970 bis 1990 eine Steigerung um 40% auf eine Quote von 64%. Auch das durchschnittliche Einkommen (gemessen durch einen Index, der die reale Kaufkraftentwicklung des Bruttosozialproduktes pro Kopf zugrunde legt) hat sich von 1960 bis 1989 deutlich verbessert; allerdings muß bei dieser Ziffer berücksichtigt werden, daß die enorme Ungleichverteilung Fortschritte suggeriert, die für die Masse der Armen nur zum kleineren Teil stattgefunden haben.
Diese tatsächlichen und substantiellen Fortschritte sollten uns allen signalisieren, daß eine Verbesserung der Lebenssituation von Menschen in der Dritten Welt möglich ist, trotz ungünstiger Ausgangslage, trotz enormer ökonomischer Probleme und eines beachtlichen Bevölkerungswachstums.
Ob diese Erfolge trotz oder wegen ökonomischer Integration in weltwirtschaftliche Zusammenhänge, trotz oder wegen der Entwicklungshilfe, trotz oder wegen der Außeneinmischung und der durch sie geförderten oder behinderten Selbsthilfe stattgefunden haben, ist die Streitfrage. Wahrscheinlich ist an allen Positionen – so gegensätzlich sie auch erscheinen – ein Körnchen Wahrheit. Doch insgesamt muß es fast verwundern, daß trotz Verschuldungskatastrophe und weltwirtschaftlicher Randstellung vieler Entwicklungsländer, trotz ungerechter Gesellschaftsstrukturen, Kriege und Korruption derartige "Entwicklungsfortschritte" möglich waren. Vielleicht ist gerade das Selbsthilfepotential der Menschen in der Dritten Welt größer als viele ExpertInnen ahnen.
Zur Selbstzufriedenheit besteht trotz dieser Fortschritte kein Anlaß. Auch wenn einige Grunddaten eine positive Tendenz aufweisen, so zeigt sich doch in vielen Bereichen, daß einem großen Teil der Menschheit noch immer die Befriedigung wesentlicher Grundbedürfnisse (angemessene Schulbildung, Zugang zu sauberem Trinkwasser, ausreichende Ernährung) verwehrt ist. Von einer gerechteren Welt sind wir angesichts wachsender Unterschiede zwischen Nord und Süd weiter entfernt als vor 30 Jahren.

Anregungen zur Weiterarbeit:
Bitten Sie die SchülerInnen, darüber zu spekulieren, warum in den hier aufgezeigten Bereichen Verbesserungen eingetreten sind.
Lassen Sie diese positiven Veränderungen als Collagen darstellen und hängen Sie Spendenplakate von Hilfsorganisationen daneben. Welchen Teil der Wirklichkeit blendet die jeweilige Seite aus? Wie wäre eine Integration beider Wirklichkeiten (der schlimmen wie der hoffnungsvollen Wirklichkeit) darzustellen?

Quellen: Alle Zahlenangaben aus UNDP: Human Development Report 1992.

Die sieben ökologischen Gefahren der Menschheit

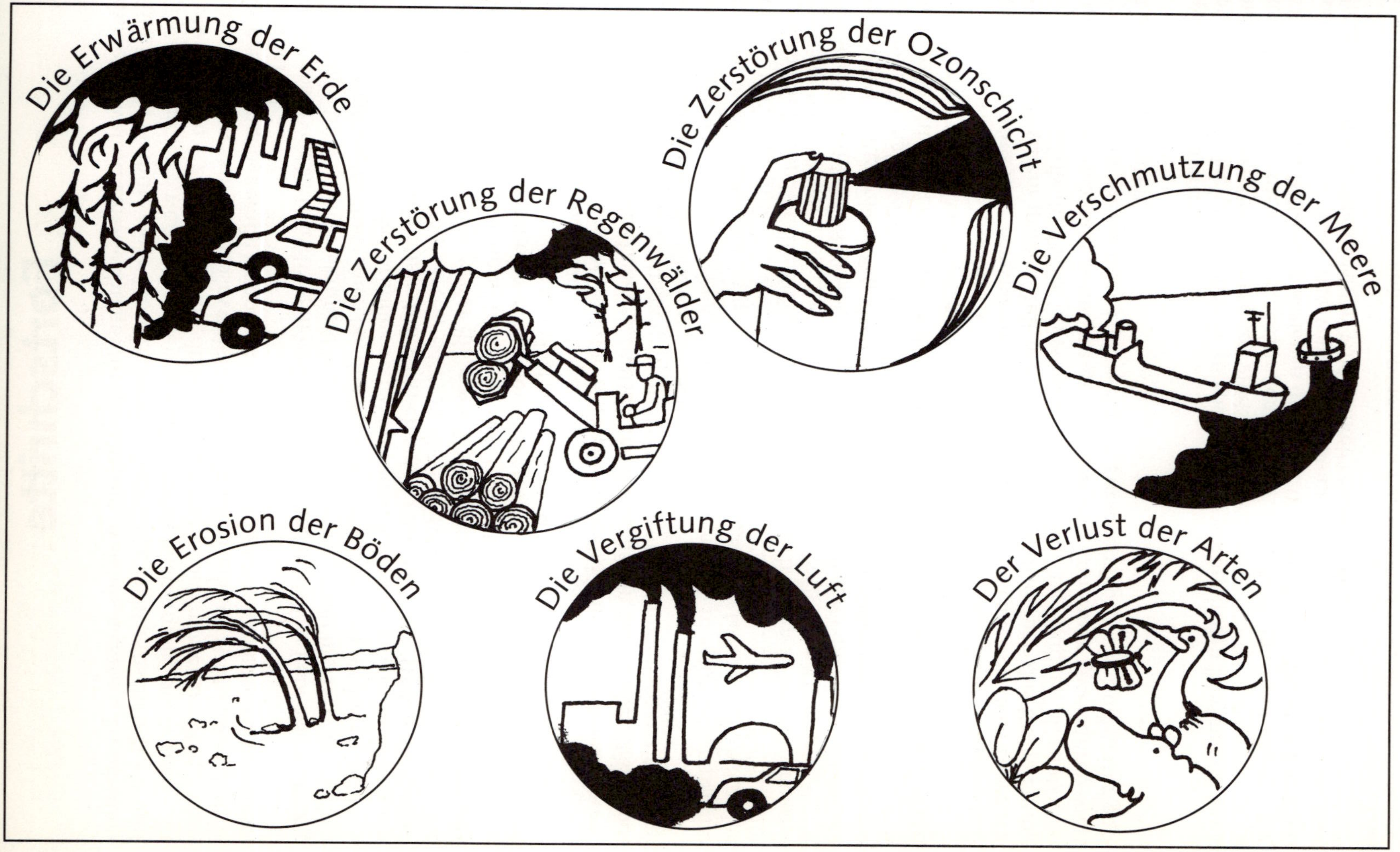

Die sieben ökologischen Gefahren der Menschheit

Spätestens im Bereich der Ökologie müssen wir erkennen, daß die Erde ein globales Ganzes ist, daß nationalstaatliche Grenzen nicht zählen, wenn es um die lebenswichtigen Dinge der Menschheit geht.
Die globalen Folgen ökologischer Zerstörungen sind offensichtlich:
Da ist zunächst die ***Erwärmung der Erde***, der sogenannte Treibhauseffekt, der als die vielleicht größte globale Gefahr das Klima weltweit verändern wird, mit noch unabsehbaren Folgen für Vegetation und Landwirtschaft, für Klimabildung und Meeresspiegel. Auch die ***Zerstörung der Regenwälder*** gehört zu den vieldiskutierten globalen ökologischen Veränderungen, die das weltweite Klima, aber auch den Artenreichtum und die Genreserven der Erde nachhaltig beeinflußt. Ebenso ist heute die wachsende Ausdünnung und ***Zerstörung der Ozonschicht*** Gegenstand weltweiter Erörterungen; das zu erwartende Übermaß schädlicher UV-Strahlung trifft schon heute Menschen südlicher Länder (Australien, Neuseeland, Chile) und wird immer weitere Kreise ziehen. Die Menschheit als Ganzes ist auch betroffen von der ***Verschmutzung der Meere.*** Diesem "gemeinsamen Erbe der Menschheit" droht stellenweise durch industrielle und giftige Schadstoffe bereits der biologische Tod. Die Überfischung durch moderne Fangflotten zerstört außerdem die Regenerationsfähigkeit der Meere und ihrer Lebewesen, eine schwere Hypothek für künftige Generationen. Durch die ***Erosion des Bodens*** gehen der Landwirtschaft jedes Jahr Millionen von Hektar fruchtbaren Landes verloren. Unangepaßte Bewirtschaftung oder Abholzung führen zu Versteppung, Versalzung und Verwüstung (Desertifikation); schon 11% der Landoberfläche der Erde sind von einer derartigen Degradierung der Böden betroffen. Die ***Vergiftung der Luft*** durch Schadstoffe aller Art ist längst nicht mehr nur ein Problem in den industriellen Ballungszentren des Nordens. In vielen Teilen der Welt leiden Menschen unter der Schadstoffbelastung industrieller Produktionen; rund 2/3 der Stadtbevölkerung weltweit lebt unter Luftbedingungen, welche die Weltgesundheitsorganisation als inakzeptabel einstuft. Der ***Verlust der Arten*** ist schließlich eine wenig beachtete, dennoch gravierende Gefahr für die Zukunft der Menschheit. Täglich werden 50 bis 100 Pflanzen- und Tierarten ausgerottet, überwiegend durch die Zerstörung der Regenwälder. Viele dieser Arten sind der Wissenschaft nicht einmal bekannt. Mit den Arten verschwindet ein immenses Genreservoir, von dessen Bedeutung niemand etwas ahnt. Die Menschheit ähnelt, so Hoimar von Ditfurth, einem Passagier, der während eines Fluges alle Instrumente aus dem Cockpit reißt, deren Funktion er nicht erkennen kann.

Anregungen zur Weiterarbeit:
Diskutieren Sie die einzelnen Bereiche mit Ihrer Klasse/Gruppe. Welche Probleme werden bei uns am stärksten wahrgenommen, welche in den Ländern der Dritten Welt? Welche Gefährdung wird als bedrohlichste erlebt? Wie kann/muß diesen globalen Problemen begegnet werden? Wie kann die Kluft zwischen Sinneswahrnehmung und Wissen, zwischen Einsicht und Fühlen, zwischen Angst, Resignation und Hoffnung (Engagement) geschlossen werden?

Erderwärmung

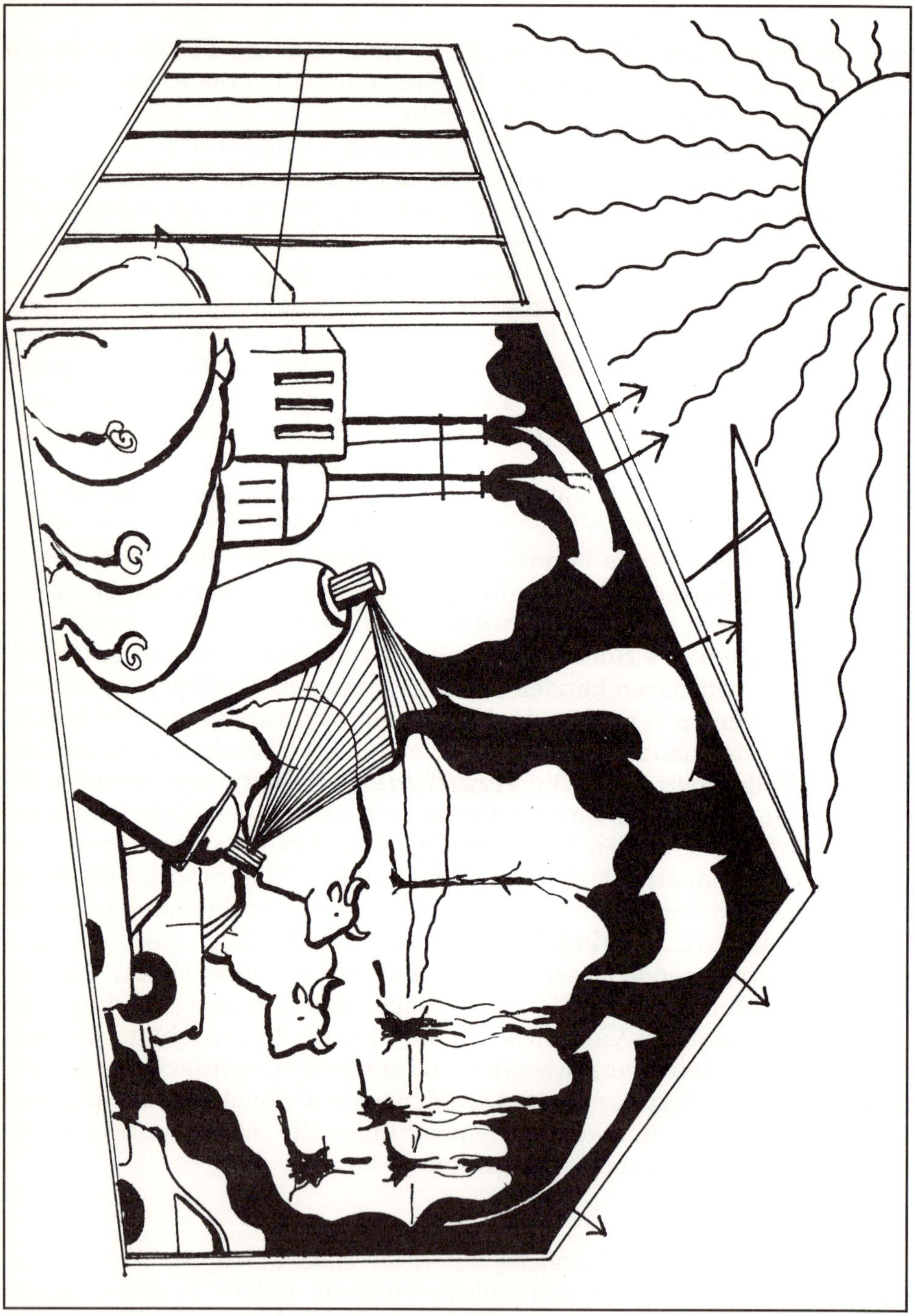

Erderwärmung

Die Aufheizung der Erdatmosphäre ist die wahrscheinlich größte globale ökologische Bedrohung, der die Menschheit je gegenübergestanden hat. Der zunächst wenig spektakulär erscheinende Anstieg der Erdtemperatur (von 1850 bis heute: +0,6 bis 0,7 Grad Celsius), verursacht durch zusätzliche Spurengase, die eine ausreichende Abstrahlung der Sonnenwärme von der Erdoberfläche (wie in einem Treibhaus das Glas) verhindern, könnte das Weltklima in wenigen Jahrzehnten so drastisch verändern, daß das Überleben von Millionen Menschen ernsthaft bedroht ist. Zu den Folgen des "zusätzlichen" Treibhauseffektes werden u.a. eine Verschlechterung der landwirtschaftlichen Erträge (vor allem im Süden der Erde), eine Verringerung der Niederschläge, eine Zunahme von Stürmen und Trockenzeiten ("Wetterextrema") sowie das Ansteigen des Meeresspiegels gerechnet.

Ursächlich für diesen Treibhauseffekt sehen ForscherInnen das Übermaß der durch menschliche Aktivitäten erzeugten Spurengase: Kohlendioxid (50%), Fluorchlorkohlenwasserstoffe (22%), Methan (13%) und sonstige Treibhausgase wie Ozon (7%), Distickstoffoxid u.a (1). Vor allem das CO_2, mengenmäßig das bei weitem wichtigste Treibhausgas, gilt als Indikator für den (zusätzlichen) Treibhauseffekt. Die Konzentration des Kohlendioxids stieg von ca. 280 ppm (Teile pro Million Teile Luft) in vorindustrieller Zeit auf heute ca. 360 ppm – und mit dieser Konzentration stieg auch die Erdtemperatur.

Die Anhäufung dieser Treibhausgase erfolgt durch menschliche Aktivitäten; Energiegewinnung (d.h. das Verbrennen der fossilen Energieträger wie Kohle, Erdöl oder Erdgas) oder das Verkehrsaufkommen machen ca. 50% des Treibhauseffektes aus; die chemische Produktion von FCKWs und Halonen ist für 20% des Treibhauseffektes verantwortlich; 15% werden auf das Abbrennen und Zerstören der Tropischen Regenwälder zurückgeführt und weitere 15% sind Folgen der Landwirtschaft und der Landnutzung (Rinderhaltung, Düngung, Mülldeponien etc.) (2).

Viele Zusammenhänge von Klimaentstehung und Klimaveränderung (z.B. die Bedeutung des Wasserdampfes oder das Verhältnis natürlicher vs. anthropogener Klimaschwankungen) sind noch nicht ausreichend erforscht. Alle Annahmen beruhen mehr oder weniger auf Modellberechnungen, die immer nur eine Reduktion des Komplexes Klima bedeuten, die vor allem die Wechselwirkungen nur ungenügend miteinbeziehen können. Die Frage ist allerdings, ob wir nicht jetzt handeln, d.h. die Emission der Treibhausgase vermindern müssen, bevor wir es mit katastrophalen Folgen zu tun haben, die dann ein Umschwenken (fast) nicht mehr möglich machen (3).

Quellen:

(1) Zahlenangaben aus dem Dritten Bericht der Enquete-Kommission des Deutschen Bundestages "Schutz der Erde", BT-Drs. 11/8030.

(2) Die Zuordnung der einzelnen Bereiche ist dem Ersten Bericht der Enquete-Kommission des Deutschen Bundestages ("Klimaveränderung gefährdet globale Entwicklung"), BT-Drs. 12/2400, Bonn 1992, entnommen.

(3) So forderte es auch die Enquete-Kommission nach ihrer wissenschaftlichen Anhörung am 17.1. 92.

Zerstörung der Ozonschicht

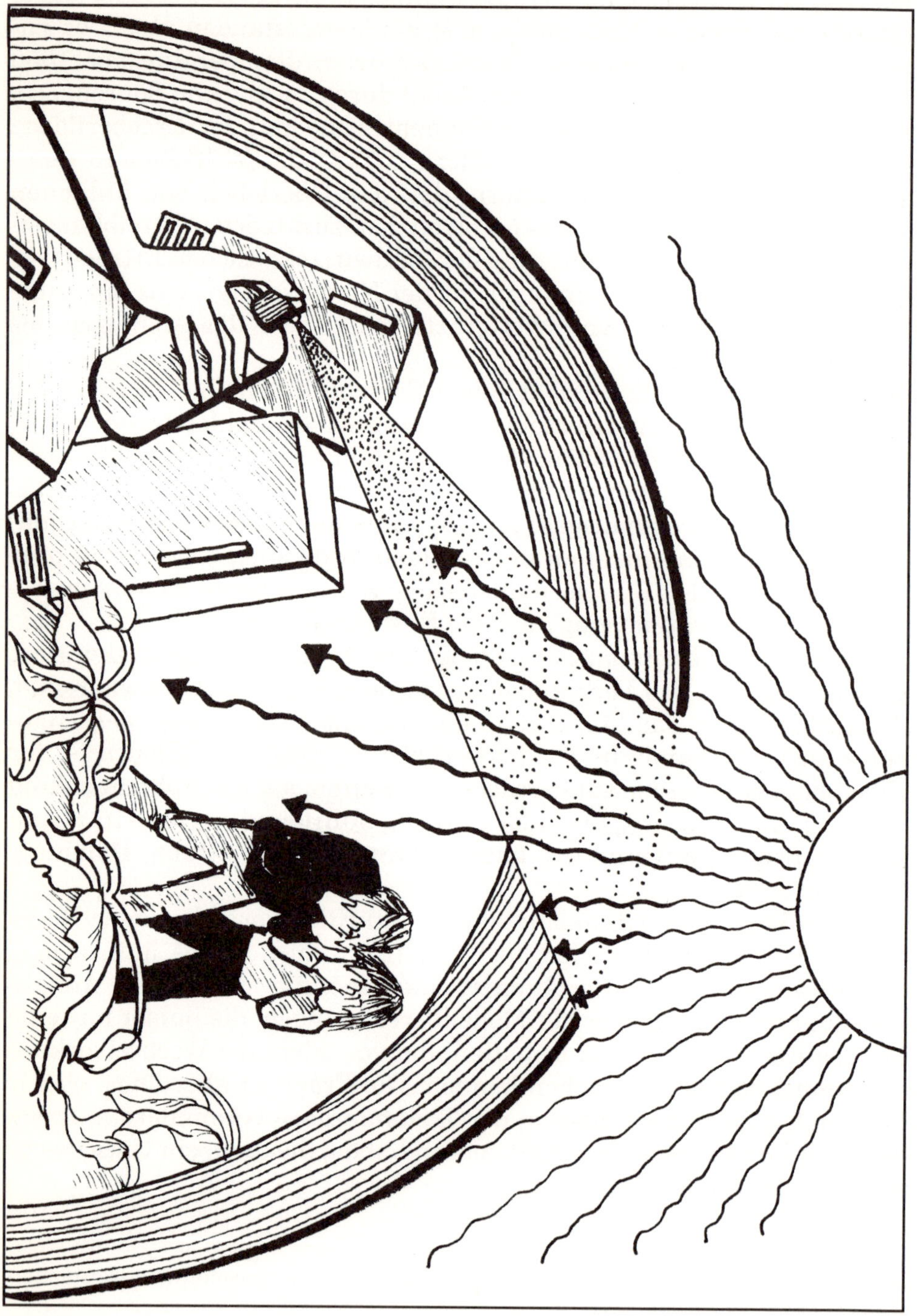

Zerstörung der Ozonschicht

Die Erde wird in der unteren Stratosphäre (13 bis 25 km Höhe) von einer Ozonschicht umgeben, die uns vor zellschädigender Ultraviolettstrahlung der Sonne bewahrt. Seit etlichen Jahren (zuerst 1974) weisen ForscherInnen darauf hin, daß es zu einer erheblichen Ausdünnung dieser Ozonschicht (vor allem an den Polen) gekommen ist. Je nach Jahreszeit tut sich über der Antarktis ein Ozonloch auf, das die zellschädigende UV-Strahlung der Sonne fast ungehindert einströmen läßt. Auch über dem Nordpol wurde zeitweise ein derartiges Ozonloch festgestellt. Im Frühjahr 1992 meldeten sowohl die NASA als auch die "Europäische Ozonforschungskampagne" (1) einen bedrohlichen Rückgang der Ozonschicht auch über Europa.
Ursache dieser bedrohlichen Entwicklung sind chlorhaltige Verbindungen, die aus industrieller Produktion (schätzungsweise zu 95% in den reichen Nordländern der Erde) resultieren. Für Treibgase, Kühlmittel, Schaumstoffe und Lösungsmittel) werden Fluorchlorkohlenwasserstoffe (FCKWs) und ähnliche Stoffe produziert, deren Chloratome in der Stratosphäre die dortige Ozonschicht zerstören. Ein einziges Chloratom kann bis zu 10.000 Ozonmoleküle vernichten. Erschwerend kommt hinzu, daß die lange Verweildauer dieser Stoffe (15 bis 60 Jahre) einen sofortigen Stop dieses Zerstörungsprozesses nicht mehr möglich macht.
Was sofort möglich und nötig wäre, ist ein umfassender Produktionsstop dieser FCKWs und anderer voll- oder teilhalogenisierter Stoffe. Zunächst im "Montrealer Abkommen" (1987), das später mehrfach nachgebessert wurde, hatten sich 24 Staaten verpflichtet, bis 1999 die Produktion der wichtigsten FCKWs um 50% (Basisjahr: 1986) zu senken. Alarmiert durch weitere Berichte von Wissenschaftlern haben 1992 die EG und die USA angekündigt, bis 1995 derartige Produktionen völlig zu stoppen (2). Eine verbindliche Bestätigung dieser Vorhaben steht aber zur Zeit (Mai 1992) noch aus.
Zu den Folgen einer vermehrten UV-Strahlung werden eine Zunahme von Hautkrebserkrankungen (schon jetzt signifikante Steigerungen z.B. in Neuseeland und Australien), Augenkrankheiten und Erblindung (im südlichsten Teil Chiles sind schon viele Tiere erblindet), eine wachsende Immunschwäche sowie generell die Störung des Zellwachstums (vor allem Meeresplankton wäre betroffen) gerechnet.
Auch beim Problemkreis Ozonzerstörung besteht noch Forschungsbedarf. Unklar sind vor allem noch die zyklischen Veränderungen der Ozonschicht sowie die Auswirkungen von vermehrter Staub- oder Ozonkonzentration in der unteren Atmosphäre auf die UV-Strahlung (3).

Quellen:
(1) Vergl. u.a. FR vom 5.2.92.
(2) FR vom 13.2.92 und vom 24.3.92.
(3) Vergl. dazu H. Schuh in der ZEIT vom 20.3.92.

Was den Regenwald zerstört

... Brennholzgewinnung
... Tropenholzexporte
... Wanderfeldbau
... Agrarplantagen
... Rinderfarmen
... Großprojekte

Was den Regenwald zerstört

Die Erscheinungsformen und die Ursachen der Zerstörung der tropischen Regenwälder sind äußerst vielschichtig. Zu den wichtigsten Maßnahmen, durch die der Regenwald vernichtet wird, gehören die hier zeichnerisch und als Stichworte aufgeführten Bereiche (1):

▶ Kleinbäuerlicher Wanderfeldbau, der die notwendigen Brachezeiten nicht mehr einhält und durch Übernutzung zur Zerstörung führt. Hieran sind Kleinbauern, aber auch Siedler, die aus ferneren Gebieten kommen, beteiligt.

▶ Brennholzgewinnung als die häufig einzige Energiequelle der Armen, die zur Abholzung der Wälder in der Nähe menschlicher Siedlungen und Dörfer führt (vor allem in Afrika).

▶ Agrarplantagen der Agroindustrie, die großflächig Exportkulturen (z.B. Soja, Mais, Kautschukplantagen, Ölpalmen, Kaffee oder Kakao) anbaut.

▶ Rinderfarmen mit erheblichem Flächenbedarf (vor allem in Lateinamerika), die von Agroindustriellen betrieben werden.

▶ Großprojekte zur Erschließung von Bodenschätzen (z.B. Erzbergbau) oder Entwicklungsmaßnahmen (z.B. Stauseen), die nicht nur direkt Regenwaldgebiete zerstören, sondern auch erhebliche indirekte Folgen (Straßenbau, Infrastrukturausbau, Nachziehen von Siedlern und Arbeitssuchenden in die Projektgebiete) haben.

▶ Tropenholzexporte, die auch bei selektivem Einschlag weitflächige Zerstörungswirkung haben.

Die einzelnen Faktoren können kaum im einzelnen quantifiziert werden und fallen zudem nach Ländern/Regionen unterschiedlich aus. Wichtig wäre es, hinter diesen Phänomenen die ökonomischen, sozialen und politischen Ursachen zu sehen, welche diese Zerstörungsprozesse auslösen.

Anregungen zur Weiterarbeit:

Die Stichworte können bei der Präsentation als OH-Folie zugedeckt und von den SchülerInnen selbst aus den Zeichnungen erschlossen werden. Bei den einzelnen Bereichen sollten die Motive für die angegebenen Maßnahmen (Armut, Fehlen von Alternativen, Profitinteresse, Devisenerwirtschaftungs- zwang, infrastrukturelle Erschließung und "Inwertsetzung") reflektiert werden. Zur weiteren Vertiefung verweisen wir auf die "Unterrichtsmaterialien Tropischer Regenwald", herausgegeben vom Institut für Ökologie und Aktions-Ethnologie. Diese präsentieren in ansprechender Form (z.B. kopierfähige Schülerarbeitsblätter) Ursachenzusammenhänge der Regenwaldzerstörung. AOL-Verlag/Die Werkstatt, Göttingen 1992. Preis: 38.oo DM. Bei den Herausgebern ist auch eine diesbezügliche Diareihe käuflich zu erwerben. Bezug: Buchhandel oder DWH Bielefeld.

Quellen:

(1): Vergl. hierzu u.a. den Bericht der Enquete-Kommission des deutschen Bundestages "Schutz der tropischen Wälder", Bonn 1990.

Regenwaldvernichtung

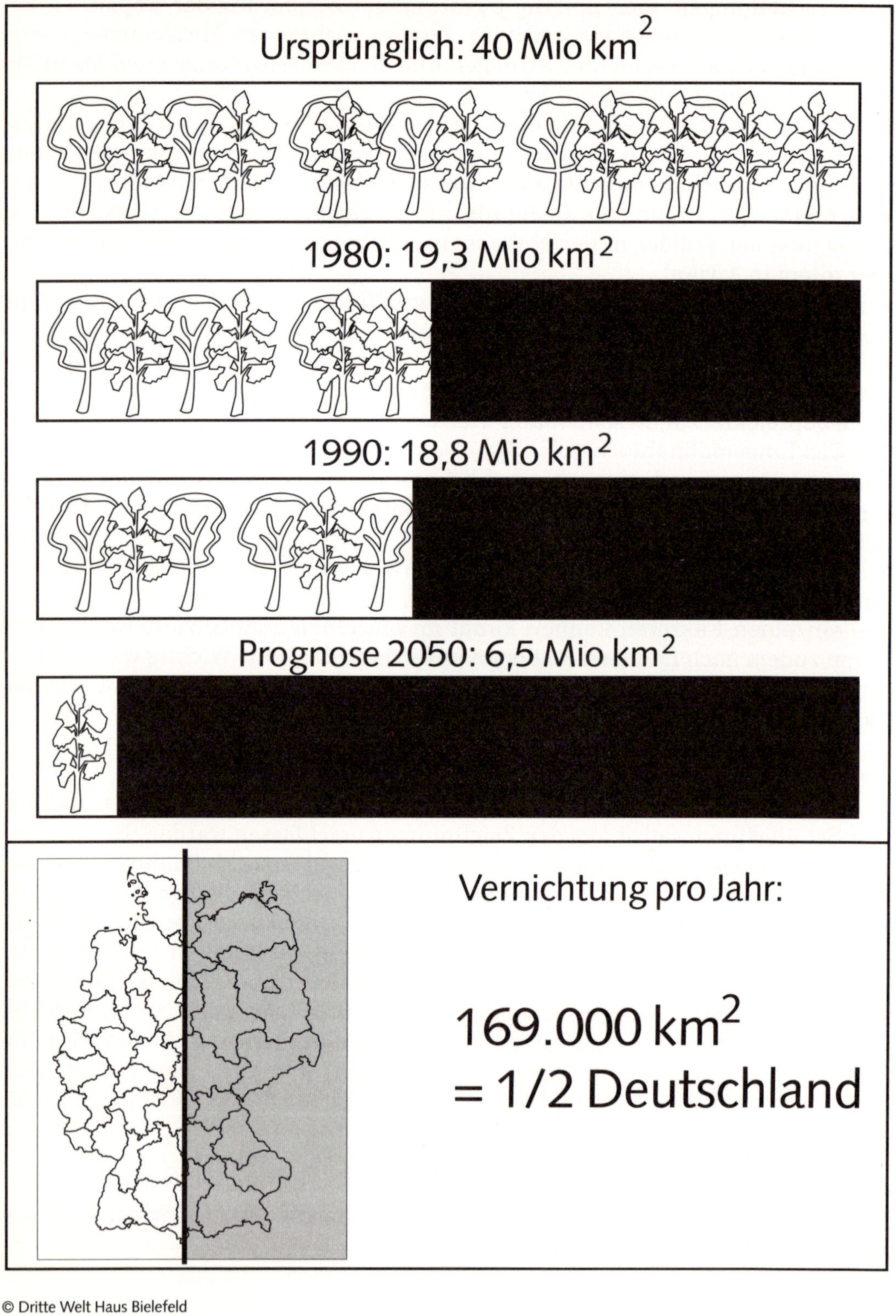

Regenwaldvernichtung

Die Vernichtung der tropischen Regenwälder gehört zu den augenfälligsten ökologischen Zerstörungungsprozessen. Ausmaß und Tempo dieser Vernichtung sind ganz besonders besorgniserregend; in etlichen ehemaligen Tropenländern wird in wenigen Jahrzehnten der Regenwald völlig verschwunden sein.
Nach der "Tropenwaldinventur 1990" der FAO (Ernährungs- und Landwirtschaftsorganisation der Vereinten Nationen) gab es 1990 noch ca. 18,8 Mio qkm Regenwälder auf der Erde (1). Damit ist der Bestand auf 47% der ursprünglichen Größe in vorkolonialer Zeit (2) zurückgegangen. Gegenüber 1980 – also im Zeitraum von 10 Jahren – hat die Tropenwaldfläche um weitere ca. 530.000 qkm abgenommen. Für das Jahr 2050 rechnet die FAO – wenn nicht eine durchgreifende Änderung eintritt – damit, daß nur noch ca. 6,5 Mio. qkm Regenwälder existieren (17% des ehemaligen Bestandes).
Momentan beträgt die Zerstörrate des Regenwaldes 0,9% pro Jahr. Das bedeutet, daß Fläche in der Größenordnung von 169.000 qkm Jahr für Jahr vernichtet wird. Dies entspricht in etwa der halben Flächengröße der (wiedervereinigten) BR Deutschland (356.945 qkm).
Die Zahlen der FAO beziehen sich auf die Regenwälder, die als geschlossene oder offene "Primärwälder" existier(t)en. Wiederaufgeforstete oder neu nachwachsende Waldflächen (Sekundärwälder) sind hier nicht enthalten. Sie machen noch einmal ca. 4 Mio. qkm aus (3). Hinzu kommen noch ca. 6,2 Mio. qkm "Buschformationen".
Seit Beginn der 90er Jahre wurden im übrigen auch großflächige Abholzungen von Wäldern in "gemäßigten Gebieten", vor allem in Sibirien und Kanada, festgestellt. Welche klimatischen Auswirkungen dieser Trend hat, ist noch weithin unbekannt.

Anregungen zur Weiterarbeit:
Eine Erde ohne Tropenwald. Lassen Sie die SchülerInnen phantasieren, was dies für Konsequenzen hätte und was sich dadurch (für wen?) verändern würde.

Quellen:

(1) Zahlen zur FAO-Troppenwaldinventur aus: Deutscher Bundestag – Enquete-Kommission "Schutz der Erde": Klimaänderung gefährdet globale Entwicklung. Zukunft sichern – Jetzt handeln. BT-Drs. 12/2400, Bonn 1992.
Es sei daran erinnert, daß die FAO unter den "tropischen Regenwäldern" größere Waldflächen fasst als viele andere Forscher, die z.B. mit dem Begriff "tropische Feuchtwälder" operieren (vergl. Myers). Aus diesem Grund differieren die Zahlenangaben auch erheblich, was zu einiger Verwirrung beitragen kann. Die Angaben in diesem Schaubilderbuch orientieren sich an den FAO-Zahlen und ihrer Definition.
(2) Angaben zum Ursprungsbestand der tropischen Regenwälder aus: Deutscher Bundestags - Enquete-Kommission "Schutz der Erde": Schutz der tropischen Wälder, Bonn 1990, S. 187ff.
(3) ebenda, S. 184..

Was brauche ich den Regenwald?

Die Vernichtung der Regenwälder

trägt zum weltweiten Treibhauseffekt bei (15%)

führt zum Aussterben von 500.000 Tier- und Pflanzenarten pro Jahr

bedroht den Lebensraum von 220 Mio Menschen

verändert das Klima und die Regenfälle in der Region

Was brauche ich den Regenwald?

Die Regenwälder in den Tropengebieten unserer Erde sind weit weg, ihre Zerstörung für uns nicht sinnlich erfahrbar. Warum diese Tropenwälder zu erhalten sind, muß daher erst noch vermittelt werden, zumal sich viele längst an den kranken Wald bei uns gewöhnt haben (1).
Auch wenn die weithin existierende Vorstellung, die Regenwälder seien "die grünen Lungen der Erde" und als Netto-Sauerstoffproduzenten von entscheidender Bedeutung, nicht zutrifft, so haben sie dennoch eine zentrale Funktion für das globale Klima. Wälder sind in Jahrhunderten angesammelte Biomasse, speichern also Kohlenstoff (CO); die Vernichtung (vor allem durch Brandrodung) nimmt den Wälder diese Funktion als Kohlenstoff-Senke und wandelt gleichzeitig und unmittelbar CO in CO_2 Kohlendioxid). Dadurch wird bekanntlich der "zusätzliche Treibhauseffekt" angeheizt. Die Enquete-Kommission des Bundestages schätzt, daß die Vernichtung der Wälder ca. 15% (10% durch CO_2, 5% durch Methan und andere Treibhausgase) zum Treibhauseffekt beiträgt (2).
Die tropischen Regenwälder sind gleichzeitig die Heimat ungezählter Tier- und Pflanzenart. Kein anderes Ökosystem verfügt über einen derartigen Artenreichtum. 50% bis 70% aller Arten sollen in den Tropenwaldgebieten leben. Durch die massive, großflächige Regenwaldvernichtung werden jedes Jahr rund 500.000 Arten ausgerottet (3); viele davon sind bis heute weder bekannt noch erforscht. Gleichzeitig verschwindet damit ein ungeheueres Genpotential.
Der Regenwald ist auch die Heimat von rund 220 Millionen Menschen, die in diesem Wald und von diesem Wald leben. Die großflächige Vernichtung der Tropenwälder bedeutet nicht nur Zerstörung ihrer Lebensräume; für die "Regenwaldvölker" im engeren Sinne (ca. 2,5 Mio. Menschen) ist dies auch meist gleichbedeutend mit ihrer Ausrottung; der Ethnozid folgt dem Ökozid.
Schließlich sind die immerfeuchten Regenwälder für das regionale Klima, für Windbewegungen und Wolkenbildung, von zentraler Bedeutung. Die Abholzung dieser Wälder in Westafrika (Gabun, Elfenbeinküste) zum Beispiel hat wahrscheinlich erhebliche Auswirkungen auf die Niederschläge im Sahel gehabt, von wo immer wieder lang anhaltende Dürreperioden gemeldet werden.
Die Auswirkungen der Regenwaldvernichtung auf das globale, weltweite Klima sind weithin noch unbekannt.

Anregungen zur Weiterarbeit:
"Mein Auto fährt auch ohne Wald", "mein Klima stimmt auch ohne Regenwald". Inwieweit sind derartige Behauptungen nicht doch richtig? Welche Konsequenzen wären wir bereit auf uns zu nehmen, um den Regenwald wirksam zu schützen?

Quellen:
(1) Das Bundeslandwirtschaftsministerium meldete im Waldschadensbericht 1991 für die BR Deutschland, daß 25% der Wälder deutliche bis schwere Schäden haben und daß sich weitere 39% in der "Warnstufe" (leichte Schäden) befänden. Zit. nach NW vom 23.6.92.
(2) Vergl. Deutscher Bundestag - Enquete-Kommission "Schutz der Erde": Klimaänderung gefährdet globale Entwicklung", BT-Drs. 12/2400.
(3) Vergl. UNEP-Bilanz vom Mai 1992, zit. nach FR vom 9.5.92.

Regenwald - Nutzung

traditionelle Nutzung		kommerzielle Nutzung	
	Wanderfeldbau		Plantagenwirtschaft
	Jagd		Holzeinschlag
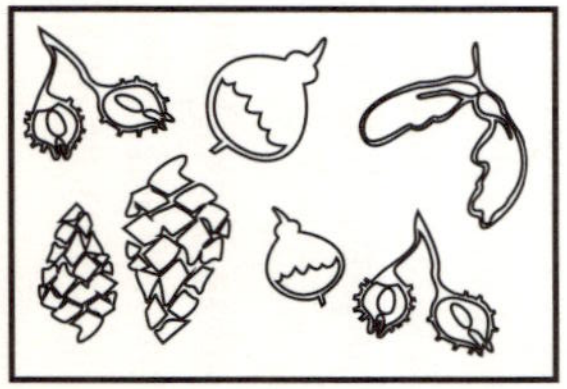	Sammeln	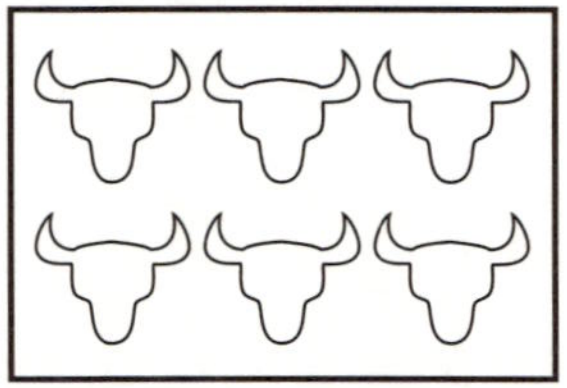	Rinderfarmen
nachhaltige Nutzung Lebensbasis für viele Nutzung aller Ressourcen		kurzfristige Nutzung Aneignung durch wenige Zerstörung nicht-genutzter Ressourcen	

Regenwald-Nutzung

Der Regenwald wird schon immer von Menschen als Quelle vielfältiger Ressourcen genutzt (1). Zu streiten ist allerdings darüber, wie der Reichtum der Regenwälder bestmöglich und dauerhaft zum Nutzen der Menschen verwendet werden kann.
Traditionell gestattet der **Wanderfeldbau** eine angepaßte landwirtschaftliche Nutzung: Eine begrenzte Fläche Regenwald wird brandgerodet und als Feld bestellt; nach wenigen Jahren der Nutzung (z.B. Cassava, Mais, Reis o.ä.) wird das Feld wieder aufgegeben und einer 10jährigen Brachezeit überlassen. Neues Land wird gerodet und bestellt.
Auch die **Jagd** (Wildtiere, aber auch Fischfang) gehört zu den traditionellen Nutzungsformen, ebenso wie das **Sammeln** von Ölen und Harzen, von Kautschukgummi und Früchten aller Art, von Nüssen, Honig etc. Alle diese Ressourcen stehen "im Übermaß" zur Verfügung, solange sie nicht (z.B. durch zuviele Siedler, die in die Regenwaldgebiete strömen) im Übermaß ausgebeutet oder zerstört werden. Viele Menschen können in dieser traditionellen Nutzungsform (Subsistenz) von den Gütern des Regenwaldes leben, die ständig nachwachsen und neu zur Verfügung stehen. Gerade die Nutzung der verschiedenen Ressourcen unterstützt den Erhalt des ökologischen Ganzen, die Nachhaltigkeit.
Gänzlich anders stellen sich die Folgen der kommerziellen Nutzung des Regenwaldes dar. Ausgerichtet auf kurzfristige Rendite werden vielfach Vorhaben betrieben, die nicht nur keine Chance der Nachhaltigkeit haben, sondern die selbst im Sinne kurzfristigen volkswirtschaftlichen Kalküls fragwürdig sind (2). Dies gilt zunächst für die **Plantagenwirtschaft**; dauerhafte Feldbestellung ist in den Regionen des Regenwaldes kaum möglich oder kann - wenn überhaupt - nur mit enormen Beigaben an Dünger bei gleichzeitigem hohen Einsatz von Pestiziden und Insektiziden aufrechterhalten werden. Auch die Erträge für den **Holzeinschlag** werden weithin überschätzt. Zwar machen Tropenholzexporte für einige wenige Regenwaldstaaten (vor allem Malaysia und Indonesien) einen erheblichen Exportanteil aus, überwiegend aber ist die Bedeutung gering; gleichzeitig ist der Aufwand für den selektiven Holzeinschlag beträchtlich. Auch die nationale Holzverarbeitung ist in den meisten Entwicklungsländern zwar ausgebaut worden, blieb aber hinsichtlich Produktivität, Erträge und Arbeitsplatzeffekte weit hinter den Erwartungen zurück. Ähnlich negativ werden heute überwiegend die Erfahrungen mit **Rinderfarmen** in Regenwaldgebieten eingeschätzt. Nach wenigen Jahren geht die Qualität des Weidelandes drastisch zurück und kann nur noch über erheblichen Düngeraufwand aufrechterhalten werden. Gleichzeitig ist der Wettbewerb auf dem Weltmarkt für Rindfleisch außerordentlich scharf und (von Seiten der EG) hoch subventioniert.
Fazit: Die bisherige kommerzielle Nutzung – weithin mit staatlichen Subventionen gefördert – zerstört vielfach gerade eine nachhaltige Inwertsetzung der Regenwälder.

Quellen:

(1) Ausführlich dazu der Bericht der Enquete-Kommission des Dt. Bundestages "Schutz der tropischen Wälder", Bonn 1990, S. 526ff.

(2) Zu den gescheiterten Versuchen der kommerziellen Nutzung des Regenwaldes in Westafrika vergl. den Aufsatz von J. Pretzsch, aber auch andere Beiträge in "Entwicklung und ländlicher Raum", 1//92.

Exportartikel Tropenholz

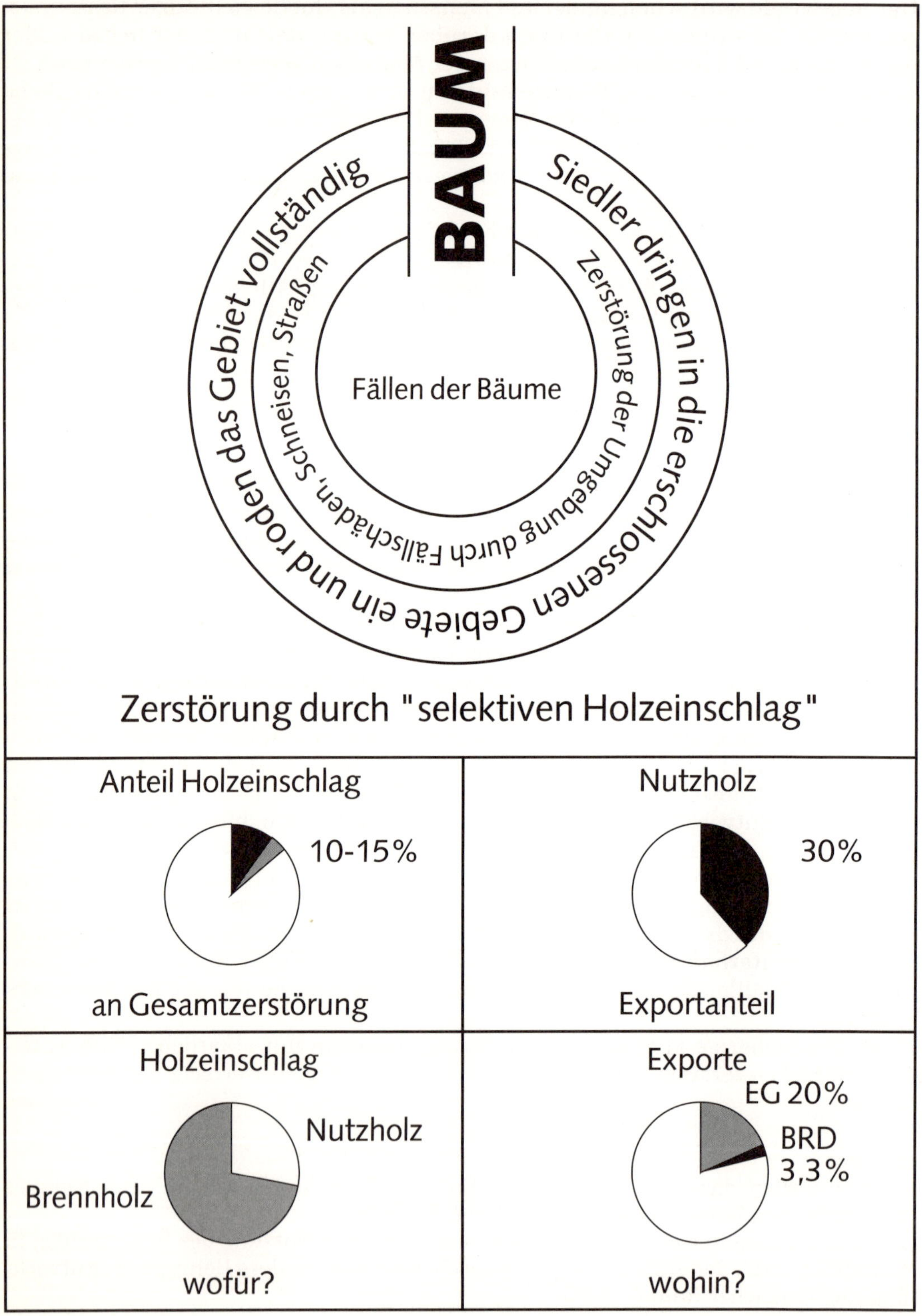

Exportartikel Tropenholz

Das genaue Ausmaß anzugeben, in dem der Export von Tropenhölzern oder Tropenholzprodukten zur Zerstörung des Regenwaldes beiträgt, ist unmöglich. Zu unterschiedlich sind die Konstellationen in den verschiedenen Ländern und Erdteilen, zu ungenau sind die statistischen Angaben, zu wenig quantifizierbar die unmittelbaren und mittelbaren Folgen der Abholzung von Regenwaldbäumen für Exportzwecke. Wissenschaftlich unbestritten ist aber mittlerweile, daß mit der Angabe der exportierten Festmeter Holz die Zerstörwirkung noch keineswegs hinreichend beschrieben ist, wie lange auch von Vertretern der Deutschen Holzindustrie argumentiert wurde. Die Folgeschäden durch den "selektiven Einschlag" im Regenwald sind erheblich: Durch das Fällen einzelner Stämme werden Bäume und Sträucher in der unmittelbaren Umgebung ebenfalls in Mitleidenschaft gezogen; für den Zugang zu den ausgewählten Stämmen müssen Straßen und Schneisen angelegt werden; das Fällen einzelner Bäume verändert die dortige Vegetation, die Licht- und Wasserverhältnisse und kann erhebliche Veränderungen hervorrufen; und nicht zuletzt nutzen Siedler die von den Holzfirmen geschlagenen Wege, um in die Regenwaldgebiete vorzudringen. Die FAO gibt an, daß rund die Hälfte der "selektiv genutzten" Primärwälder von nachrückenden Siedlern vollständig gerodet werden (1).
Auch wenn das genaue Zerstörpotential der Tropenholzexporte nicht quantifizierbar ist, so können doch andere Daten dazu beihelfen, die Größenordnung der Problematik einzugrenzen. Insgesamt wird der Anteil des Holzeinschlags an der Gesamtzerstörung des Regenwaldes (vor allem Brandrodung zur Landgewinnung, Rinderfarmen etc.) meist nur gering veranschlagt. Eine neuere Studie beziffert den Anteil lediglich mit 10% bis 15% (2). Der Holzeinschlag wiederum geht nur zu 28% auf die Nutzholzverwendung; 72% werden der Brennholzgewinnung zugerechnet, die größtenteils für den Eigenbedarf geschieht (3). Vom Nutzholz wiederum werden ca. 30% in das Ausland exportiert; der Rest findet im Inland Verwendung (4). Bei den weltweiten Importen wiederum hat die EG einen Gesamtanteil von ca. 20%, die BR Deutschland kommt auf 3% der weltweiten Tropenholzimporte (5).

Anregungen zur Weiterarbeit:
Diskutieren Sie auf dem Hintergrund der quantitativen und qualitativen Fakten die Gründe pro und contra Tropenholzboykott.

Quellen:
(1) Vergl. dazu den Bericht der Enquete-Kommission des Dt. Bundestages "Schutz der tropischen Wälder", Bonn 1990, S. 292ff.
(2) Zahlenangabe aus der Studie "Abholzung der tropischen Regenwälder", Greenpeace und Kieler Institut für Weltwirtschaft, April 1992.
(3) FAO-Angabe für 1987. Vergl. Enquete-Kommission, a.a.O., S. 272. Da bei der Nutzholzverwendung nur ca. 50% des Holzes tatsächlich mitgenommen werden und der Rest liegenbleibt (der Nutzholzeinschlag ist doppelt so hoch ist wie das Nutzholzaufkommen), wurde die Zahl für den Nutzholzanteil gegenüber der FAO-Angabe über das Nutzholzaufkommen verdoppelt.
(4) Die Größenordnung des Exportanteils wird von der Enquete-Kommission (28%) und der Greenpeace-Studie (ca. 1/3) ähnlich angesetzt.
(5) Vergl. Enquete-Kommission .., a.a.O., S. 278f.

Vorbilder?

»Entwickelte Länder«
»Entwicklungsländer«
100 %
75 %
50 %
25 %
23 %
75 %
95 %
70 %
Bevölkerung
Treibhaus-gase
FCKW's
Ölverbrauch

Vorbilder?

Leitvorstellungen von "Entwicklung" beziehen sich noch immer weitgehend auf jenes Modell komsum- und produktionsintensiver Industrialisierung, das die Länder Westeuropas, Nordamerikas und Japans vorexerziert haben. Die reichen Länder sind demnach die "entwickelten" Staaten, denen gleichzukommen oder zumindest nachzueifern das Ziel der "Entwicklungsländer" ist, vor allem ihrer Staatsklassen.
Doch die Entwicklung der reichen Länder des Nordens kann und darf nicht Modell für die gesamte Menschheit sein, aus sozialen wie aus ökologischen Gründen. Schon die ökologischen Belastungen dieses (westlichen) Entwicklungsweges machen deutlich, daß es sich hier um das Privileg einer Minderheit handelt. Die 23% der Menschheit (1), die in den Industrieländern wohnen, sind zu 75% für die Emittierung jener Treibhausgase verantwortlich, die zur Erderwärmung (2) führen, haben rund 95% jener Fluorchlorkohlenwasserstoffe gekauft und verbraucht, die zur Zerstörung der schützenden Ozonschicht in der Stratosphäre führen (3), verbrauchen 70% der (begrenzten) Erdölvorräte unseres Planeten (4). Zumindest in dieser Hinsicht leben wir auf Kosten der "Dritten Welt", denn von den globalen ökologischen Folgen unserer (Fehl-)Entwicklung ist die Menschheit insgesamt betroffen.

Anregungen zur Weiterarbeit:
Diskutieren Sie auf diesem Hintergrund die Begrifflichkeit "Entwicklungsländer", "entwickelte Länder", "Industrienationen" etc. Wer findet andere Begriffe, die der hier angesprochen Problematik eher entsprechen?

Quellen:
(1) Zahlen aus Weltbevölkerungsbericht 1992.
(2) Die Gegenüberstellung beim "Treibhauseffekt" (75% zu 25%) ist eine Schätzzahl, die auf alle Treibhausgasemissionen (nicht nur CO_2-Emissionen) abzielt und den Berechnungen der Enquete-Kommission des Deutschen Bundestages ("Klimaveränderung gefährdet globale Entwicklung", BT-Drs. 12/2400, Bonn 1992) folgt.
(3) Die statistischen Angaben zum Verbrauch von FCKWs und Halonen sind sehr unvollständig. Die Schätzzahl 95% bezieht sich auf eine Erhebung, die den Zeitraum 1931 bis 1988 bei bestimmten FCKWs umfaßt. Vergl. "Dritter Bericht" der Enquete-Kommission..., a.a.O., S. 286.
(4) Berechnung nach Angaben (1990) des Fischer Weltalmanachs 1992.

Lebensstil

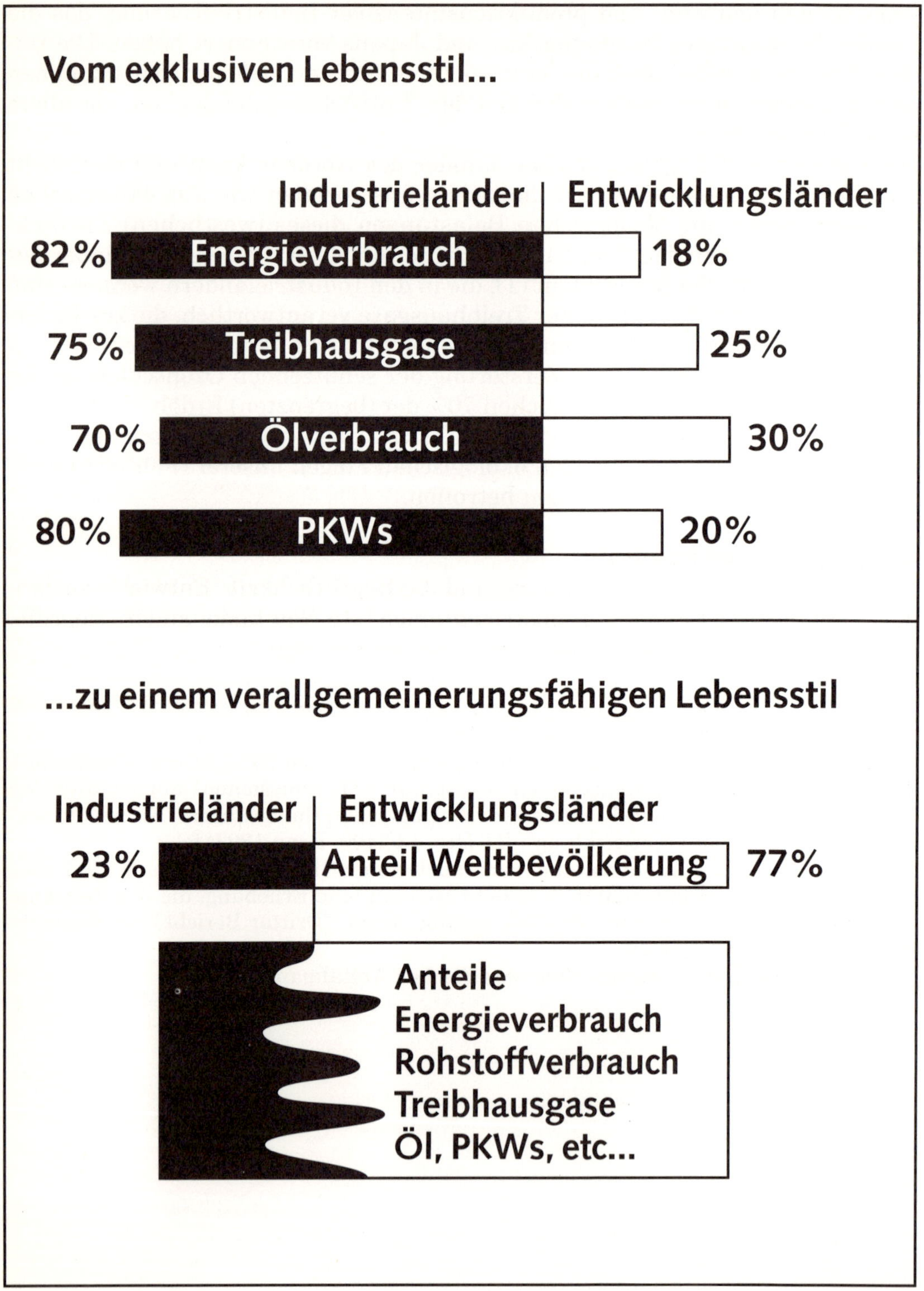
Vom exklusiven Lebensstil...
Industrieländer
Entwicklungsländer
82%
Energieverbrauch
18%
75%
Treibhausgase
25%
70%
Ölverbrauch
30%
80%
PKWs
20%
...zu einem verallgemeinerungsfähigen Lebensstil
Industrieländer
Entwicklungsländer
23%
Anteil Weltbevölkerung
77%
Anteile
Energieverbrauch
Rohstoffverbrauch
Treibhausgase
Öl, PKWs, etc...

Lebensstil

Der eminente Verbrauch begrenzter Güter und die Belastung der Erde in Form von Schadstoffen und Emissionen durch die reichen Länder des Nordens sind Ausdruck eines exklusiven Lebensstiles: So wie wir sollen die anderen nicht leben. Denn niemand im Norden kann ernsthaft wünschen, daß auch die Menschen im Süden im gleichen Ausmaß Güter konsumieren, Auto fahren, Rohstoffe und Energie verbrauchen. Solange wir diesen Lebensstil pflegen, bedeutet jede Forderung nach gleichen Lebensmöglichkeiten auf der Erde eine Bedrohung. Der Norden muß wählen, ob er auf Dauer einen oligarchischen (auf eine kleine Gruppe beschränkten) Lebensstil verteidigen will – auch mit militärischen Mitteln – oder ob er den mühsamen Weg einer Veränderung zu beschreiten bereit ist, an dessen Ende ein demokratischer, verallgemeinerungsfähiger Lebensstil und Lebensstandard für alle steht.
Das Produktions- und Konsumniveau des Nordens ist nicht verallgemeinerungsfähig. Der absolute Ausstoß von Gütern und Stoffen kann nicht beliebig gesteigert werden. Wenn diese Tatsache anerkannt ist, muß auch die Schieflage der Verteilung angegangen werden. Zur Zeit verbrauchen die Menschen in den Industrieländern 82% der Energie (1), emittieren 75% der Treibhausgase (2), verbrauchen 70% des Öls und fahren 80% aller PKWs (3).
Ein solidarischer, demokratischer, verallgemeinerungsfähiger Lebensstil muß diese Ungleichverteilung beseitigen. Im Prinzip haben die Menschen in den Industrieländern nicht mehr Rechte, das Klima auf dieser Einen Erde zu belasten oder begrenzte Güter zu verbrauchen als die Menschen im Süden, selbst wenn sie mehr Geld besitzen. So zu leben, daß auch andere so leben können oder könnten, muß daher Zielvorstellung eines neuen Lebensstiles sein.
Sicher bedeutet dieser "verallgemeinerungsfähige" Lebensstil nicht, daß ab sofort alle Güter dieser Erde genau proportional zur Weltbevölkerung verteilt werden. Aber bei allen ökonomischen, sozialen und kulturellen Unterschieden der Menschen und der Völker muß der jeweilige Lebensstil doch darauf ausgerichtet sein, die Erde als Ganzes zu erhalten und das Überleben anderer Menschen nicht in Frage zu stellen. Kein Geld der Welt kann das Privileg der Zerstörung legitimieren.

Anregungen zur Weiterarbeit:
Was ich bezahlt habe, darf ich auch verbrauchen. Diskutieren Sie die Grenzen von Konsumfreiheit und Käuflichkeit angesichts der ökologischen und sozialen Bedrohungen.
Produktion für den Bedarf endlicher Bedürfnisse oder Produktion als unendlicher Verwertungszweck des Kapitals. Letzteres ist auch ein Spezifikum westlicher "Zivilisation". Über diese kulturelle Dimension kann man mit SchülerInnen (ab Klasse 11) gut ins Gespräch kommen anhand des Spielfilms "Freitag und Robinson" (16mm, 115 Min.; Verleih (20.- DM) bei KJF-Medienverleih, PF 3004, 6500 Mainz 1, Tel. 06131/234641).

Quellen:

(1) Zahlenangabe aus UNEP: Saving our Planet, Nairobi 1992, S. 108.
(2) Vergl. Enquete-Kommission des Dt. Bundestages "Schutz der Erde", BT-Drs. 12/2400, S. 36. Die Zahlenangabe bezieht sich auf alle Treibhausgase (nicht nur CO_2).
(3) Daten aus Fischer Weltalmanach 1992.

Überkonsum und Armut gefährden die Umwelt

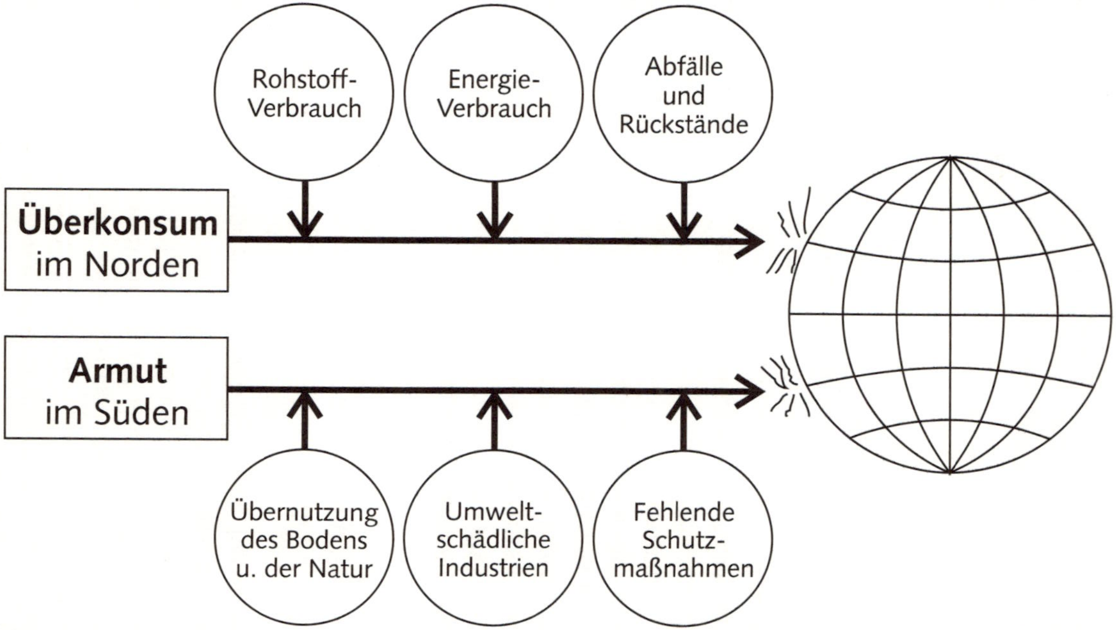

Es leben in ökologisch gefährdeten Gebieten

Überkonsum und Armut zerstören die Umwelt

Die weltweite Zerstörung der ökologischen Lebensgrundlagen wird zu Recht in Verbindung gebracht mit dem "oligarchischen" Lebensstil der reichen weißen Minderheit im Norden unseres Planeten, der im Übermaß die begrenzten Rohstoffe unserer Erde verbraucht, einen enormen Energiebedarf befriedigt und mit Abfällen und Rückständen aus der industriellen Produktion Böden, Wasser und Luft vergiftet.
Dieser westliche Lebensstil, die überaus verschwenderischen Konsummuster, sind auch mittelfristig für einen großen Teil der Menschheit unerreichbar. Doch auch die Armut im Süden führt dazu, daß die natürlichen Ressourcen übermäßig genutzt und erschöpft werden. Wenn Menschen Intensivlandwirtschaft auf dem knapper werdenden Boden betreiben, Brachezeiten verkürzen und durch übermäßige Bebauung oder Dünger die Bodenfruchtbarkeit zerstören, wenn sie durch Abholzung (z.B. weil Brennholz die einzige Energiequelle ist) oder fehlende Schutzmaßnahmen die Erosion beschleunigen oder wenn in Dritte Welt-Ländern umweltschädigende Industrieproduktionen (z.B. Aluminium-Herstellung, chemische Produktion) errichtet werden, weil die fehlenden Umweltauflagen diese Länder zu "günstigen Standorten" machen, findet ebenfalls ein ökologischer Zerstörungsprozeß statt. Hier ist es die bloße Armut, die angepaßte, dauerhafte, umweltschonende Produktionsverfahren verhindert oder erschwert, weil um des Überlebens willen das Letzte aus dem Boden herausgeholt oder jeder Dollar an Devisen verdient werden muß.
Auch Armut zerstört die ökologischen Lebensgrundlagen vor allem im lokalen und regionalen Raum - und dieser Prozeß trifft zuallererst diejenigen, die ohnehin schon arm sind. Schon heute lebt ein Großteil der Menschen in der Dritten Welt in ökologisch gestörten Gebieten: 80% der Menschen in Lateinamerika, 60% der AsiatInnen, 50% der AfrikanerInnen (1).
Wenn die ökologischen Lebensgrundlagen erhalten werden sollen, muß nicht nur der Überkonsum des Nordens geändert, sondern auch die Armut im Süden bekämpft werden. Keine Ökologie-Politik ohne Entwicklungspolitik.

Anregungen zur Weiterarbeit:
Diskutieren Sie die Verschränkung der "Ökologiedimension" mit der "Entwicklungsdimension". Lassen Sie die SchülerInnen diesen Zusammenhang auf einem Plakat (Collage mit Slogan o.ä.) darstellen. "Das Gerede vom ökologischen Fehlverhalten der Armen soll nur von der Schuld des Nordens ablenken"; wer hält diesen Einwand für berechtigt (warum)?

Quellen:
(1) Angaben aus UNDP: Human Development Report 1992.

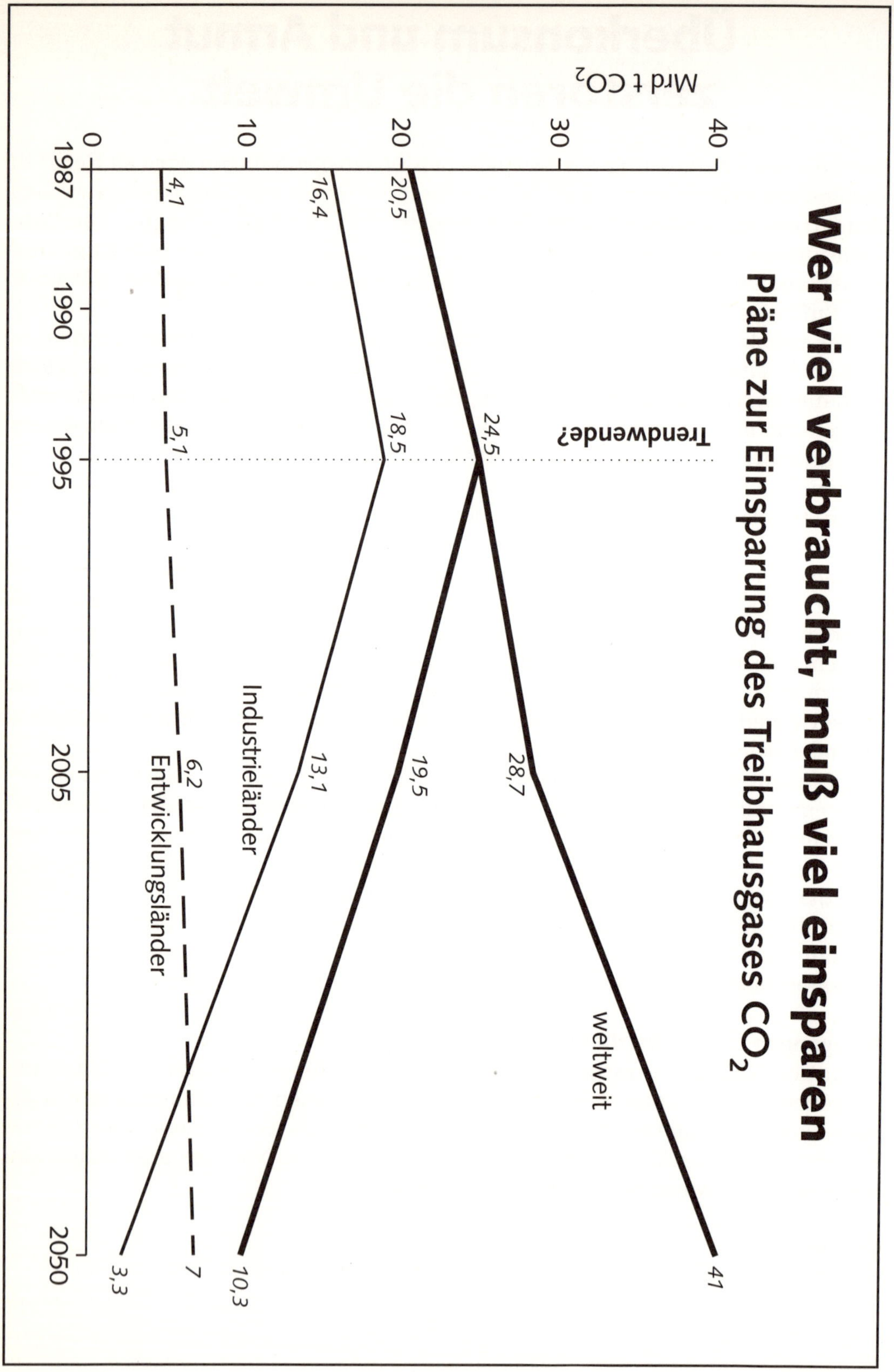
Wer viel verbraucht, muß viel einsparen
Pläne zur Einsparung des Treibhausgases CO_2
Mrd t CO_2
40
30
20
10
0
1987
1990
1995
2005
2050
Trendwende?
weltweit
Industrieländer
Entwicklungsländer
20,5
24,5
28,7
41
16,4
18,5
13,1
3,3
19,5
10,3
4,1
5,1
6,2
7

Wer viel verbraucht, muß viel einsparen

Daß der drohende Treibhauseffekt durch eine drastische Reduzierung der klimarelevanten Spurengase bekämpft oder zumindest begrenzt werden muß, liegt auf der Hand. Im internationalen Bereich (so auf der Konferenz für Umwelt und Entwicklung in Rio 1992) wurde daher auch – wenn auch noch unverbindlich – über Reduktionspläne gesprochen.
Die Enquete-Kommission (EK) des Deutschen Bundestages hat für die notwendige Rückführung des wichtigsten Treibhausgases (Kohlendioxid) ein Szenario entworfen, das den unterschiedlichen Verursacheranteilen gerecht werden will. Die Industrieländer (23% der Weltbevölkerung), die rund 72% des CO_2-Ausstosses verursachen, müssen auch bereit sein, ihre Emissionen entsprechend drastisch zurückzufahren, während den Entwicklungsländern zugebilligt wird, ihren Kohlendioxidausstoß im Rahmen ihrer ökonomischen Entwicklung noch zu vergrößern.
Auf der Basis der CO_2-Emissionen des Jahres 1987 empfiehlt die EK
- ▶ eine Reduktion des CO_2-Ausstosses der Industrieländer um 20% bis zum Jahre 2005 und um 80% bis zum Jahre 2050;
- ▶ eine Erhöhung der Kohlendioxid-Emissionen der Entwicklungsländer um 50% bis zum Jahre 2005 und um 70% bis 2050.

Würden diese Ländergruppen diese Vorgaben einhalten, so könnte der weltweite Kohlendioxid-Ausstoß aus der Energieproduktion bis zum Jahre 2005 um 5%, bis 2050 aber um 50% reduziert werden. Diese Marke wäre aber auch dringend notwendig, wenn nicht die Erderwärmung noch drastischer als ohnehin schon prophezeit ausfallen soll.
Der gegenwärtige Wachstumstrend (Anfang der 90er Jahre) müßte spätestens im Jahre 1995 gebrochen und umgekehrt werden. Geschieht dies nicht und wird dieser Trend beibehalten, so müßte im Jahre 2005 mit fast 29 Mrd Tonnen CO_2 aus der menschlichen Energieproduktion gerechnet werden; für das Jahr 2050 werden sogar 41 Mrd t CO_2 Emissionen vorhergesagt, eine Verdoppelung gegenüber 1990 und eine untragbare Klimaveränderung für die Menschheit (1).

Anregungen für die Weiterarbeit:

▶ Diskutieren Sie die Berechtigung, daß Entwicklungsländer ihren CO_2-Ausstoß vergrößern dürfen, während die Industrieländer ihn zurückfahren sollen. Was halten Sie von einer verbindlichen "Klimakonvention" mit klaren Reduktionsvorgaben für alle Länder? Wer könnte diese beschließen, wer durchsetzen? Wie würden im nationalen Bezugsrahmen (z.B. Beschluß der Bundesregierung zur CO_2-Reduktion wird mit Fahrverboten und Heizvorgaben durchgesetzt) solche verbindlichen Vorschriften aufgefasst und angenommen?

Quellen:

Das Szenario der Enquete-Kommission ist dem "Ersten Bericht" der Enquete-Kommission "Schutz der Erdatmosphäre", BT-Drs. 12/2400 (Bonn 1992) entnommen.

Nachholende Fehlentwicklung

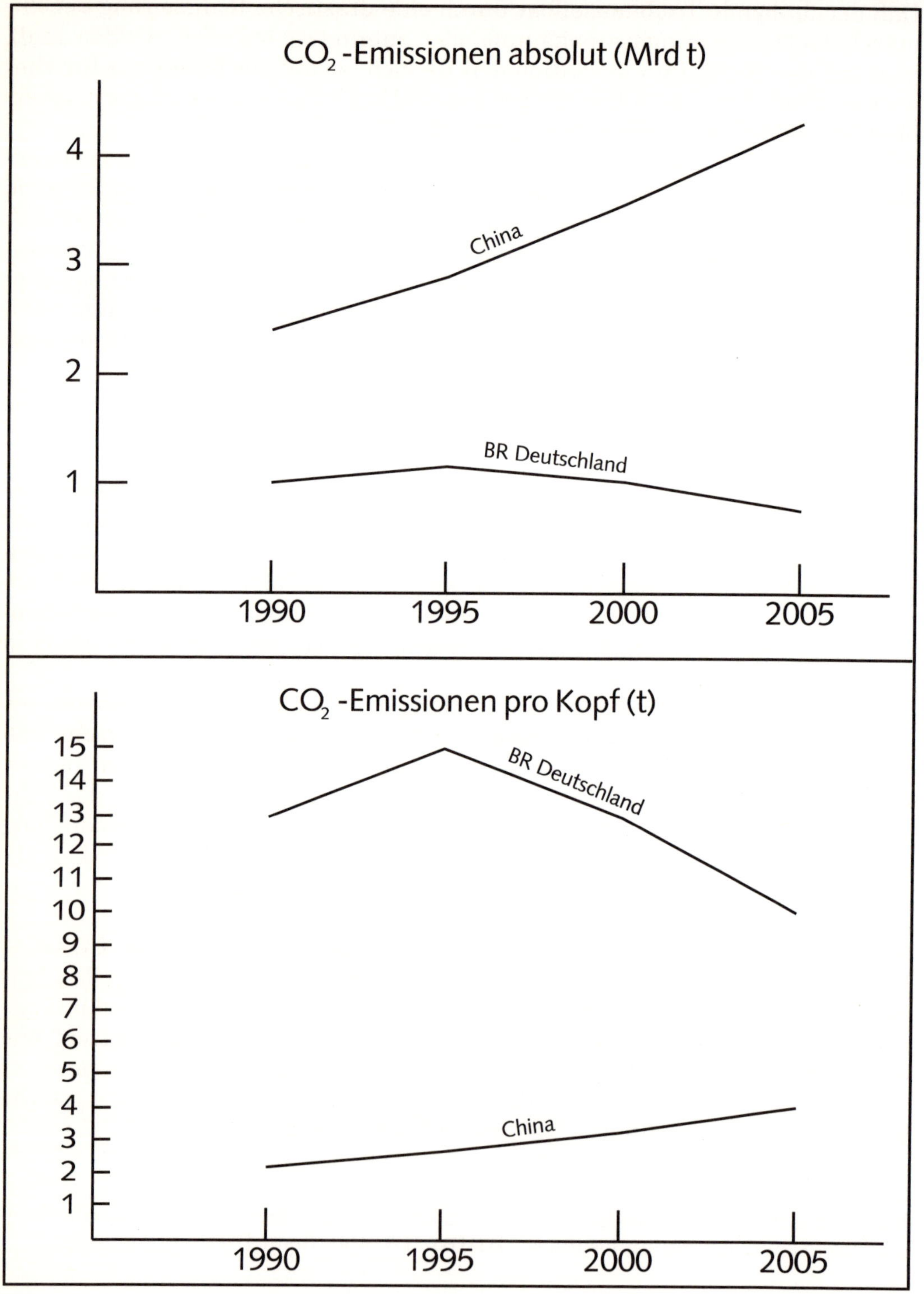

Nachholende Fehlentwicklung

Daß die Industrieländer für den weitaus größten Teil der globalen ökologischen Zerstörungen verantwortlich sind, ist hinreichend nachgewiesen worden. Allerdings besteht kein Anlaß, den Beitrag der Dritten Welt zu diesen Zerstörprozessen zu ignorieren. Gerade die Schwellenländer holen in dieser Hinsicht stark auf, steigern z.B. ihren CO_2-Ausstoß und damit ihren Beitrag zum Treibhauseffekt erheblich. Hält dieser Trend an, werden in einigen Jahren diese Länder das zerstörerische Niveau der Industrieländer erreicht haben.

Die Volksrepublik China ist ein aufschlußreiches Beispiel für diese "nachholende Fehlentwicklung". Der Ausstoß an (energiebedingten) CO_2-Gasen betrug 1990 für die VR China 2,4 Mrd. Tonnen. Damit waren die Chinesen hinter den USA und der GUS der wichtigste CO_2-Emittent. Im Vergleich dazu lag die Emissionssumme der BR Deutschland bei 1 Mrd. t Kohlendioxid.

Hält das Emissionswachstum der VR China – Anfang der 90er Jahre bei ca. 4% pro Jahr – weiter an, wird China im Jahre 2005 rund 4,3 Mrd. Tonnen CO_2 emittieren. Die geschätzten 700 Mrd. Tonnen Kohle, über die China verfügt, bieten zu diesen Steigerungsraten die Voraussetzungen. Im Jahre 2014 hätte China dann die Kohlendioxidemissionen des heute noch größten Emittenden (USA mit 5,4 Mrd. Tonnen CO_2) übertroffen und wäre dann – unterstellt, daß die Industrieländer ihre Emissionen nicht noch weiter steigern – in absoluten Ziffern der größte CO_2-Emittent.

Gemessen am Pro Kopf-Ausstoß wiederum können die Chinesen zu Recht agumentieren, daß ihr Beitrag zum Treibhauseffekt geradezu bescheiden ist. Die heute 1,1 Mrd. Chinesen emittieren pro Kopf und Jahr (2,2 t CO_2) ein Sechstel vom Quantum der Deutschen (13 t). Selbst wenn sie ihren Anteil – wie prognostiziert – kräftig steigern, kämen sie im Jahre 2005 "nur" auf eine Emission von ca. 4 t pro EinwohnerIn. Wenn die Deutschen wiederum das Versprechen ihrer Regierung einhalten und den CO_2-Ausstoß bis zum Jahre 2005 um mindestens 25% senken (bezogen auf 1987), so läge dann ihr pro Kopf-Ausstoß an Kohlendioxid mit ca. 10 Tonnen/EinwohnerIn noch immer um das Zweieinhalbfache über dem der Chinesen.

Niemand kann den Chinesen das Recht bestreiten, ihre wirtschaftliche Entwicklung voranzutreiben, Industrieproduktion zu steigern, vorhandene Energievorräte zu nutzen. Wenn dies auf eine einigermaßen umweltverträgliche Weise geschehen sollen, brauchen die Chinesen Zugang zu modernen umweltschonenden Technologien und zu effizienteren Produktionsverfahren. Diese Transfers allerdings kosten Geld, das die Chinesen selbst kaum aufbringen können.

Anregungen zur Weiterarbeit:

Eine ökologisch begründete Obergrenze für CO_2-Emissionen einerseits und eine gerechtere Verteilung der Verschmutzungsberechtigung andererseits, diese beiden Bezugspunkte machen die hier angedeuteten Kontroverse aus. Die Zielkonflikte können in der Klasse diskutiert oder auch in einem Rollenspiel bearbeitet werden.

Quellen:

Berechnungen nach den Daten der Enquete-Kommission "Schutz der Erde" (Basisjahr: 1990). Vergl. Bericht "Klimaänderung gefährdet globale Entwicklung", BT-Drs. 12// 2400, Bonn 1992.

Bevölkerungsexplosion-Autoexplosion

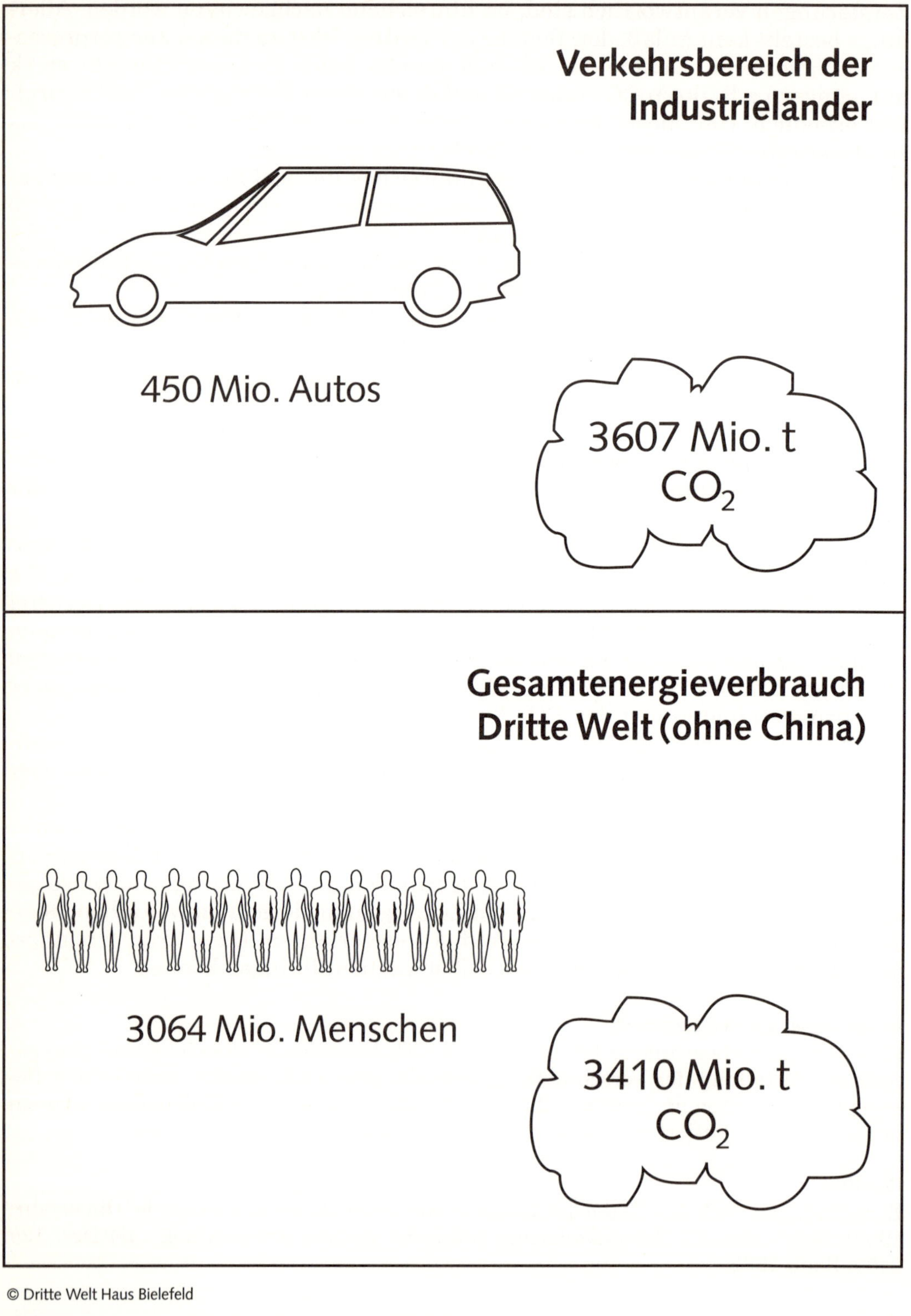

Bevölkerungsexplosion – Autoexplosion

Der Straßenverkehr hat sich in den "entwickelten Ländern" in einer schier unfaßlichen Größenordnung ausgebreitet. Längst bestimmen 450 Millionen Kraftfahrzeuge dort weite Teile von Ökonomie und Politik, von sozialem und kulturellen Leben der Menschen. Die ökologischen Belastungen des Molochs Verkehr in den Industrieländern des Nordens belasten den Globus mehr als der gesamte Energie- und Verkehrsaufwand der gut 3 Milliarden Menschen in der Dritten Welt (außer China).
Weltweit entfallen 27% des Energieverbrauchs und 20% des emittierten Kohlendioxids auf den Verkehr (1). Der Verkehrssektor hat somit eine erhebliche Problemdimension für Ökologie und Treibhauseffekt, zumal in diesem Bereich noch immer deutliche Zuwachsraten – und zwar in allen Teilen der Welt – festzustellen sind. Der Löwenanteil des Verkehrsbereiches resultiert aus den Industrieländern. Von den ca. 560 Mio. weltweiten Kraftfahrzeugen (davon 430 Mio. PKWs), die 1990 die Erde belasteten, bewegten sich ca. 80% in den Straßen der Industrieländer (2). Diese rund 450 Millionen Kraftfahrzeuge emittieren jährlich 3607 Mio. t Kohlendioxid (3).
Setzt man diese Zahl nun in Beziehung zu den (energiebedingten) CO_2-Emissionen aller Menschen (mit Ausnahme der Chinesen), die in den Kontinenten Asien, Afrika und Lateinamerika leben, so muß man feststellen, daß die Autos der 1,2 Mrd. Reichen der Erde mehr Kohlendioxid produzieren als gut 3 Mrd. Menschen. Anders formuliert: Allein der Verkehrssektor der reichen Länder ist klimaschädlicher als der gesamte Energieaufwand von über drei Milliarden Menschen in der Dritten Welt. Das Auto, die "heilige Kuh" westlichen Fortschritts, bedroht die Zukunft. Diese "Autoexplosion" scheinen viele schnell verdrängen zu wollen, die stattdessen vor der Bevölkerungsexplosion zu warnen pflegen.

Anregungen zur Weiterarbeit:
Lassen Sie die Wertigkeit des Straßenverkehrs in den reichen Ländern in Beziehung setzen zum Energiebedarf (Kochen, Landwirtschaft, industrielle Produktion) von drei Milliarden Menschen in der Dritten Welt. Welche Belange werden höher veranschlagt (warum)? Wie ist die "privilegierte" Stellung des Autoverkehrs im Norden historisch zu erklären? Welche Möglichkeiten werden gesehen, die "Autoexplosion" zu stoppen?

Quellen:
(1) Zahlenangaben aus dem Bericht der Enquete-Kommission "Klimaänderung gefährdet globale Entwicklung", BT-Drs. 12/2400, Bonn 1992.
(2) Daten zum weltweiten KFZ-Bestand aus Fischer Weltalmanach 1992. Alle Zahlenangaben dieser Seite beziehen sich auf 1990.
(3) Berechnungen nach dem Bericht der Enquete-Kommission, a.a. O, S. 38ff.

Auto-Bilanz

BR Deutschland

Anzahl PKWs	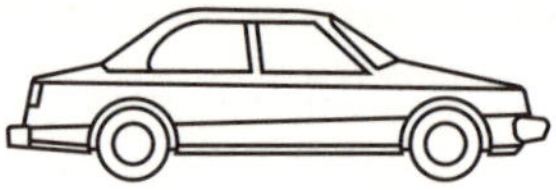	31 Mio.
Gefahrene Kilometer	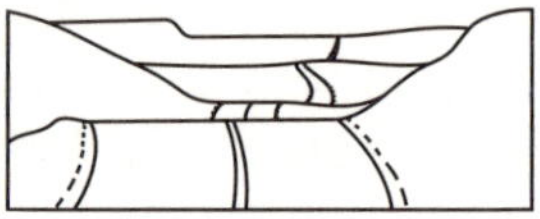	440 Mrd. km
Spritverbrauch		45Mrd. Liter
CO_2-Ausstoß direkt		138 Mio t
CO_2-Ausstoß indirekt		211 Mio t
Kohlenmonoxide (NO_2)		3 Mio t
Verletzte Personen	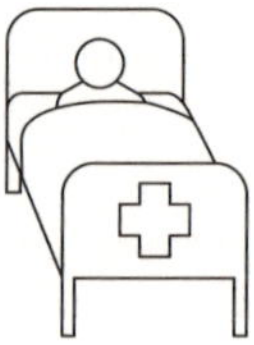	448.083
Getötete Personen		7.899

Auto-Bilanz

Der Autoverkehr ist auch nach Ansicht des Bundesumweltministers "die mit Abstand bedeutenste Quelle für Luftschadstoffe und Lärm" (1). Die ökologische Bilanz unseres Straßenverkehrs ist verheerend, wobei viele langfristigen Folgen zur Zeit nur teilweise abgeschätzt werden können. Nach einer Untersuchung des Heidelberger Umwelt- und Prognose-Instituts (2) haben die 31 Mio. PKWs in der (alten) Bundesrepublik 1990 rund 45 Milliarden Liter Sprit verbrannt (Sie haben dabei 440 Milliarden km zurückgelegt, d.h. sie sind 11 Millionen mal um die Erde gefahren (3). Dadurch wurden rund 138 Millionen Tonnen Kohlendioxid in die Erdatmosphäre abgelassen (direkte Effekte). Wenn man – wie die Heidelberger Forscher – noch dazurechnet, welchen CO_2-Ausstoß die indirekten Energieaufwendungen des Autos (wie Straßenbau, KFZ-Produktion, Unterhalt etc.) beinhalten, kommt man auf die Summe von 211 Millionen Tonnen CO_2, das sind rund 28% der gesamten Kohlendioxid-Emission der BR Deutschland.

Neben diesem erheblichen Beitrag zur Erderwärmung, an der auch kein Katalysator etwas ändert, verpesten Kohlenmonoxide (ca. 3 Mio. t) zusammen mit Stickoxiden (1,9 Mio. t) und Kohlenwasserstoffen (250.000 t) unsere Atemluft und haben erhebliche negative Folgen für die Gesundheit. Krebs, Erkrankungen der Atemorgane und andere Belastungen sind schwer zu quantifizieren, gehören aber auch zur Ökobilanz des Autos.

Zu den offensichtlichsten Folgen zählen außerdem die bei Verkehrsunfällen verletzten oder getöteten Personen, immerhin rund eine halbe Millionen Menschen pro Jahr (4).

Anregungen zur Weiterarbeit:

Die einzelnen Bereiche dieser "Auto-Bilanz" könnten durch Erkundigungen erschlossen und vertieft werden (Besuch eines Autoschrottplatzes mit Fotoapparat, Gespräch mit dem kommunalen Umweltbeauftragten/Umweltdezernenten über die ökologischen Belastungen des Straßenverkehrs, Meßreihen mit technischer Hilfe der Straßenbehörden/Ordnungsamt/Emissionszentrale (Lärm, Verunreinigung), Gespräch mit Rettungsarzt oder Polizei über Verkehrsunfälle etc.). Vertiefendes Material ist u.a. bei den alternativen Verkehrsclubs zu erhalten.

Quellen:

(1): Vergl. Studie des Umweltbundesamtes vom November 91 (NW v. 15.11.91).

(2): Zahlen des Heidelberger Umwelt- und Prognose-Instituts, zitiert nach NATUR 3/91. Die Enquete-Kommission des Deutschen Bundestages gibt den CO_2-Ausstoß des gesamten Verkehrssektors für 1990 mit 193 Mio. t (19 % der gesamten energiebedingten CO_2-Emissionen) an, wobei hier nur die direkten Effekte berechnet sind.

(3): Kilometerangabe und PKW-Bestand (Schätzung über 1990) aus Fischer Weltalmanach 1992.

(4): Unfallzahlen für 1990 aus Fischer Weltalmanach 1992.

Für 1991 wird ein weiterer Rückgang der Verkehrstoten (7.500) und Verletzten (420.000) in Westdeutschland, aber ein starker Anstieg (3.700/84.500) in Ostdeutschland erwartet (FR 7.12.91).

Auto-Ausreden

Behauptungen

"Ich brauche mein Auto nur für längere Strecken"
"Ich brauche das Auto zum Einkaufen"
"Ich fahre Auto, weil es billiger ist"

Tatsachen

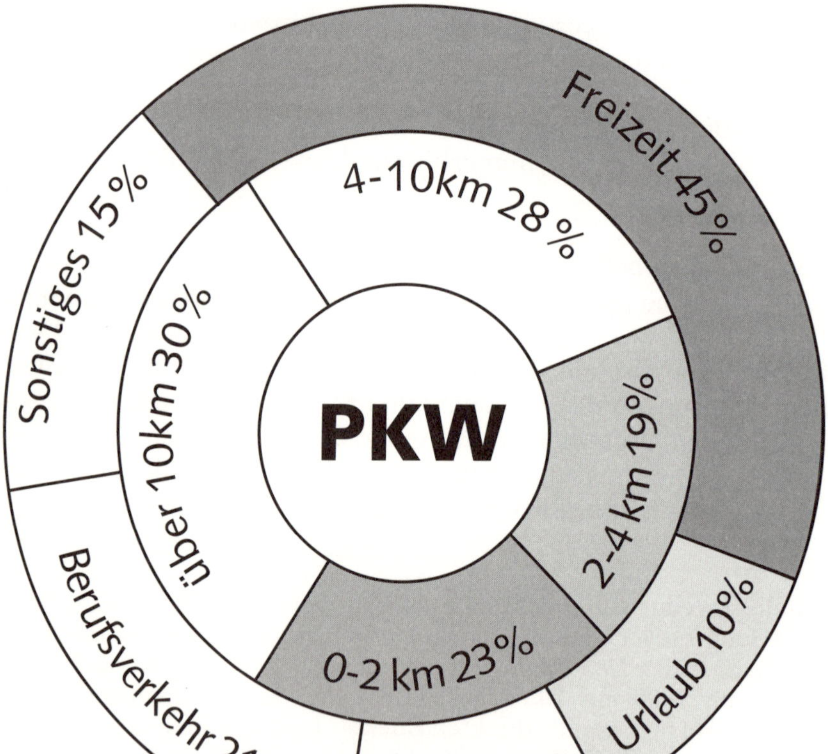

Monatliche Auto-Ausgaben: 302,-DM

Auto-Ausreden

Den Führerschein zu machen und früher oder später ein Auto zu besitzen, gehört zu den selbstverständlichen Wünschen junger Leute in der Bundesrepublik. Auch wenn viele Informationen über das Auto als "Umweltverschmutzer Nr. 1" bekannt sind, auf das Auto verzichten will kaum eine(r). Allerdings hat man ein paar Legitimationsangaben parat, wenn man gefragt wird, warum man sich denn ein Auto anschaffen will.

Daß man das Auto vor allem "für die langen Strecken brauche", gehört zu diesen Statements, die immer wieder zu hören sind. Andere verweisen darauf, wie schwer doch die Einkaufstaschen sind und daß man das Auto vor allem für diesen Zweck zum Transport benötige. Und gerade junge Leute erklären häufig, mit dem Auto zu fahren sei einfach billiger und deshalb...

Wie aufrichtig auch immer derartige Aussagen gemeint sind, tatsächlich wird das Auto bei uns in ganz anderer Weise genutzt. Bei der mit dem Auto pro Fahrt zurückgelegten Strecke ist auffällig, daß 23% der Fahrten weniger als zwei Kilometer lang sind. Weitere 19% der Fahrten betreffen eine Distanz von 2 bis 4 km, was in der Summe bedeutet, daß fast die Hälfte aller Autofahrten (42%) für Strecken bis 4 km benutzt werden, Entfernungen also, die von den meisten ZeitgenossInnen allemal mit dem Fahrrad, wenn nicht zu Fuß, zurückgelegt werden können. Weitere 28% der Fahrten machen Entfernungen zwischen 4 und 10 Kilometern aus und nur ein knappes Drittel führt über Distanzen von über 10 Kilometern.

Auch der Zweck der Fahrten wird in der Regel völlig verkannt. 45% der Fahrten gelten Freizeitbedürfnissen, weitere 10% dem Urlaub. Für das so wichtige Einkaufen werden gerade einmal 9% der Fahrten aufgewendet und rund ein Fünftel der Fahrten (21%) sind dem Berufsverkehr zuzuordnen. Diese Zahlen verdeutlichen, daß bei uns das Auto in erster Linie der Freizeitsphäre zuzuordnen ist, jenseits der Sachzwänge aus Beruf und Hausarbeit.

Selbst das Sparagument ist bei kritischer Betrachtung äußerst fragwürdig. Autofahren ist teuer, dies stimmt nicht nur in dem Sinne, daß die tatsächlichen gesellschaftlichen und umweltbezogenen Kosten des Autoverkehrs weit über das hinausgehen, was die AutofahrerInnen selbst dafür bezahlen. Nach Berechnungen des Statistischen Bundesamtes belaufen sich die durchschnittlichen Auto-Ausgaben der AutohalterInnen pro Monat (incl. Sprit, Steuer, Versicherung und Reperaturen, aber ohne Anschaffungskosten) auf 302.– DM. Mit diesem Geld, zu dem ja die Ankaufkosten des PKW noch hinzugerechnet werden müssen, sind viele Kilometer Bahnfahrten, aber selbst gelegentliche Taxifahrten zu haben.

Anregungen zur Weiterarbeit:
Diskutieren Sie mit den SchülerInnen deren subjektive Gründe für Führerschein oder Autoanschaffung. Vergleichen Sie die Antworten mit dem empirischen Sachverhalt. Durch Befragungen von AutofahrerInnen (Kassettenrekorder) können die SchülerInnen Motive, effektive Fahrtstrecken und den Fahrtenzweck überprüfen.

Ein gutes, auch für den Unterricht brauchbares Nachschlagewerk mit zahlreichen grafischen Darstellungen ist das Buch von D. Seifried: Verkehr (Beck-Verlag, München 1991. Preis: 19.80 DM; Buchhandel).

Quellen:
(1) Alle Zahlenangaben nach Untersuchungen des BM für Verkehr. Zitiert nach D. Seifried, Verkehr, a.a.O.
(2) Angaben für 1990. Zitiert nach FR vom 1.2.91.

Wohlstand frißt Fortschritt

Technischer Fortschritt

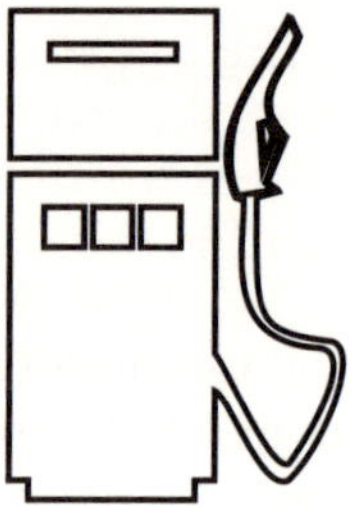

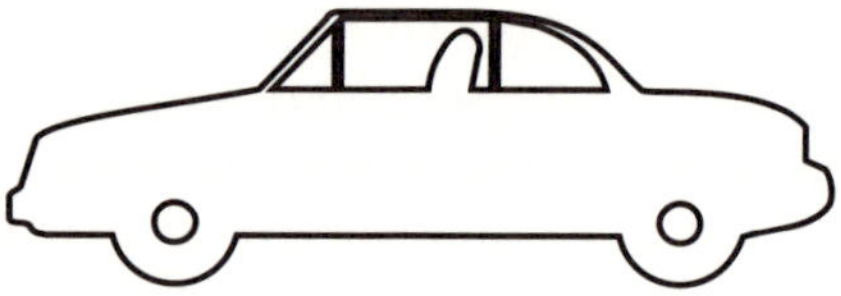

weniger Benzinverbrauch

= weniger CO_2 - Gase

Wachsender Wohlstand

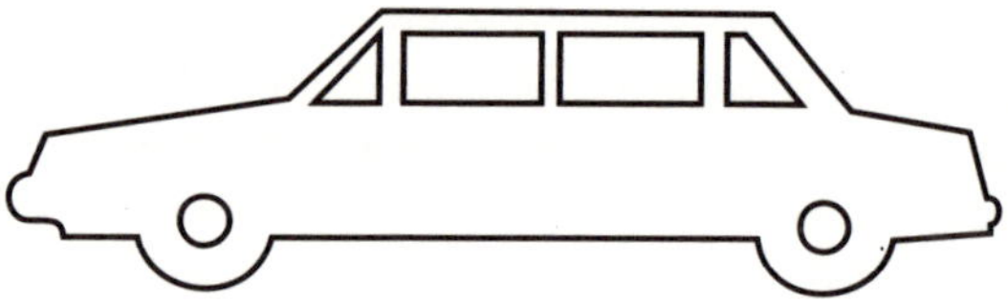

größere Autos

mehr Autos

1987-1992

+16%

mehr Kilometer

= mehr CO_2 - Gase

Wohlstand frißt Fortschritt

Als Ausweg aus der ökologischen Krise wird von unterschiedlichen Seiten die "Effizienz-Revolution" empfohlen: Durch technische Verbesserungen soll es gelingen, immer weniger Rohstoffe zu verbrauchen, immer weniger Schadstoffe zu emittieren und Energie zu vergeuden, ohne daß es zu einem Stillstand des Wirtschaftswachstums kommen muß. Doch ob es mit einer Effizienz-Steigerung allein getan sein wird, steht dahin; das Auto in der Bundesrepublik Deutschland ist ein Beispiel dafür, daß technische Verbesserungen allein nicht unbedingt zu den erwünschten Effekten führen.
Bei den Szenarien über Energieverbrauch und CO_2-Emissionen wurden große Hoffnungen auf Einspareffekte durch technologische Verbesserungen gesetzt. Im Verkehrsbereich läßt sich z.B. für den Benzinverbrauch sagen, daß vergleichbare Fahrzeuge heute deutlich weniger Sprit verbrauchen als noch vor einigen Jahren. Weitere Einspareffekte sind von verschiedenen Autokonzernen vorhergesagt.
Allerdings wurden diese positiven Effekte durch weiteren "Wohlstand", durch eine noch größere Ausbreitung des PKW-Verkehrs, wieder zunichte gemacht. Heute fahren mehr PKWs als noch vor wenigen Jahren auf unseren Straßen (1), heute haben die Deutschen im Schnitt größere, PS-stärkere Autos und heute ist auch die Zahl der gefahrenen Kilometer im Schnitt höher als früher (2). Im Endeffekt haben im Verkehrsbereich die CO_2-Emissionen zugenommen, von 1987 bis 1992 um 16% (3). Diese Tatsache ist besonders bemerkenswert, weil die Bundesregierung (1990) beschlossen hat, die Kohlendioxidemissionen bis zum Jahre 2005 um 25% bis 30% zu reduzieren, und zwar bezogen auf das Niveau von 1987.
Was hier im PKW-Bereich aufgezeigt wurde, gilt im übrigen auch für andere Bereiche der Umweltpolitik. Verbesserte Wärmedämmung läßt Heizungsenergie sparen; gleichzeitig verfügen die Menschen über immer mehr (heizbaren) Wohnraum, so daß auch hier die Einspareffekte kompensiert werden.

Anregungen zur Weiterarbeit:
Diskutieren Sie mit den SchülerInnen den Zielkonflikt Schadstoffbegrenzung vs. Konsumentenfreiheit. Wie könnte oder sollte das Autoverhalten staatlicherseits reglementiert werden? Welche Maßnahmen (Mineralölsteuererhöhung, KFZ-Steuer, Zulassungszertifikate für PKWs nur noch bei besonderer Bedürftigkeit) scheinen dafür am besten geeignet und sozialpolitisch akzeptabel?
Zur Vertiefung der Thematik kann die gut gestaltete Broschüre "Unser trügerischer Wohlstand" (1992; 48 S., 4.– DM; Wuppertaler Institut für Klima, Umwelt, Energie, Döppersberg 19, 5600 Wuppertal) herangezogen werden.

Quellen:

(1) Nach Kraftfahrtbundesamt hat die Zahl der KFZ mit insgesamt 45,3 Mio. (incl. Nutzfahrzeuge und Mopeds) 1992 einen neuen Rekord erreicht. Vergl. FR vom 23.7.92.
(2) Während der Verkehr 1960 noch 15% des Endenergieverbrauchs ausmachte, waren es 1990 schon 28,2%. Zahlenangaben der Enquete-Kommission des Dt. Bundestages, BT-Drs. 12/2400, S. 43.
(3) Zahlenangaben des Vorsitzenden der Enquete-Kommission "Schutz der Erde" des Dt. Bundestages, K. Lippold, zit. nach FR vom 18.3.92.

Auto = Fortschritt?

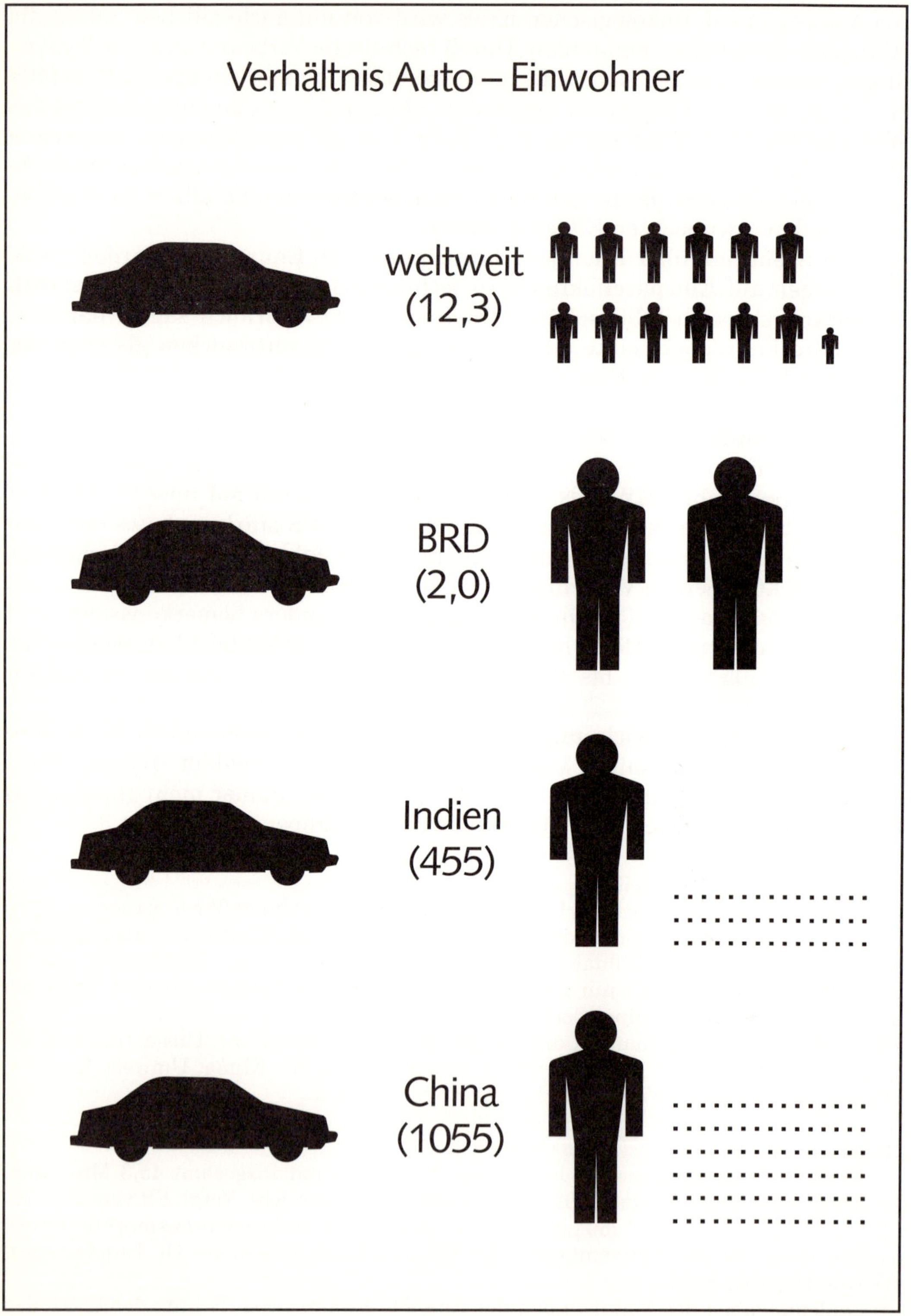

Auto = Fortschritt?

Das Auto gilt bei vielen (heimlich) noch immer als Indikator für Fortschritt und Entwicklung. In Industrie- wie Entwicklungsländern ist die Nachfrage nach privaten PKWs steigend – mit fatalen Folgen für das ökologische Gleichgewicht der Erde. Im statistischen Durchschnitt (Schätzungen für 1990) kommt auf 12,3 ErdbewohnerInnen ein Auto (1). Doch offensichtlich ist auch hier die Verteilung höchst ungleich. Weit über 80% der weltweiten PKWs werden von den Menschen aus den wohlhabenden Staaten des Nordens geführt. In der Bundesrepublik Deutschland (alte Bundesländer) fahren die ca. 63 Mio. Einwohner 31 Mio. PKW, was einem Verhältnis von 2:1 entspricht (2). Anders formuliert: Jeder zweite (West-)Deutsche hat einen PKW, wobei Kinder und Kranke in dieser Statistik ja miteinbezogen sind. Bei soviel Fortschritt wird die "Unterentwicklung" der Dritte Welt-Länder offensichtlich. In Indien kommt auf 455 Menschen ein PKW, in China sind es sogar 1055 Menschen (3).
Gäbe es endlich auch "Fortschritt" auf unserem Niveau für die Länder der Dritten Welt, die Erde könnte die ökologischen Folgen dieses Auto-Fortschritts nicht verkraften. Hätte jeder zweite Inder ein Auto, so würde sich der Weltbestand an PKWs gegenüber heute noch einmal verdoppeln. 2,6 Milliarden PKWs für 5,3 Mrd. Menschen auf der Welt, dies entspräche der Autodichte der BR Deutschland. Umgekehrt müßten bei uns mehr als 4/5 der Autos stillgelegt werden, wenn wir unseren PKW-Bestand auf das ohnehin schon hohe Weltniveau zurückführen wollten.

Anregungen zur Weiterarbeit:
Diskutieren Sie mit Ihren SchülerInnen die Frage nach der Berechtigung unseres PKW-Bestandes. Mit welchen Argumenten könnten wir Chinesen/Indern oder anderen verwehren, sich ebenfalls "zu entwickeln", ihren PKW-Bestand auf unser Niveau anzuheben? Andererseits: Welche Folgen hätte dies für die Überlebensfähigkeit unseres Globus? Wie begründen wir vor uns selbst die Tatsache, daß wir uns einen Lebensstil leisten, von dem wir nicht wünschen können, daß auch andere ihn erreichen? Welche Auswahlkriterien könnte es geben, 80% der Autos stillzulegen?
Lassen Sie SchülerInnen derartige Fragen auch AutofahrerInnen (mit Kassettenrekorder) stellen.

Quellen:
(1): Die Schätzungen für 1990 sind dem Fischer Weltalmanach 1992 entnommen.
(2): Die Angaben zur Autodichte in den einzelnen Staaten beziehen sich auf 1989. Aus: Motor Industry of Great Britain. World Automotive Statistics, London 1990. Zitiert nach: Greenpeace, Ökobilanz Auto, Hamburg 1991.
(3): ebenda.

Menschen in absoluter Armut

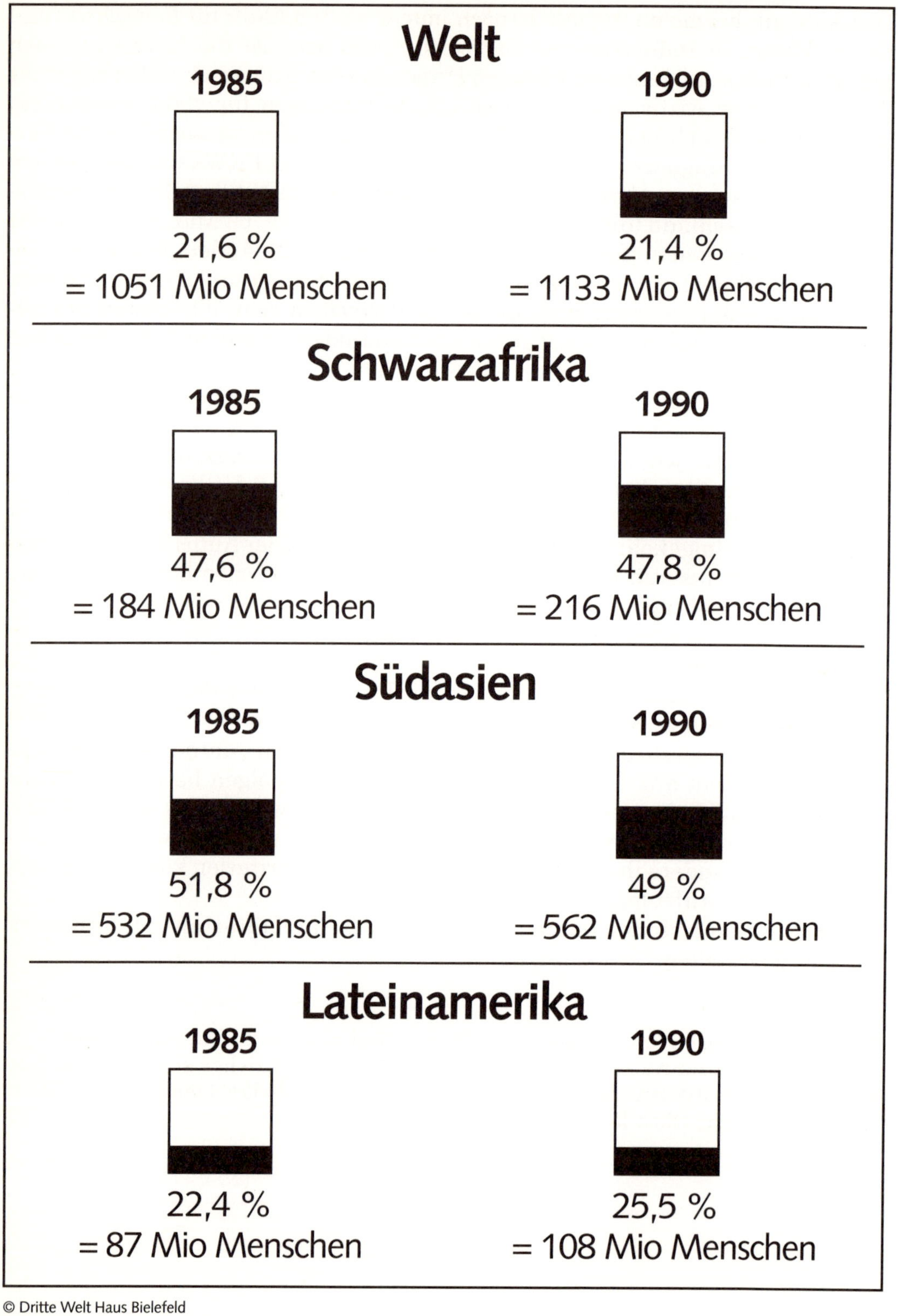

Menschen in absoluter Armut

Es kann nur immer unzureichend gelingen, Armut, Elend und Hunger in Zahlen zu fassen. Die Weltbank versucht dies durch Angaben über Menschen in "absoluter Armut". Dieser absolute Zustand "entwürdigender Lebensbedingungen wie Krankheit, Analphabetismus, Unterernährung und Verwahrlosung" (McNamara 1973) wird von der Weltbank anhand einer Kaufkraftberechnung ermittelt.
Für 1990 (1) wird die Zahl der absolut Armen auf der Welt mit 1133 Millionen angegeben, dies entspricht 21,4% der Weltbevölkerung. Die absolute Zahl der "absolut Armen" ist weiterhin steigend; in Prozentanteilen stagniert sie (Vergleichsjahr: 1985).
Ein Blick auf die regionale Verteilung macht deutlich, daß in Südasien (vor allem Indien (410 Mio.), China, Bangla Desh) der weitaus größte Teil der absolut Armen lebt, mit Tendenz zu einem Stillstand beim Anstieg der Anzahl, einem leichten Fall beim Prozentanteil. Ansteigend sind hingegen sowohl in absoluten wie in relativen Zahlen die Ziffern für Schwarzafrika und Lateinamerika. Hier liegt es nahe, den Schuldendienst dieser Kontinente und das ökonomische Ausbluten in Zusammenhang mit den "sozialen Härten" der Strukturanpassungsprogramme als Ursachen heranzuziehen.
Ob es mittel- bis langfristig gelingen wird, die Zahl der absolut Armen herunterzuschrauben, ist schwer vorherzusagen. Die Weltbank prognostiziert bis zum Jahre 2000 einen leichten Rückgang in absoluten Zahlen, doch auch in früheren Prognosen haben sich Annahmen der Weltbank als zu optimistisch erwiesen.

Anregungen zur Weiterarbeit:
Lassen Sie die SchülerInnen erklären, wie sie "absolute Armut" definieren würden.
Stellen Sie "absolute Armut" (Fehlen des Lebensnotwendigsten) und "relative Armut" (z.B. in der BR Deutschland) gegenüber.
Zeigen Sie auf einer Weltkarte die Länder mit der höchsten Anzahl der absolut Armen (Indien: 410 Mio; China: 120 Mio; Bangla Desh: 99 Mio; Indonesien: 70 Mio; Pakistan: 37 Mio; Philippinen: 36 Mio; Brasilien: 33 Mio; Äthiopien: 30 Mio.) und berechnen Sie den Anteil an der jeweiligen Gesamtbevölkerung (2).

Quellen:
(1) Daten aus World Development Report 1992. Die Zahlenangaben beruhen auf dem Kriterium 370 $ Jahreseinkommen (ca. 1 Dollar/Tag), berechnet nach Kaufkraft von 1985. In Preisen von 1990 wären dies ca. 420 $ pro Jahr.
(2) Angaben aus Human Development Report 1992.

Auch bei uns: Wachsende Armut

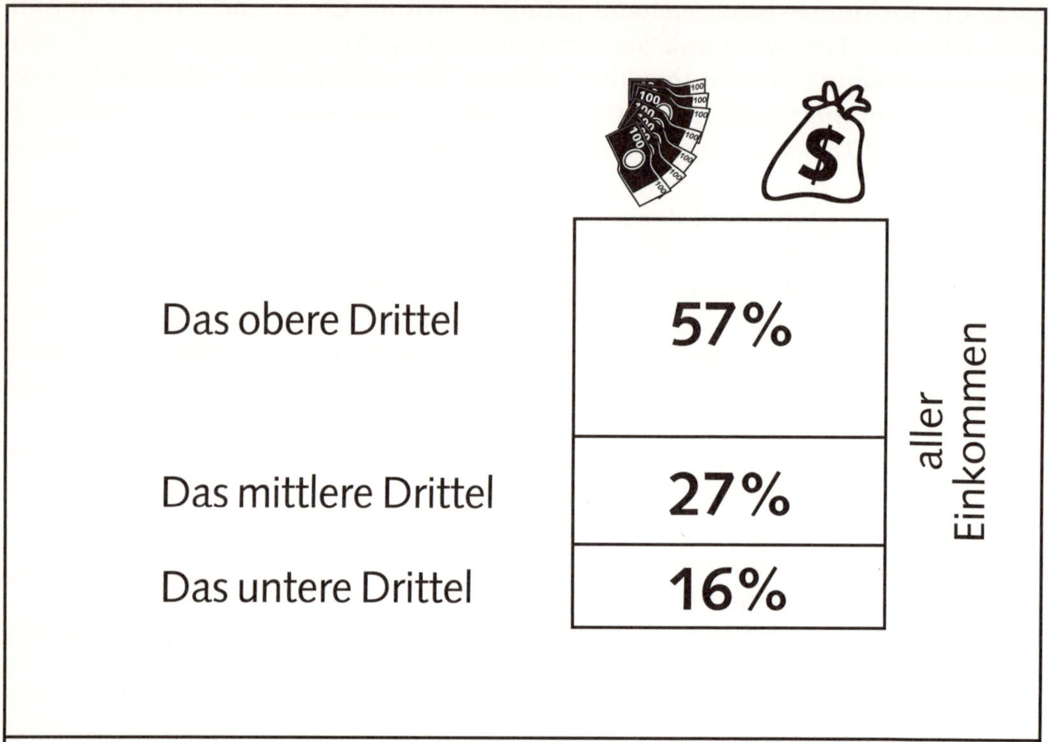

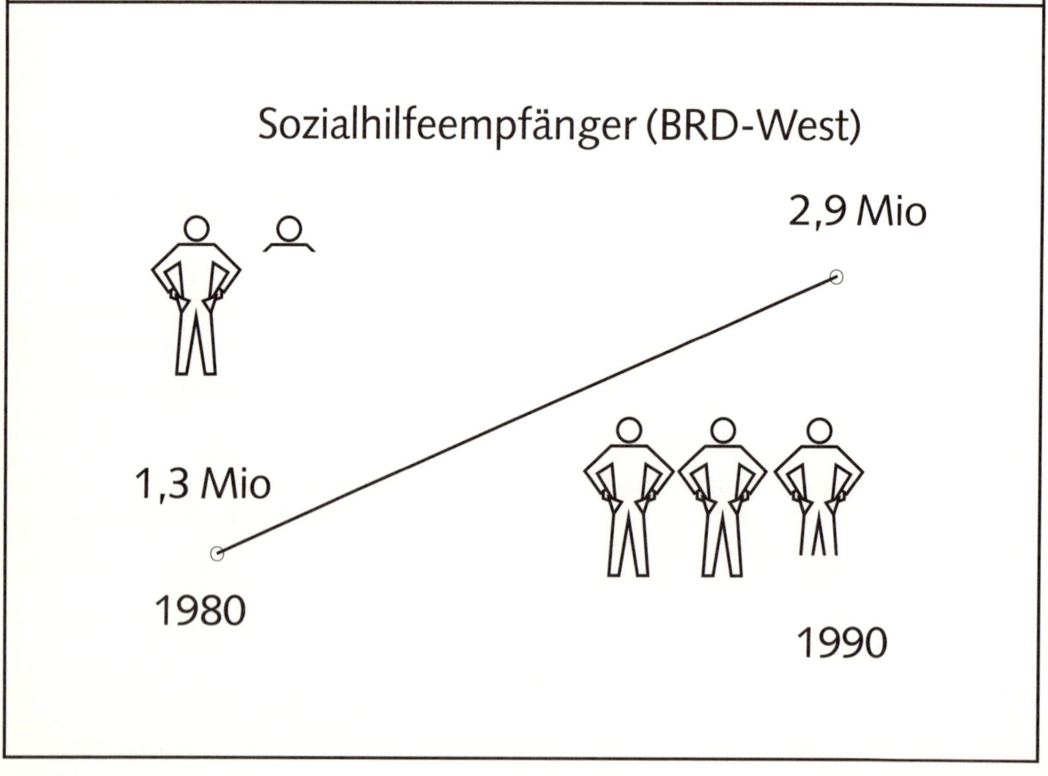

Auch bei uns: Wachsende Armut

Das Auseinanderklaffen des materiellen Lebensstandards zwischen arm und reich ist keineswegs ein Problem, das auf die Dritte Welt-Länder beschränkt ist. Auch in der Bundesrepublik setzt sich der Trend zur "2/3-Gesellschaft" fort, wächst die Zahl der Armen und der Sozialhilfeempfänger.
Zu den weithin verdrängten Tatsachen unserer Gesellschaft gehört die "schiefe Verteilung" des Einkommens. In einer auf 1988 bezogenen Untersuchung (des keineswegs linkslastigen Deutschen Instituts für Wirtschaftsforschung) wurde festgestellt, daß das obere Drittel der Haushalte unseres Landes (Alte BRD) über 57% der Einkommen verfügt; das mittlere Drittel kommt auf 27%, während sich das untere Drittel mit 16% begnügen muß (1). Staatliche Umverteilungspolitik (Mehrbelastungen der ärmeren Bevölkerungsgruppen durch erhöhte Sozialabgaben, Steuererleichterungen für Unternehmer) hat diese Ungleichheit noch verstärkt.
Die Zahlenangaben unterschlagen, daß es innerhalb dieser Gruppen noch einmal beträchtliche Unterschiede gibt. 2,1 Mio. Haushalte (8%) gelten im klassischen Sinne als arm, weil sie weniger als 50% des durchschnittlich verfügbaren Einkommens hatten. Hierzu gehören vor allem KleinrentnerInnen, alleinerziehende Frauen, Langzeitarbeitslose und kinderreiche Familien. Die Zahl der Bundesbürger, die aus der Sozialhilfe "Hilfe zum Lebensunterhalt" beziehen, ist von 1980 bis 1990 um mehr als 220% gestiegen (2).
Relative Armut gehört auch zur gesellschaftlichen Wirklichkeit unseres Landes. Solange wir unwillig oder unfähig sind, Armut im eigenen Lande zu bekämpfen, wirken Konzepte zur "Armutsbekämpfung in der Dritten Welt" wenig glaubwürdig.

Anregungen zur Weiterarbeit:
Lassen Sie die SchülerInnen erzählen, wo sie bei uns mit "Armut" in Kontakt gekommen sind. Berichte, Fotos, Interviews mit Betroffenen, aber auch mit Menschen, die Armut früher erlebt haben, können hierbei ergänzend herangezogen werden.
Es gibt in unserer Gesellschaft einen Trend zur Ausgrenzung von Armut (z.B. Vertreibung von Bettlern, Pennern, Drogenabhängigen aus den Städten). Warum werden Arme oft als Zumutung erlebt? Was macht uns ärgerlich, hilflos, ratlos im Umgang mit ihnen? Warum ist die Armut weit weg in der Dritten Welt u.U. leichter zu ertragen? Leistungsgesellschaft einerseits, Armutsbekämpfung andererseits. Sind nicht die Armen selber schuld? Wie ist Armutsbekämpfung überhaupt als eigenständige Option (politisch, ethisch) zu begründen? Welchen Stellenwert hat die Dimension "Gerechtigkeit" in einer Welt, die nach Leistung vergütet?

Quellen:
(1) Vergl. E.U. Huster: Bilanz der Verteilungspolitik in den 80er Jahren; in: Theorie und Praxis der Sozialen Arbeit 9/91, Bonn 1991.
(2) Statist. Bundesamt, zit. nach FR vom 1.4.92. Die Zahl bezieht sich ebenfalls auf die alte BRD.

Krisenkontinent Afrika

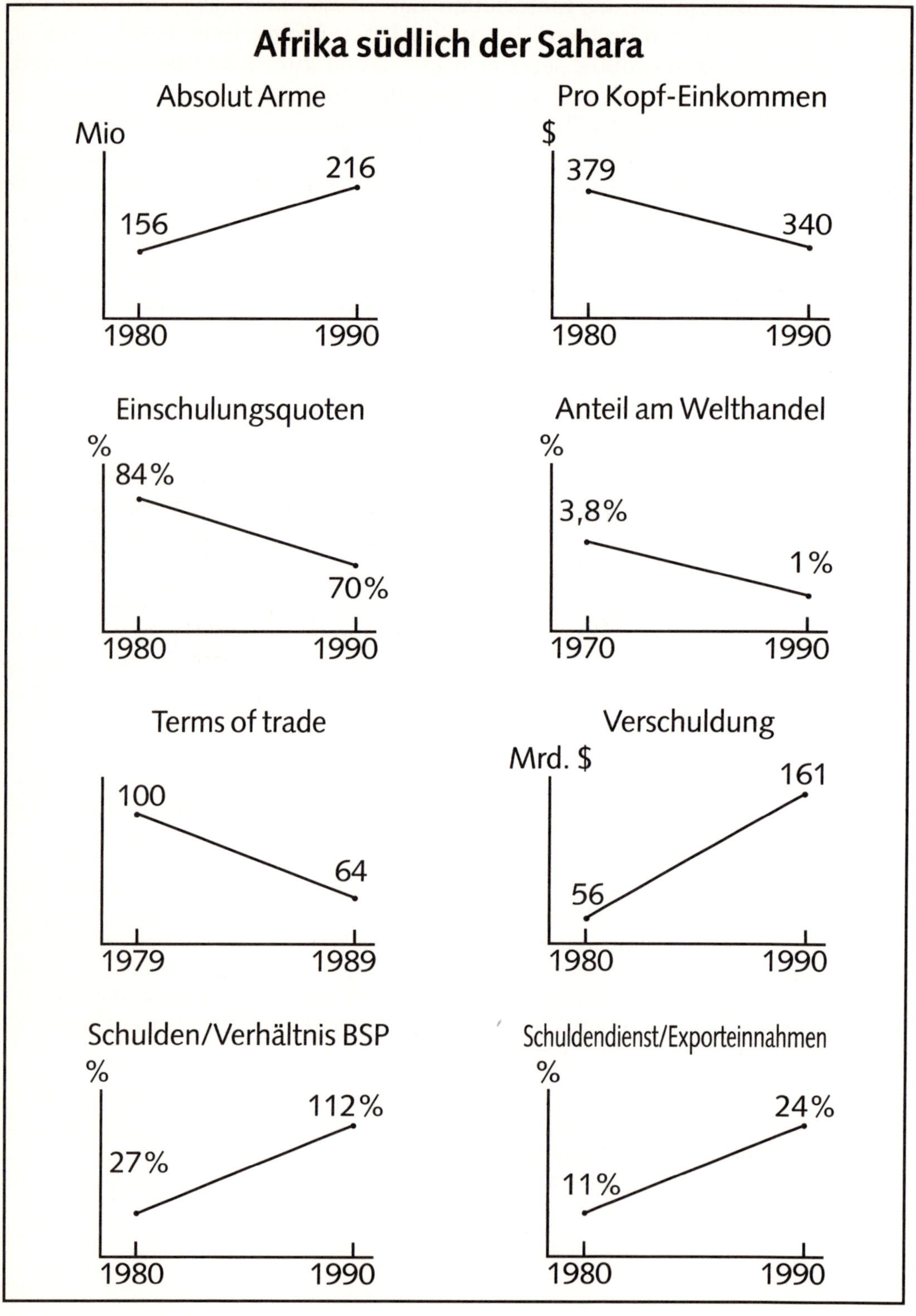

Krisenkontinent Afrika

Keine Region der Welt ist derart von einer Verschlechterung sozialer wie ökonomischer Verhältnisse betroffen wie Afrika. Zahlreiche Kennzahlen weisen gerade im letzten Jahrzehnt (1980 bis 1990) nach unten, lassen die Zukunftsperspektiven Afrikas düster erscheinen. Intern und extern sind neue Weichenstellungen notwendig, wenn Afrika einen Weg aus der Krise finden soll.
Viele statistische Erhebungen belegen den Niedergang Schwarzafrikas (Afrika ohne die relativ reichen Staaten Nordafrikas und ohne die Republik Südafrika). Die Zahl der absolut Armen ist von 1980 bis 1990 um 60 Mio. Menschen auf 216 Mio. gestiegen (1). Das Pro-Kopf-Einkommen (*) ist gesunken, zeigt an, daß die Ökonomie zumindest nicht mit dem Bevölkerungszuwachs Schritt halten konnte (2). Anders als in den anderen Weltregionen ist in Schwarzafrika die Einschulungsquote (von 84% auf 70%) zurückgegangen (3).
Auch zahlreiche ökonomische Kennziffern weisen in die gleiche Richtung. Der Anteil Schwarzafrikas (immerhin leben dort 495 Mio. Menschen, 9,3% der Weltbevölkerung) am Welthandel liegt bei 1% (4), die terms of trade (genauer: commodity terms of trade) haben sich von 1980 bis 1990 um 36% verschlechtert (5). Besonders gravierend ist die Verschuldungssituation dieser ärmsten Region der Welt. Der absolute Schuldenstand ist von 56 Mrd. $ auf 161 Mrd. $ emporgeschnellt (6); dies übersteigt das gesamte Bruttosozialprodukt Schwarzafrikas und weist darauf hin, daß die relative Belastung der Verschuldung nirgendwo größer ist als dort. Deutlich wird diese Tatsache auch am hohen Anteil, den der Schuldendienst an den gesamten Exporteinnahmen ausmacht. Er lag 1990 bei 24% (1980: 11%).

Anregungen zur Weiterarbeit:
Versuchen Sie gegebenenfalls, einzelne interne wie externe Faktoren dieser Negativ-Entwicklung in der Klasse/Kurs (Oberstufe) zu diskutieren. Ein umfangreiches Hintergrundmaterial mit zahlreichen Statistiken, Analysen und Beschreibungen ist das "Weißbuch Afrika" von W. Michler (567 S., J.H.W. Dietz-Verlag 1991; Preis: 32.oo DM; Buchhandel).
* Pro Kopf-Einkommen = Bruttoinlandsprodukt (BIP) pro EinwohnerIn, mißt die wirtschaftliche Wertschöpfung (Leistung), die innerhalb der Landesgrenzen erbracht wurde und entspricht dem Bruttosozialprodukt ohne Auslandsüberweisungen.

Quellen:
(1) Schätzung nach World Development Report 1992.
(2) ebenda.
(3) unicef: Zur Situation der Kinder in der Welt 1992, S. 50.
(4) UNDP: Human Development Report 92.
(5) Berechnung nach Weltentwicklungsbericht 1991.
(6) Die Kennzahlen der Verschuldung sind entnommen dem Aktionsbrief 1 von "Weltwirtschaft, Ökologie und Entwicklung", Bonn 1991.

Was eine andere Politik erreichen kann

Die andere Politik des Bundesstaates Kerala (Indien)

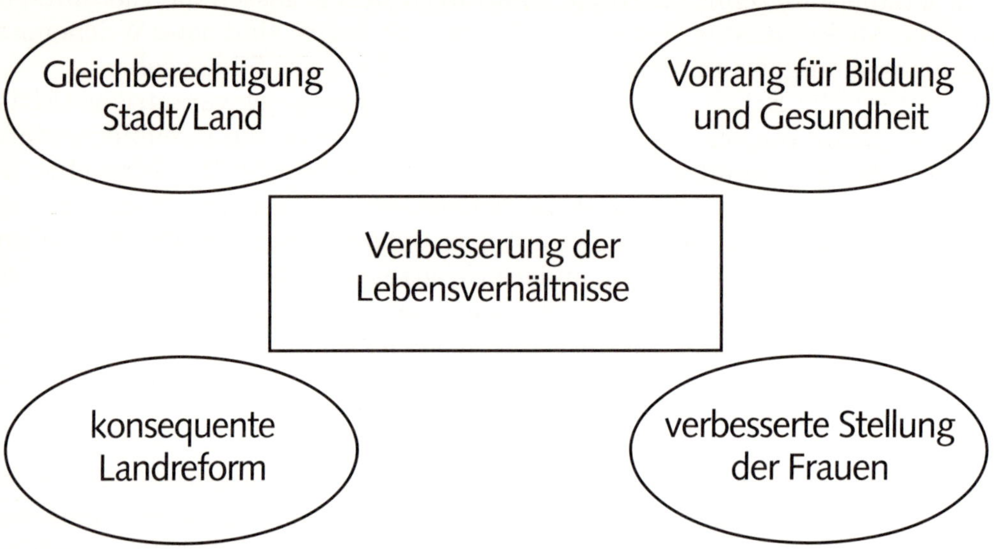

Vergleich Kerala – Indien (gesamt)

	Kerala	*Indien*
Pro-Kopf-Einkommen Dollar	250	350
Bevölkerungsdichte Einwohner pro qkm	655	242
Arme Anteil an Gesamtbevölkerung	27 %	48 %
Säuglingssterblichkeit pro 1000 Lebendgeborenen	26	94
Frauenalphabetisierung	66 %	34 %
Geburtenrate durchschnittl. Kinderzahl	2,6	4,2

Was eine andere Politik erreichen kann

Bei aller Außenabhängigkeit der Länder der Dritten Welt haben die nationalen Regierungen doch einen erheblichen Spielraum, mit den ihnen zur Verfügung stehenden Mitteln die Lebensverhältnisse der Bevölkerung – nicht nur der kleinen Oberschichten – zu verbessern. Ein eindrucksvolles Beispiel hierfür ist der indische Bundesstaat Kerala; die dortige (linksgerichtete) Landesregierung hat konsequent eine Politik zugunsten der Menschen und ihrer Lebensverhältnisse betrieben, ihre Einnahmen und Steuerungsmöglichkeiten für eine Verbesserung der sozialen Verhältnisse eingesetzt. Dazu gehören: Eine gleichberechtigte Förderung von Stadt und Land, so daß die Lebensbedingungen auf dem Lande attraktiv geblieben sind; eine Priorität bei den Ausgaben zugunsten von Bildungsmaßnahmen und Investitionen im Gesundheitsbereich; eine konsequente Landreform (60er Jahre), die drei Millionen Landlosen eigenes Land zukommen ließ; eine verbesserte Stellung der Frau, die in Kerala allerdings vor allem historische Wurzeln hat (Land wird an Frauen vererbt; Familien zahlen einen Bräutigamspreis, nicht einen Brautpreis) (1).
Die Folge: Obwohl die Ausgangsbedingungen (Pro Kopf-Einkommen oder auch die Bevölkerungsdichte) deutlich ungünstiger sind als im statistischen Durchschnitt von Indien insgesamt, sind in Kerala die Sozialindikatoren deutlich besser: Der Anteil der Menschen unterhalb der Armutsgrenze liegt "nur" bei 27%, die Säuglingssterblichkeit (26 pro 1000 Lebendgeborenen) ist erheblich niedriger, die Anzahl der alphabetisierten Frauen ist doppelt so hoch. Die verbesserten sozialen Verhältnisse haben auch eine deutlich geringere Geburtenrate zur Folge (2).
Kerala – sicher nicht das Modell für die Dritte Welt, aber doch ein eindrucksvolles Beispiel für die Möglichkeiten einer Politik, welche die "menschliche Entwicklung" in den Mittelpunkt rückt.

Anregungen zur Weiterarbeit:
U.U. hat Ihre Klasse/Kurs Interesse, sich eingehender mit der (sozialen und ökonomischen) Situation im Bundesstaat Kerala zu befassen. Für weitere Informationen können Sie sich wenden an:

- ▶ Indische Botschaft, Adenauerallee 262, 5300 Bonn 1
- ▶ Institut für Asienkunde, Rothenbaumchaussee 32, 2000 Hamburg 1
- ▶ Südasien-Büro, Große Heimstraße 58, 4600 Dortmund 1

Quellen:

(1) Alle Angaben über Kerala zitiert aus: UNFPA: Weltbevölkerungsbericht 1992.
(2) Die Daten für Gesamtindien wurden dem Human Development Report 1992 bzw. dem UNICEF Jahresbericht 1992 bzw. dem Word Development Report 1992 entnommen. Nicht immer entstammen die statistischen Zahlen demselben Vergleichsjahr.

Besseres Leben in der Stadt?

Landbevölkerung – Stadtbevölkerung
(Dritte Welt)

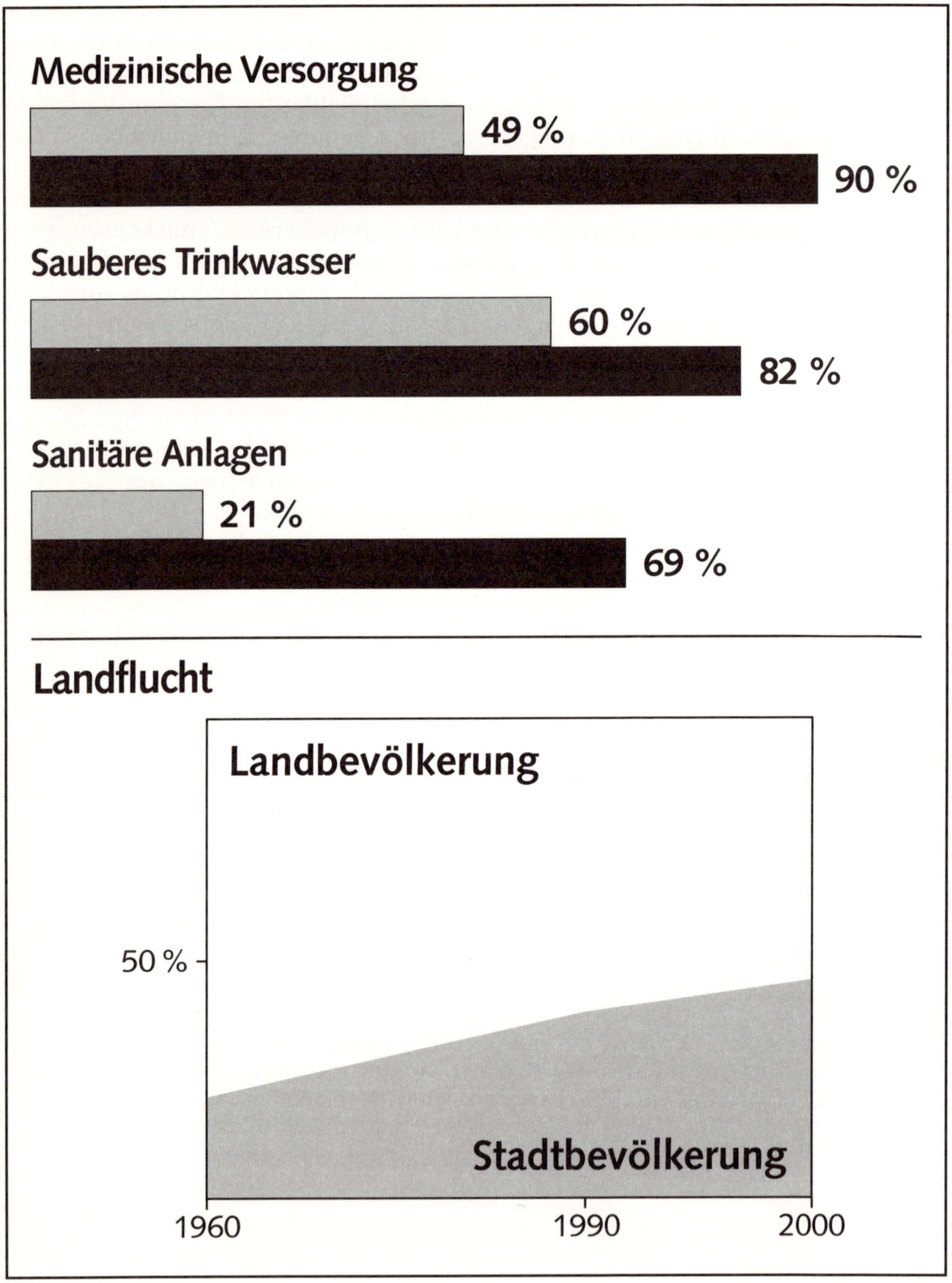

Besseres Leben in der Stadt?

In der "Dritten Welt" ist eine massive Landflucht im Gange: Millionen von Menschen verlassen die ländlichen Gebiete und ziehen in der Hoffnung auf Job, Einkommen und Überlebensmöglichkeiten in die Städte.
In der Tat erscheinen die Lebensbedingungen der städtischen Bevölkerung oft besser als diejenigen auf dem Lande. Die Regierungen fördern und unterstützen die Städte ungleich mehr als die Bauern auf dem Lande, weil sie z.B. ihre Wähler zufriedenstellen wollen. Die Folge ist eine vermehrte Landflucht, weil für die Bauern nichts getan wird und weil Landwirtschaft sich kaum noch lohnt (z.B. fehlen oft angemessenen Erzeugerpreise für landwirtschaftliche Produkte).
Nach Angaben der Vereinten Nationen haben nur knapp die Hälfte der ländlichen Bevölkerung (49%) Zugang zu medizinischer Versorgung; bei der Stadtbevölkerung sind es dagegen 90%. Über sauberes Trinkwasser verfügen 60% der Landbevölkerung, sanitäre Anlagen und Entsorgung stehen für 21% von ihnen zur Verfügung. Auch hier sind die Vergleichszahlen für die Stadtbevölkerung deutlich höher (82% bzw. 69%).
Angesichts solcher Ausgangsbedingungen ist die Landflucht weithin konsequent und folgerichtig, auch wenn sich zeigt, daß die meisten der Millionen von Neubürgern lediglich in den Slums am Rande der Städte bleiben werden, ohne Aussicht auf angemessenen Wohnraum oder auf einen "richtigen Job" jenseits des informellen Sektors. Während 1960 noch 78% der Menschen der Dritten Welt auf dem Lande lebten, waren es 1990 nur noch 63%; im Jahre 2000 werden es nur noch gut die Hälfte sein (55%) und für das Jahr 2030 rechnet die Weltbank mit einem Verhältnis von 2 Städtern auf eine Person im ländlichen Gebiet.
Wenn die Entwurzelung der Menschen gestoppt werden soll, muß das Land wieder die Priorität bekommen. Übrigens: Auch die wachsende Stadtbevölkerung kann nur ernährt werden, wenn sich Landwirtschaft wieder lohnt.

Anregungen zur Weiterarbeit:
Diskutieren Sie mögliche Beweggründe, warum Menschen das Land verlassen und in die Stadt ziehen. Was fasziniert/gefällt/ängstigt uns am Leben in der Stadt oder in den großen Metropolen (Berlin, Frankfurt, München, Hamburg) unseres Landes? Welche sozialen/politischen/ökologischen Folgen sind zu erwarten, wenn immer mehr Menschen in die Städte strömen?
Der philippinische Spielfilm "Lucia" erzählt vom Überlebenskampf einer Fischerfamilie, der am Ende auch nur die Flucht in die Slums von Manila bleibt. Der Film (90 Min.) kann als VHS-Video beim Adolf Grimme Institut (Eduard Weitsch Weg 25, 4370 Marl) zum Selbstkostenpreis erworben werden und ist darüber hinaus bei verschiedenen Bildstellen ausleihbar.

Quellen:
Alle Zahlenangaben aus UNDP: Human Development Report 1992.

Kleine Bauern - Große Bauern

Landkonzentration in Brasilien

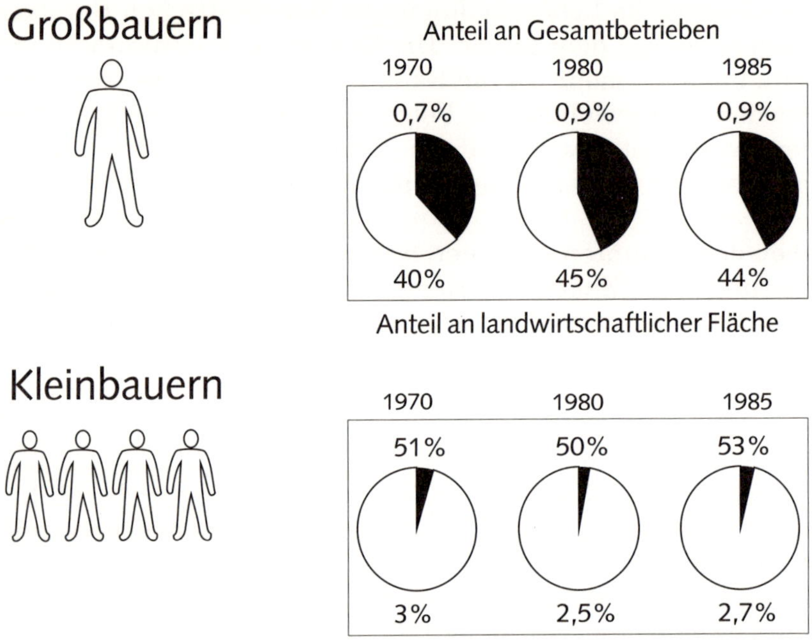

Landkonzentration in der BR Deutschland

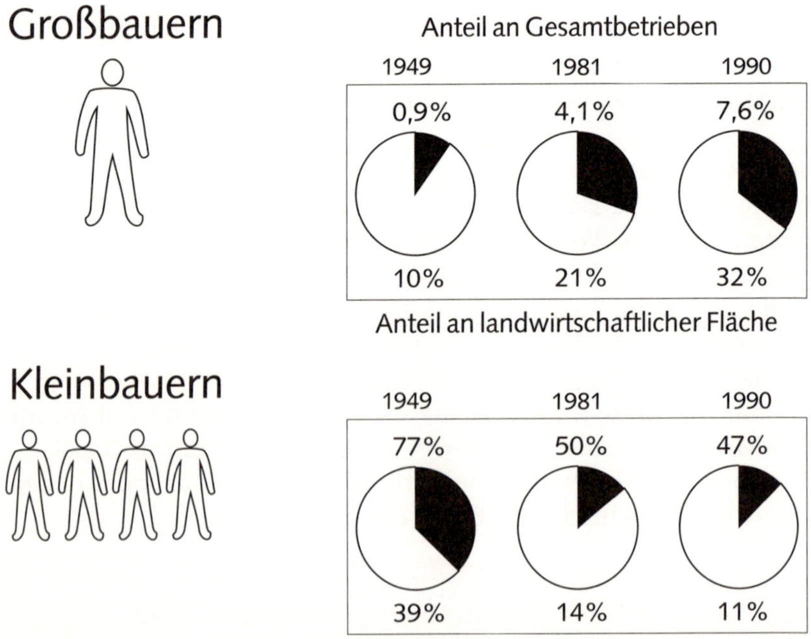

Kleine Bauern – Große Bauern

Zu den entscheidenden Problemen vieler Länder der Dritten Welt gehört die Landfrage; Grund und Boden sind vielfach höchst ungleich verteilt. Der Zugang zu Land, zur Möglichkeit von Subsistenz oder zur Marktproduktion, bleibt vielen Menschen verwehrt, solange die alten Besitzverhältnisse bestehen bleiben und Agrarreformen oder deren Verwirklichung verhindert werden.
Ein Beispiel krassester Ungleichverteilung von Grund und Boden ist Brasilien. Während Millionen Menschen als Landlose verzweifelt Möglichkeiten des Überlebens suchen oder als Bauern ohne Landtitel von ihrem Grund und Boden vertrieben wurden, ist ein enormer Anteil des Landes in der Hand weniger Großgrundbesitzer, die das Land für Großplantagen oder Viehweiden nutzen oder lediglich als Kapitalanlage und Spekulationsobjekt mißbrauchen.
Die Zahlen bezüglich Landkonzentration in Brasilien sprechen eine eindeutige Sprache: 0,9% der landwirtschaftlichen Betriebe verfügten 1985 über 44% des Landes; die 53% der Betriebe von Kleinbauern (unter 10 Hektar) kamen dagegen auf 2,7% der Landwirtschaftsfläche (1).
Landkonzentration ist aber auch in der BR Deutschland festzustellen, wenn auch nicht in dieser krasser Form. Auch bei uns gilt, daß Grund und Boden sehr ungleich verteilt sind und daß viele Kleinbauern weniger Land besitzen als eine kleine Gruppe von landwirtschaftlichen (lw) Großbetrieben. 1990 besaßen die 7,6% der größten Betriebe 32% der lw. Fläche; fast die Hälfte (47%) aller kleineren bäuerlichen Betriebe (unter 10 Hektar) mußten sich dagegen mit 11% der lw. Fläche begnügen (2).

Anregungen zur Weiterarbeit:
Diskutieren Sie mit Ihren Schülern (Oberstufe) Ursachen und Folgen dieser Landkonzentration. An welchen Widerständen scheitert wohl eine Agrarreform? Welche Mechanismen führen auch bei uns zu einer Ausweitung der Großbetriebe?
Auf ein auch für den Unterricht sehr hilfreiches Buch über die Landfrage mit eindrucksvollen Texten über lateinamerikanische Menschen und ihr "Land-Schicksal" soll hier hingewiesen werden. Misereor: Land. Ein lateinamerikanisches Lesebuch, 220 S. Aachen 1991. Preis: 12,50 DM. Bezug: Misereor (Mozartstr. 9, 5100 Aachen) oder DWH.

Quellen:
(1) Zahlenangaben zu Brasilien aus Länderbericht Brasilien 1991, hrsg. vom Statistischen Bundesamt. Neuere Zahlen als für 1985 sind nicht zu erhalten. An verschiedenen Stellen äußern aber auch in jüngerer Zeit Autoren die Vermutung, daß sich die Landkonzentration in Brasilien kaum verändert habe; und dies trotz der 1985 verkündeten Landreform, die bis zum Jahre 2000 die Verteilung nicht produktiv genutzten Bodens an 7 Mio. Familien vorsieht. Doch bisher blieben die Enteignungspläne (betreffend 11,4% der lw. Fläche) weit hinter dem Plansoll zurück: 1985 bis 1989 nur 10% der geplanten Enteignungsmaßnahmen.
(2) Berechnungen zu den Betriebsgrößen in der (alten) BRD aus Agrarbericht 1992, hrsg. vom Bundesminister für Ernährung, Landwirtschaft u. Forsten. Die Schätzungen für 1991 lauten: 46% der Kleinbetriebe auf 9,9% der Fläche; 8,5% der Großbetriebe auf 34,4% der lw. Fläche. Erfaßt sind hier nur Betriebe ab 1 Hektar Betriebsfläche.

Kinderarbeit

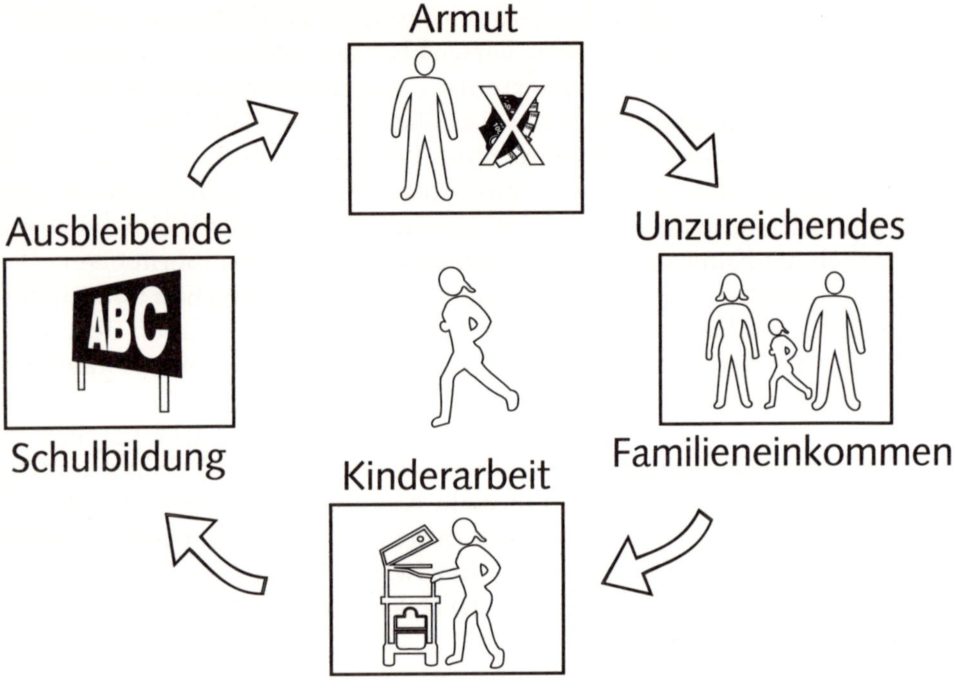

Kinderarbeiter

Anzahl:	Mehr als 80 Mio. Kinder
Alter:	10 -14 Jahre
Arbeitszeit:	bis zu 12 Stunden
Entlohnung:	0,60 DM bis 1,- DM/Tag

Kinderarbeit

Daß Millionen von Kindern in der Dritten Welt hart arbeiten, um zur Versorgung der Familie beizutragen oder das eigene Überleben zu sichern, ist eine unbestrittene Tatsache. Wieviele es genau sind, weiß niemand. Die internationale Arbeitsorganisation schätzt deren Zahl auf über 80 Mio. Kinder (1).
Kinderarbeit in der Dritten Welt ist eine Folge der Armut und kann daher nur zusammen mit der Armut bekämpft werden. Für viele Kinder entsteht mit der Kinderarbeit ein Teufelskreis; weil sie arm sind, müssen sie zum Familieneinkommen beitragen; weil sie dies schon in jungen Jahren tun, haben sie keine Gelegenheit zu Schulbesuch oder Ausbildung; dies wiederum wird später ihre beruflichen Möglichkeiten entsprechend einschränken und eher dazu führen, daß sie in einem Zustand der Armut verbleiben, der wiederum auch ihre eigenen Kinder zwingen wird, schon frühzeitig zu arbeiten und mitzuverdienen.
Das Ausmaß der Kinderarbeit ist erschreckend; mindestens 80 Mio. Kinder in der Dritten Welt unter 14 Jahren müssen regelmäßig arbeiten, viele davon 10 bis 12 Stunden pro Tag. Die Bezahlung ist oft erbärmlich (60 Pfennig bis 1.-DM/Tag), gesundheitliche Fürsorge existiert nicht (2). Kinder sind die rechtlosesten Arbeitnehmer, gerade gut genug für schmutzige und gefährliche Arbeit, zu der es unter ihren Lebensbedingungen dennoch keine Alternative gibt.
Wege aus der Kinderarbeit, die übrigens auch in den Industrieländern (vor allem USA, Spanien) zunimmt, sind schwierig zu finden; solange nicht die gesamte soziale Situation der Familien angegangen wird, werden Kinder notgedrungen, aber auch wie selbstverständlich, durch Arbeit ihren Beitrag leisten. Eine behütete Kindheit wie bei uns existiert in der Dritten Welt nicht.

Anregungen zur Weiterarbeit:
Sprechen Sie mit den SchülerInnen über deren Arbeitserfahrungen. Was veranlaßt bei uns z.B. SchülerInnen, in den Ferien zu arbeiten? Welche Unterschiede bestehen zur Kinderarbeit in der Dritten Welt?
Zahlreiche Filme schildern den Arbeitsalltag von Kindern eindringlich und können zur Vertiefung des Themas herangezogen werden. Dazu gehören:
"Kinder in Ecuador". 5 Teile á 9 Min. über den Alltag von arbeitenden Kindern. Zielgruppe: Ab Klasse 6. FWU-Produktion; Ausleihe in vielen Bildstellen oder DWH Bielefeld.
"Der Tag der Kinder". 30 Min.-Film über den Alltag zweier Zeitungsverkäuferinnen in Costa Rica. Zielgruppe: Ab Klasse 6. FWU-Produktion, in vielen Bildstellen oder DWH Bielefeld ausleihbar.
"Drei Tage mit Ana". Harte Kindheit in Guatemala. 30 Min.-Film; Zielgruppe: Ab Klasse 7. Ausleihe bei den katholischen Diözesanfilmstellen oder DWH Bielefeld.

Quellen:
(1) Mitteilung der ILO an den Ausschuß für Arbeit und Sozialordnung des Deutschen Bundestages; zitiert nach: Die Woche im Parlament v. 13.5.92.
(2) Ebenda.

Westlicher-Fortschritt: Flaschenkinder

Dritte Welt

Stillkinder - Flaschenkinder

73% 27%

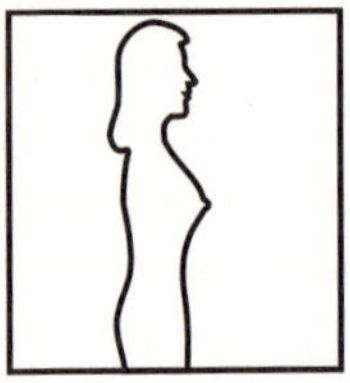

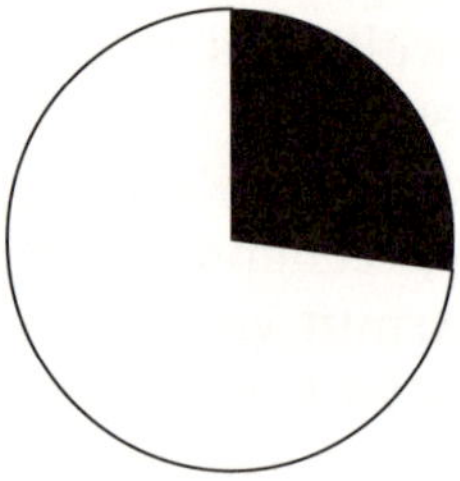

"Modernisierung" führt zu Flaschenernährung

Stadtbevölkerung greift zur modernen Ernährung

Erwerbstätigkeit der Mütter

Reklame für kindliche Babynahrung

Risiko Flaschenernährung

Unsauberes Wasser

zu starke Verdünnung

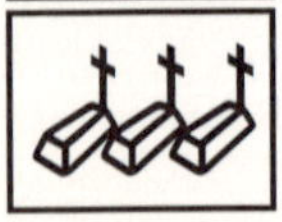

1,5 Mio. Todesfälle durch Flaschenernährung

Westlicher Fortschritt: Flaschenkinder

Zu den Kennzeichen westlichen "Fortschritts" gehört die hohe Zahl jener Kinder, die schon kurz nach ihrer Geburt nicht mehr von ihren Müttern gestillt, sondern mit "moderner, hochwertiger (künstlicher) Babynahrung" versorgt werden – mit zum Teil katastrophalen Folgen.

Im Durchschnitt der Jahre 1980 bis 1990 wurden 73% der Kinder in der Dritten Welt mindestens bis zum ersten Lebensjahr gestillt. Bei 27% der Kinder setzten die Mütter frühzeitig künstliche Babynahrung ein (1). Diese Verhaltensveränderung bei einem nicht unerheblichen Anteil von Müttern ist wesentlich durch "Modernisierungsimpulse" (2) bestimmt:

– Familien ziehen in die Stadt; das Geldeinkommen ermöglicht jetzt eine "optimale Ernährung" der Kinder.
– Die Mütter gehen einer Erwerbstätigkeit nach; es fehlt die Zeit, die Kinder zu stillen.
– Die Werbung suggeriert, daß künstliche Babynahrung (z.B. von Nestle, Milupa u.a.) die beste Ernährung für das Kind sei. Weil Mütter das Beste für ihr Kind wollen, geben sie für Babynahrung ihr knappes Geld aus.

Tatsächlich sind sich ÄrztInnen und WissenschaftlerInnen darüber einig, daß Stillen die beste Form der frühkindlichen Ernährung darstellt, die das Kind mit allem Notwendigen versorgt, einen Immunschutz gegen bestimmte Infektionskrankheiten aufbaut und auch das emotionale Mutter-Kind-Verhältnis positiv beeinflusst. Künstliche Nahrung statt Stillen verhindert nicht nur diese positiven Wirkungen, sondern hat unter Bedingungen der Armut noch weitaus gravierendere Folgen:

Wird die Flaschennahrung mit unsauberem Wasser aufbereitet, so entstehen gefährliche Keime, welche die Kinder einem hohen Infektionsrisiko aussetzen. Doch der Zugang zu beständig einwandfreiem Trinkwasser ist in viele Entwicklungsländern nicht gegeben; ebenso fehlt es an geeigneten Möglichkeiten der Desinfektion von Flasche und Schnuller.

Ein weiteres gravierendes Moment ist die Tatsache, daß die teure künstliche Babynahrung oft die finanziellen Möglichkeiten der Mütter überschreitet. Weil man nicht schon wieder neue Babynahrung kaufen kann, werden die Flaschenportionen mit allzuviel Wasser immer wieder verlängert; die Säuglinge sind zwar kurzfristig "gesättigt", es fehlt aber an Substanz, an Kalorien und Proteinen, die für die Ernährungsqualität entscheidend sind: Unterernährung durch Flaschennahrung.

Derartige Bedingungen bedrohen das Leben der Flaschenkinder. Laut Unicef sterben jedes Jahr ca. 1,5 Millionen Kinder, weil sie (unsachgemäß) mit der Flasche gefüttert wurden statt ihnen durch das Stillen die natürlichste und beste Ernährung zukommen zu lassen.

Anregungen zur Weiterarbeit:

Ausführliches Infomaterial zur Problematik der "Flaschenkinder" bei: Aktionsgruppe Babynahrung, Reinhäuser Landstr. 80, 3400 Göttingen.

Quellen:

(1) Vergl. UNDP: Human development Report 1992.
(2) Ausführl. dazu UNICEF: Zur Situation der Kinder in der Dritten Welt 1991, S. 34.
(3) ebenda.

Aids - Krankheit der Armen

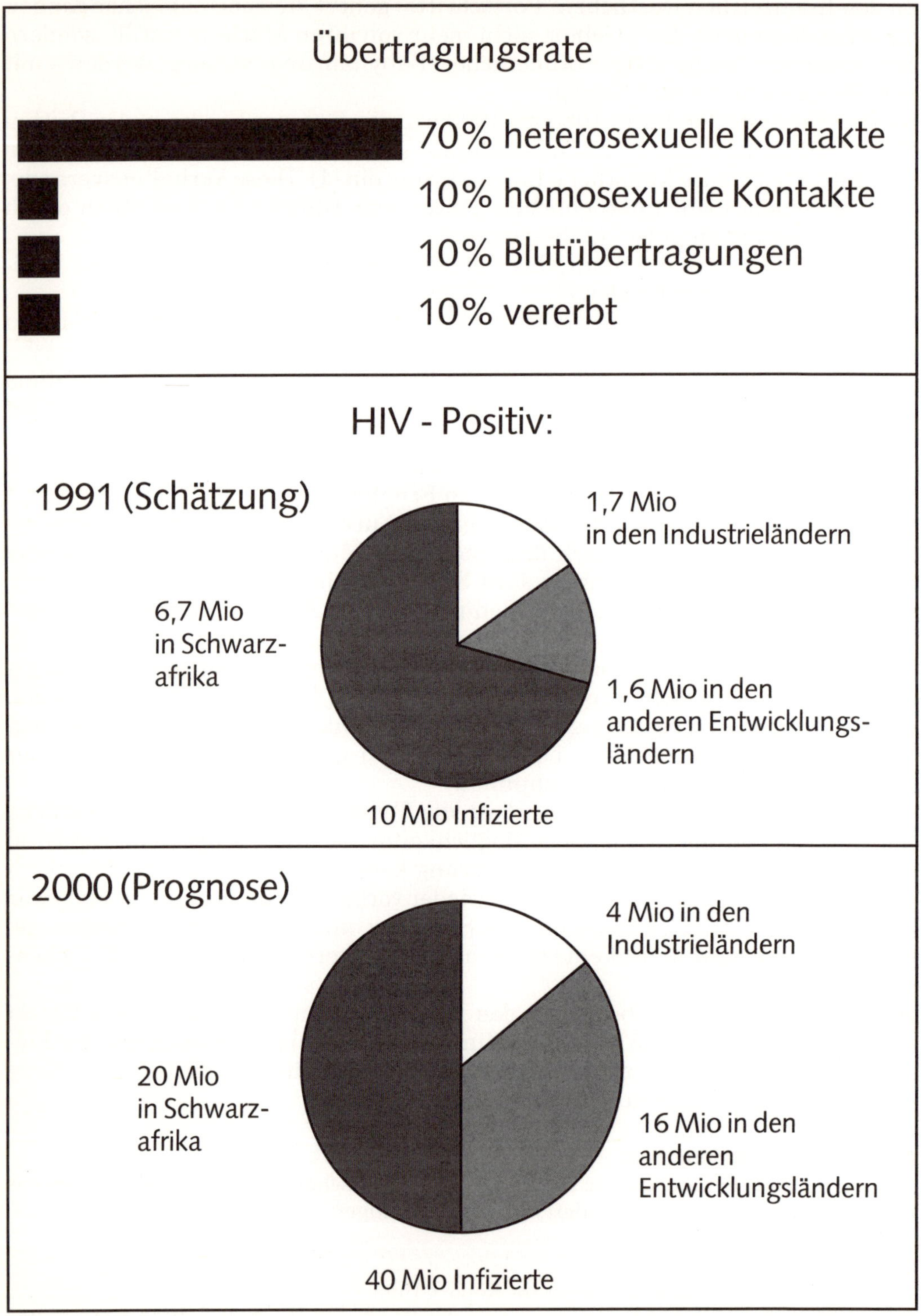

Aids – Krankheit der Armen

Mit den meisten Aids-Erkrankungen muß da gerechnet werden, wo Aufklärungskampagnen ohnehin geringere Verbreitungsmöglichkeiten haben und wo andererseits Vorsorgemaßnahmen (z.B. die Benutzung von Kondomen) für viele unerschwinglich sind: in der Dritten Welt.
Aufmerksamkeit erregen in den Medien meist die AIDS-"Fälle", womit das letzte, meist tödliche Stadium der HIV-Infizierung (Human Immundeficiency Virus) gemeint ist. Nach WHO-Angaben gab es 1992 ca. 450.000 registrierte Aids-Fälle auf der Welt, eine Steigerung gegenüber 1986 um das 15fache (1).
Doch mindestens ebenso Besorgnis erregend ist die Zahl der HIV-Positiven, bei denen damit gerechnet werden muß, daß das "Acquired Immune Deficiency Syndrome" ausbrechen wird (Die genaue Wahrscheinlichkeit ist unklar; die Inkubationszeit kann mehr als 10 Jahre betragen). Nach WHO-Angaben (2) mußte für 1991 mit ca. 10 Millionen Infizierten gerechnet werden (darunter 1 Mio. Kinder); mehr als zwei Drittel davon leben in Schwarzafrika; in Uganda sind ca. 8% der Bevölkerung HIV-positiv.
Die Prognosen für das Jahr 2000 bestärken diesen Trend. Um die Jahrtausendwende geht man von ca. 40 Millionen "HIV-Infizierten" aus, 90% davon in den Entwicklungsländern.
Nach dem Kenntnisstand der WHO wird AIDS weltweit in 70% der Fälle durch heterosexuelle Kontakte übertragen. Je 10% gehen auf homosexuelle Kontakte, Blutübertragungen (Fixerbesteck, Blutkonserven) und auf "Vererbung" (Übertragung von den Eltern auf das Kind). Diese Hinweise (3) machen deutlich, wie schwierig eine Aids-Bekämpfung sein wird; es gibt weder streng eingrenzbare Risikogruppen noch "das Mittel" zur Immunisierung gegen Aids. Die bei uns propagierte Benutzung von Kondomen als die wesentliche Schutzmaßnahme hat durchaus auch in einigen afrikanischen Ländern Erfolge gezeigt; Aufklärung, kulturelle Umorientierungen im Bereich der Sexualität sowie die Verfügbarkeit und Finanzierbarkeit von Kondomen sind aber schwierige Ziele, die wenn überhaupt nur langfristig erreicht werden können.
Aids ist schon heute für manches afrikanische Land eine tödliche Bedrohung. Die Lebenserwartung ist z.B. in Uganda durch Aids gesunken. Gerade Menschen in der produktivsten Jahren werden durch Aids betroffen, was gravierende negative Folgen für das sozioökonomische Umfeld vieler Staaten haben wird.

Anregungen zur Weiterarbeit:
Beschäftigen Sie sich mit dem Thema Aids bei uns. Lassen Sie die SchülerInnen Material zusammentragen und besuchen Sie eine Beratungsstelle der Aids-Hilfe. Diskutieren Sie Faktoren (wie Polygamie, Zusammenbruch sozialer und kultureller Systeme, Landflucht, Prostitution), die für die Verbreitung von Aids in der Dritten Welt, aber auch für Gegenkampagnen von Bedeutung sind.

Quellen:
(1) Zahlenangaben aus "Woche im Bundestag" 7/92, S. 23.
(2) Die weiteren WHO-Angaben sind dem Aufsatz von J. Armstrong: Sozioökonomische Implikationen von Aids in Entwicklungsländern", (Zeitschrift Finanzierung & Entwicklung Dez. 91), entnommen.
(3) Die Angaben der WHO beziehen sich auf weltweite Übertragungswege. In der BRD werden als zentrale "epidemiologische Muster" die Bereiche Homo- und Bisexualität, intravenöser Drogengebrauch, Prostitution und Sextourismus angesehen. Vergl. BT-Drs. 12/2344.

Prostitutionstourismus

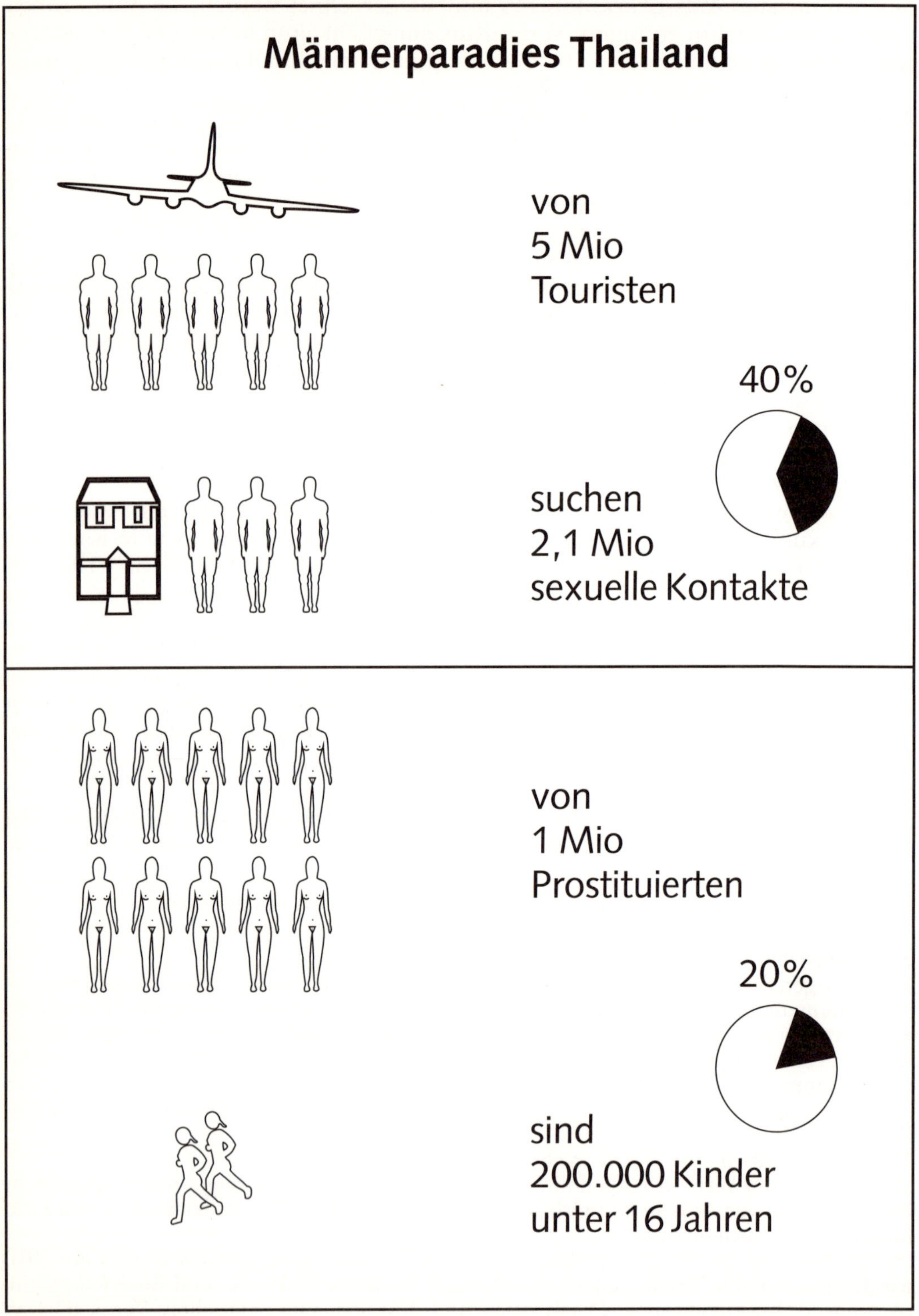

Prostitutionstourismus

In keinem Bereich der Nord-Süd-Beziehungen ist die Menschenverachtung brutaler sichtbar als beim Prostitutionstourismus, von dem zunehmend auch Kinder in den "Männerparadiesen" von Thailand, Philippinen, Sri Lanka, Indien, Brasilien, Kenia u.a. betroffen sind. Die ökonomische Überlegenheit der männlichen Weißen scheint diesen gleichzeitig jedes Recht der Ausbeutung zu geben, auch wenn es sich bei den Opfern um Kinder zwischen 8 und 15 Jahren handelt.
Thailand ist wahrscheinlich stärker als jedes andere Land vom weltweiten Prostitutionstourismus betroffen. Jährlich kommen rund 5 Mio. Touristen ins Land, davon sind ca. 70% Männer. Die weitaus größte Anzahl der Besucher kommt aus Asien (Japan, Malaysia); die Deutschen stellen mit ca. 220.000 Personen das größte europäische Kontingent. Untersuchungen haben ergeben, daß ca. 50% bis 70% der männlichen Besucher "erstrangig wegen der sexuellen Kontakte kommen" (1). Dies ergibt hochgerechnet eine Zahl von ca. 2,1 Millionen Männern – 40% aller Touristen –, die das "größte Bordell der Welt" jährlich besuchen.
In Thailand wiederum, wo die Prostitution offiziell verboten ist, gibt es mindestens 1 Millionen Frauen und Mädchen, die über dieses Gewerbe ihren Lebensunterhalt – ganz oder teilweise – bestreiten. Für Preise schon ab einem Dollar, die man in Europa für ein Bier ausgibt, sind die Frauen und Mädchen zu haben, zumindest in den billigen Etablissements. Eine wachsende Zahl dieser Prostituierten sind Kinder, vor allem junge Mädchen, deren Zahl zwischen 20.000 und 800.000 geschätzt wird. Die Angst vor AIDS verstärkt diese Gier nach Kindersex.
Viele dieser Mädchen kommen aus Nordthailand, wo die soziale Armut am größten ist. Mädchenhändler kaufen regelrecht Kinder von ihren Eltern ab, andere Mädchen werden mit der Aussicht auf Arbeit nach Bangkok gelockt. Die Zahl von 200.000 Kinderprostituierten unter 16 Jahren dürfte eine realistische mittlere Schätzung sein.
Der Mißbrauch der Kinder, das Ausnutzen ihrer Armutssituation und der fehlende Rechtsschutz dieser Kinder sind Bezugspunkte einer internationalen Kampagne, die sich 1991 gegründet hat. Es ist an der Zeit, den kriminellen Charakter des Prostitutionstourismus öffentlich deutlich zu machen. Weiteres Infomaterial: Kampagne Kinderprostitution, ZEB, PF 100340, 7022 Leinfelden-Echterdingen.

Anregungen zur Weiterarbeit:
Das Thema "Prostitutionstourismus" berührt auch unser persönliches Verhältnis zur Sexualität. Der sexuelle Mißbrauch von Kindern auch bei uns in der BRD zeigt an, daß hier nicht nur das Problem von Touristen berührt ist.
Die SchülerInnen (Oberstufe) könnten versuchen, versteckte sexuelle Anspielungen in Thailand-Reiseprospekten aufzuspüren. Auch ein Gespräch in Beratungsstellen gegen sexuellen Mißbrauch kann für das Thema sensibilisieren.
Ein empfehlenswertes Buch, das auch Einzelschicksale aufzeigt und sich um Ursachenanalysen bemüht, sollte für Unterricht oder Bildungsarbeit herangezogen werden: R. O'Grady: Gebrochene Rosen. Kinderprostitution und Tourismus in Asien, 165 S., Horlemann-Verlag, Unkel 1992. Preis: 16.80 DM. Bezug: Buchhandel.

Quellen:
(1) Zahlenangaben aus der Antwort der Bundesregierung auf die Kleine Anfrage der SPD vom März 1992 (BT-Drs. 12/2278).

Fernseh-Gesellschaften

Mehr Geld - mehr Freizeit - mehr Fernsehen
- Fernsehgeräte auf 1000 Einwohner -

Tansania	1
Bangla Desh	4
China	27
Indien	27
Brasilien	204
Bolivien	597
Deutschland	566
Industrieländer	493
Entwicklungsländer	51

Fernsehkonsum pro Tag/Einwohner (BRD)

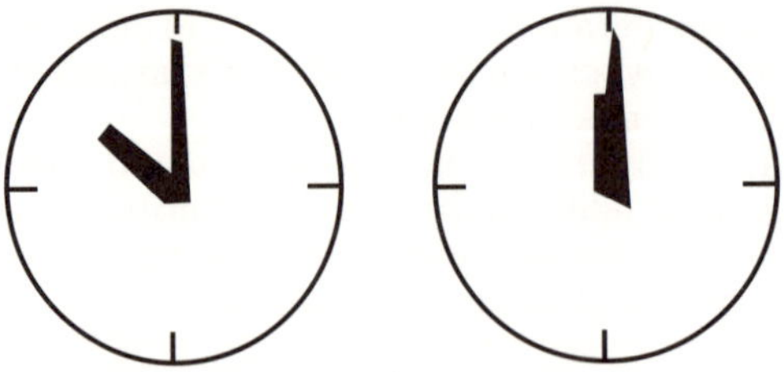

2 Stunden

Fernseh-Gesellschaften

Das Fernsehen hat alle westlichen Gesellschaften bis tief hinein in das soziale Leben geprägt und verändert. Es ist neben dem Auto das klassische Symbol für westlichen Fortschritt. Das Fernsehen transportiert gleichzeitig die "frohe Botschaft der Konsumzivilisation" in alle Welt, in die Slums lateinamerikanischer Großstädte wie in die Dörfer Indiens, läßt Arme wie Reiche an weltweiter Kommunikation teilhaben.

Das Fernsehen ist auf der Welt sehr unterschiedlich verbreitet. In manchen Ländern Afrikas kommt auf 1000 BewohnerInnen (1988/789) nur ein Fernsehgerät (Tansania, Zaire, Burundi), andere Entwicklungsländer (wie Bolivien) erreichen Quoten über den Industrieländern. Das "Entwicklungsgefälle" (Industrieländer: 493 TVs, Dritte Welt-Länder: 51 TVs) ist aber insgesamt unübersehbar (1), deutet an, daß in "armen Ländern" jene Art der Freizeitbeschäftigung weniger verbreitet ist, der in anderen Ländern gerade die Armen nachgehen.

Wahrnehmungsfähigkeit und Wahrnehmungsausrichtung, der Wahrnehmungshorizont und die Erfahrungsgebundenheit der Wahrnehmung – all' diese Faktoren sind wohl vom Fernsehen ganz wesentlich beeinflußt. In einem afrikanischen Dorf (z.B. in Tansania) zu leben, ohne Strom und auch ohne Fernseher, bedeutet sicher eine ganz andere Art der Kommunikation untereinander, der Freizeitgestaltung (vor allem an den Abenden) und auch des Weltbildes, als wenn Menschen in einer Favela Brasiliens leben, aber via Fernsehen "angeschlossen" sind oder scheinen an die glitzernde Welt der Moderne. Doch das Fernsehen, das begehrte Symbol von Entwicklung und Wohlstand, wird seinen Siegeszug sicher – auch in Afrika – weiter fortsetzen.

In der Bundesrepublik hat fast jeder Haushalt mittlerweile ein Fernsehgerät; die durchschnittliche Sehdauer pro Tag beträgt ca. 2 Stunden. Über die Folgen derartigen Freizeitverhaltens streiten Psychologen und Pädagogen. Ein Ende des TV-Vormarsches ist noch nicht in Sicht. Der Video-Rekorder ist die nächste Anschaffung, die in "jeden Haushalt gehört"; Fernsehen unabhängig von den aktuellen Programmangeboten der wachsenden Zahl von Sendern.

Anregungen zur Weiterarbeit:

Versuchen Sie mit den SchülerInnen über ihr Fernsehverhalten zu sprechen: Was wird gesehen, welche Sendungen sind beliebt, warum?

Unser Weltbild ist stark von den Fernsehbildern geprägt. Was hat das für Folgen für unsere Wahrnehmungen? An welchen Beispielen aus dem eigenen Lebensbereich kann deutlich werden, das die Fernsehbilder nicht die ganze Wahrheit sind?

Analysieren Sie "Dritte Welt-Sendungen", stellen Sie "Kontrastmaterial" zur Verfügung, damit die Relativität der Bilder erkennbar wird.

Ein Leben ohne Fernsehen? Interviews mit Großeltern können den SchülerInnen die Zeiten dieses unvorstellbaren Mangel nachvollziehbar machen und Vorstellungen darüber fördern, was uns der Fernsehkonsum nimmt.

Quellen:

(1) Zahlenangaben aus UNDP: Human Development Report 1992.
(2) Vergl. dazu G. Maier: Viel-Seher oder Vielseher; in: Das Parlament v. 19.4.91.

Wasser - wertvoller Rohstoff

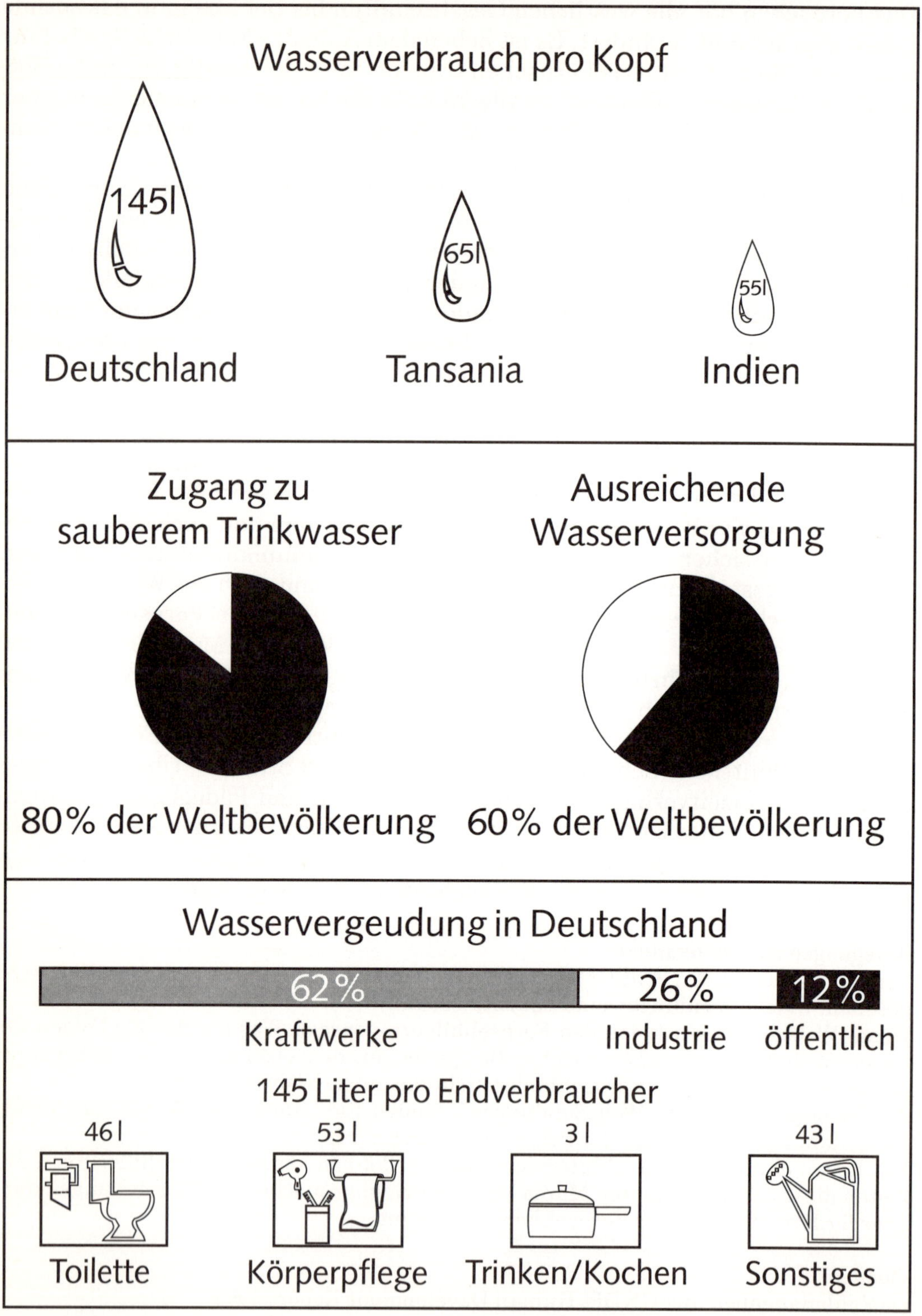

Wasser – wertvoller Rohstoff

Wasser ist im Bewußtsein der meisten BundesbürgerInnen ein selbstverständlich genutztes Gut, das billig und im Übermaß zur Verfügung steht. Tatsächlich ist Wasser aber in weiten Teilen der Welt ein knapper, lebenswichtiger Rohstoff, dessen Vorhandensein über Tod und Leben entscheidet; und auch in der Bundesrepublik beginnen wir zu lernen, daß die fortgestzte Verschwendung und Verschmutzung unseres Wassers an Grenzen stößt.

Die Verfügbarkeit von Wasser ist höchst unterschiedlich je nach Region; während bei uns in der Regel Wasser in ausreichendem Maße und in sauberer Qualität überall zur Verfügung steht, müssen viele Menschen gerade in der Dritten Welt mit der Knappheit leben. Pro Kopf verbrauchen die Bundesbürger – nur für ihren persönlichen Bedarf, ohne Industrie und Landwirtschaft – ca. 145 l pro Tag; in Tansania sind es weniger als die Hälfte (65 l), in Indien sogar nur 55 l (1). Diese Durchschnittszahlen täuschen darüber hinweg, daß in manchen Regionen der Welt der Verbrauch gerade der ländlichen Bevölkerung bei 30 - 40 Litern liegen kann.

Insgesamt haben nur 80% der Weltbevölkerung Zugang zu sauberem Trinkwasser. Diese Tatsache hat schwerwiegende Folgen, denn unsauberes Trinkwasser führt in erheblichem Maße zu Durchfall- und Infektionserkrankungen. Die Weltgesundheitsorganisation (WHO) schätzt, daß 80% der Erkrankungen in der Dritten Welt mit der mangelhaften Qualität des Trinkwassers zusammenhängen.

Mangelnde Qualität einerseits, unzureichende Quantität andererseits. Nur 60% der Weltbevölkerung sind dauerhaft ausreichend mit Wasser versorgt; bei 40% von ihnen ist akuter oder chronischer Wassermangel festzustellen (2), der die landwirtschaftliche Produktion einschränkt und die Überlebensmöglichkeiten reduziert.

Dem Mangel auf der einen Seite steht ein scheinbarer Überfluß auf der anderen Seite gegenüber. In Deutschland verbrauchen Kraftwerke (62%) und Industrie (26%) den weitaus größten Teil des Wassers (3). Nur 12% des Wassers wird in das öffentliche Netz eingespeist und von den VerbraucherInnen genutzt. Dabei ist auffällig, daß gerade einmal 3 Liter zum Trinken bzw. zum Kochen, also direkt für die meschliche Ernährung, verwendet werden. Ein großer Teil wird durch die Wasserspülungen der Toiletten geschickt oder zum Duschen/Baden verbraucht (4).

Die Kehrseite der Wasservergeudung in Deutschland ist das Abwasserproblem, sprich die Verschmutzung des Wassers. Diese Verschmutzung zu stoppen und die unnötige Vergeudung einzuschränken sind die Erfordernisse einer ökologischen Politik.

Quellen:

(1) Zahlenangaben nach epd-Dritte Welt Information 1-10/1990: Lebensspender in Not, Frankfurt 1990. Die knappe Broschüre fasst wesentliche Fakten zum Thema Wasser zusammen und kann für 1.50 DM bestellt werden beim: epd-Vertrieb, PF 50 05 50, 6000 Frankfurt 50.

(2) ebenda.

(3) Zahlenangabe nach Fischer-Öko-Almanach 91//92.

(4) Literverbrauch nach einer Untersuchung von 1992, die in Hessen durchgeführt wurde, aber wohl den bundesdeutschen Durchschnittsverbrauch wiedergibt. Vergl. FR vom 20.6.92.

Bildungsbemühungen

Dritte Welt insgesamt

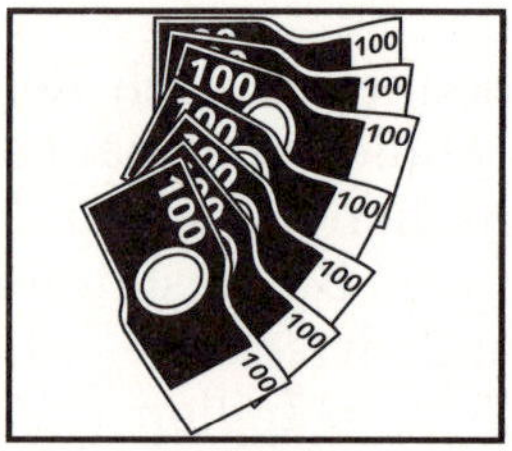

Bildungsausgaben (1989):

155 Mrd. DM

Einschulungsquote in die Grundschule:

89%

Schulabgänger vor Ende der Grundschule:

50%

Weiterführender Schulbesuch

43%

Analphabeten weltweit:

1 Mrd. Menschen

Bildungsbemühungen

Entgegen manchen anderslautenden Unterstellungen haben fast alle Länder der Dritten Welt erhebliche Anstrengungen im Bildungsbereich unternommen. Dadurch ist es gelungen, eine hohe Einschulungsquote (89%) zu erreichen. Schwieriger allerdings wird die Aufgabe sein, das Bildungsniveau insgesamt zu verbessern, den vorzeitigen Schulabgang gerade der unterprivilegierten Kinder zu verhindern und auch den Erwachsenen ein Mindestmaß an Bildung (Alphabetisierung) zukommen zu lassen.
Die Ausgaben der Dritte Welt-Länder für den Bildungsbereich lagen 1989 bei 155 Mrd. DM und entsprachen damit 3,6% des Bruttoinlandsproduktes (1). Auch über längere Zeitreihen läßt sich feststellen, daß die Entwicklungsländer in ähnlicher Größenordnung in ihren Bildungssektor investiert haben. Zur Zeit sind allerdings die Zahlen eher stagnierend, für Afrika sogar leicht rückläufig. Mit diesen Aufwendungen haben die Länder der Dritten Welt immerhin eine Einschulungsquote von 89% erreicht.
Nach der 4 bis 6jährigen Primary School-Zeit besuchen 43% der Kinder noch eine "weiterführende" Schule (2). Bedenklicher als diese im Vergleich zu den Industrieländern sehr geringe Zahl ist allerdings die Tatsache, daß rund die Hälfte der GrundschülerInnen ihre Schule noch vor dem Ende der Grundschulzeit wieder verläßt (3) und damit auch meist endgültig die Schulkarriere beendet. Gerade diese hohe Zahl stellt den Erfolg von Schulsystem und Bildungsinvestitionen in Frage, denn es sind gerade die Kinder der Armen, die damit ohne nachweisbare Qualifikation "ins Leben entlassen werden".

Trotz aller Bildungsbemühungen gibt es zur Zeit noch rund 1 Mrd. Erwachsene auf der Welt, die nicht lesen und nicht schreiben können (4).
Wenn die hohe Zahl der vorzeitigen Schulabgänger reduziert und nicht nur eine hohe Einschulung, sondern auch eine höhere Bildungsqualifikation erreicht werden soll, bedarf es neuer Investitionen im Bildungsbereich. Die staatlichen Finanzen sind knapp, heißt es einmütig in Industrie- wie in Entwicklungsländern. Keine guten Aussichten auf eine qualitative Verbesserung des Bildungswesens.

Anregungen zur Weiterarbeit:
Diskutieren Sie die Notwendigkeit (?) hoher Bildungsausgaben. Die BRD gibt ca. 4,5% des BIP für Bildungszwecke aus (bezogen auf 1986).
Wie könnte man die Zahl von Schulversagern und Schulabgängern reduzieren - hier wie in der Dritten Welt?

Quellen:
(1) Berechnungen nach Zahlenangaben (97 Mrd. $) des Human Development Report 1992, bezogen auf 1989. Dollarumrechnung 1 $ = 1.60 DM.
(2) Einschulungsquote und Besuch weiterführender Schulen (für das Jahr 1989) aus World Development Report 1992.
(3) Vergl. Unicef: Zur Situation der Kinder in der Welt 1992, S. 50.
(4) Vergl. UNDP: Human Development Report 1992.

Kein absoluter Mangel an Nahrungsmitteln

Weltgetreideernte (1991)

Getreide/ Erdbewohner

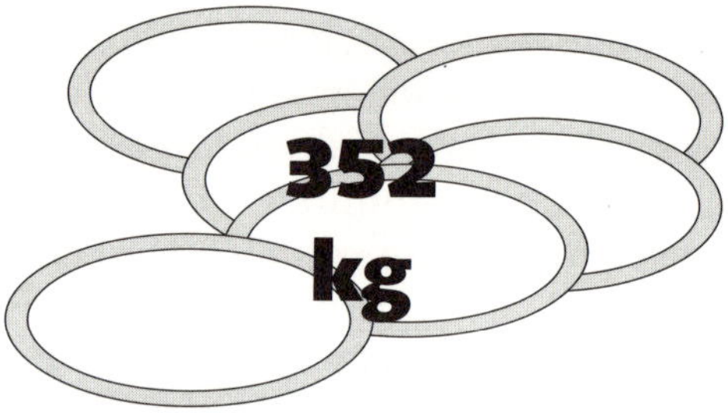

Getreide-Bedarf pro Tag: 750 g

Getreide-Menge pro Tag: 964 g

Kalorienversorgung »Dritte Welt«:

109 % des Bedarfs

Dennoch:

550 Mill. hungern (= jeder 10.)

40 Mill. Hungertote

Kein absoluter Mangel an Nahrungsmitteln

"Wir haben die Mittel, den Hunger vollständig von der Erde zu vertreiben". Diese Feststellung des früheren US-Präsidenten J.F. Kennedy aus den frühen 60er Jahren gilt auch heute noch. Der Hunger von mehr als einer halben Milliarde Menschen kann nicht mit einem absoluten Mangel an Nahrungsmitteln erklärt werden.
Allein das auf der Erde verfügbare Getreide wäre ausreichend, alle Menschen mehr als satt zu machen. Legt man die Weltgetreideernte 1991 zugrunde, die ungewöhnlich niedrig ausgefallen ist, so kommt man auf eine Getreidemenge von 352 kg pro ErdbewohnerIn (1). Pro Tag macht dies die Menge von 964 gr pro Person aus, mehr als genug, um damit den täglichen Kalorienbedarf (mit 2600 kcal = 750 gr Getreide hier sehr hoch angesetzt) zu decken. Hinzu kommen sonstige pflanzliche Erzeugnisse, Gemüse, Früchte etc. sowie tierische Produkte. Natürlich kann die Getreide-Produktionsmenge nicht mit der Verzehrmenge gleichgesetzt werden, weil durch Transportverluste und Verrottung ein nicht unerheblicher Schwund (mindestens 25%) entsteht. Doch ebenso ist unbestritten, daß Getreide ja nie allein den gesamten Kalorien- und Nährstoffbedarf decken muß.
Im Schnitt wird in den Entwicklungsländern der notwendige Kalorienbedarf mit 109% mehr als gedeckt (2). Daß aber auf der anderen Seite rund 550 Millionen Menschen ernstlich unterernährt sind (3), daß ca. 40 Millionen Menschen jedes Jahr an den direkten und indirekten Folgen des Hungers sterben, verweist auf die ungleiche Verteilung. Getreide und andere Nahrungsmittel werden als Viehfutter zur Fleischproduktion verwendet (vergl. Schautafel "Fleisch frißt Menschen"), werden von den Reichen verpraßt (Problem: Überernährung), während die Armen weder über ausreichende landwirtschaftliche Möglichkeiten noch über Kaufkraft verfügen, ihren Bedarf zu decken. Diese Ungleichheit existiert im Weltmaßstab wie in einzelnen Ländern.

Anregungen zur Weiterarbeit: Sie können im Unterricht der Sek. I die unterschiedlichen Getreiderationen in Schüsseln füllen, um die Proportionen deutlich zu machen: 750 gr = Tagesbedarf; 964 gr = theoretisch verfügbare Tagesmenge; 788 gr = statistischer Durchschnittsverbrauch in der "Dritten Welt". Probleme: Durchschnittszahlen und Zugang zu den Nahrungsmitteln.
Diskutieren Sie (Sek. II/Erwachsenenbildung) den Zusammenhang zwischen Angebot und Verbrauch. Warum sagt das absolute Angebot an Nahrungsmitteln wenig über die Hungersituation aus? Faktoren wie Verfügungsgewalt über Nahrungsmittel, ungleiche Verteilung, Kaufkraft, regionales Angebot, Transportprobleme, Verrottung und Verluste etc. müssen mitberücksichtigt werden.

Quellen:

(1) FAO-Schätzung über die Weltgetreideernte 1991, zitiert aus: Nord-Süd-aktuell 3/91, S. 317.
(2) Human Development Report 1992.
(3) Schätzung des World Food Council für 1989, zitiert aus: Nord-Süd-aktuell 2/90, S. 173.

Ernährung einer wachsenden Weltbevölkerung

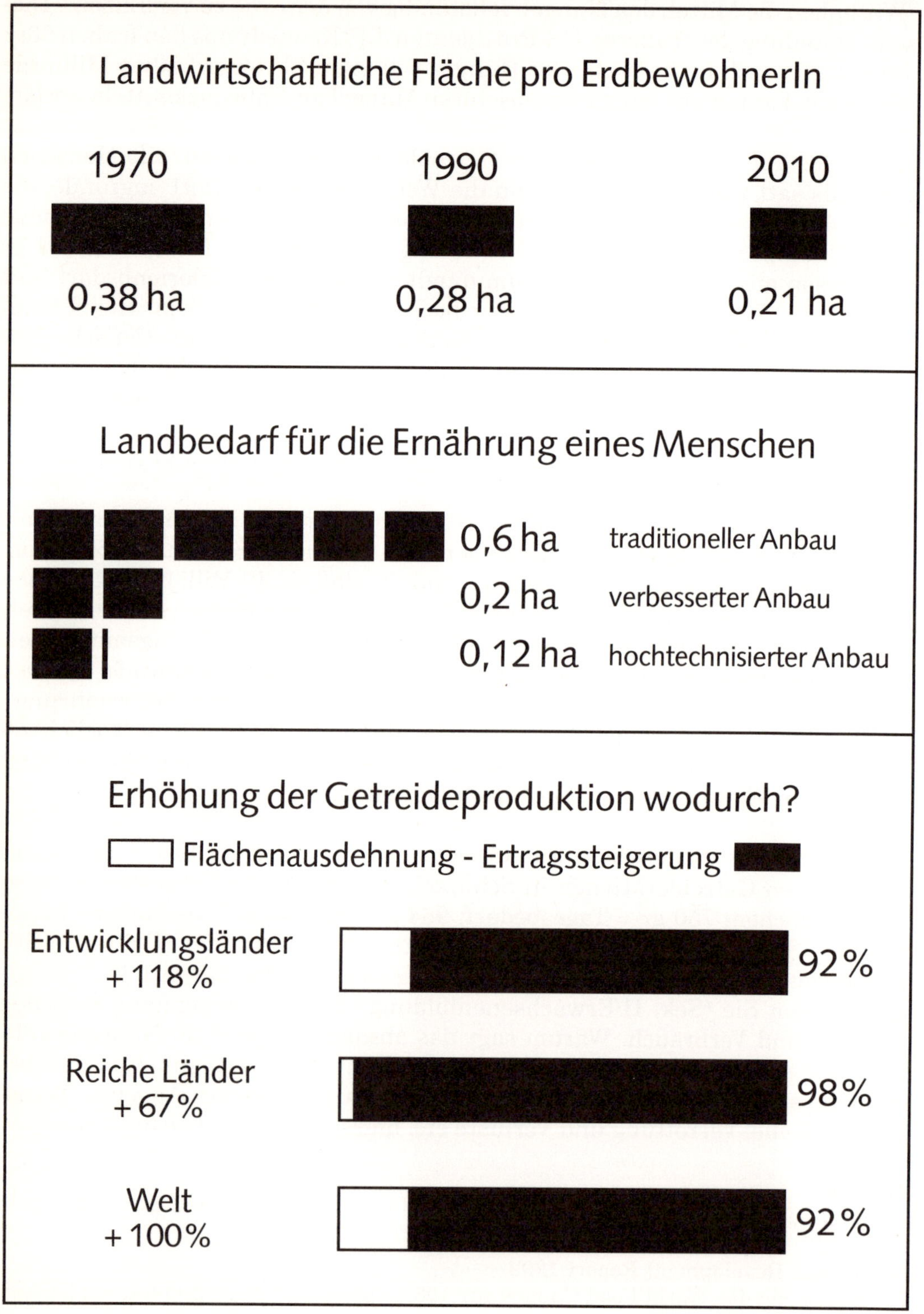

© Dritte Welt Haus Bielefeld

Ernährung einer wachsenden Weltbevölkerung

Auch wenn das auf der Welt produzierte Getreide (zur Zeit) ausreichend wäre, alle ErdbewohnerInnen zu ernähren, so muß doch langfristig die Nahrungsmittelproduktion für eine wachsende Weltbevölkerung gesteigert werden. Der Erhöhung der landwirtschaftlichen Produktivität kommt dabei eine ganz besondere Bedeutung zu.

Die statistisch pro ErdbewohnerIn zur Verfügung stehende landwirtschaftliche Fläche ist angesichts steigender Bevölkerungszahlen im Sinken begriffen (1970: 0,38 ha; 1990: 0,28 ha; Prognose 2010: 0,21 ha). Zwar wird zur Zeit weltweit nur ca. 46% der potentiellen Landwirtschaftsfläche kultiviert; neue Flächenerschließungen sind aber schwierig, weil das Land in abgelegenen Regionen liegt, weil die ökologische Belastbarkeit der Böden gering ist oder weil es an Zugang zu Wasser fehlt. Außerdem befinden sich schon heute viele Böden in einem Zustand der "Degradierung" durch menschliche Nutzung, verlieren an Bodenfruchtbarkeit durch Überbeanspruchung, Erosion, Versalzung (falsche Bewässerung) oder Verwüstung. Das landwirtschaftliche Flächenpotential der Erde ist also begrenzt, hohe Zuwachsraten sind nicht zu erwarten (1).

Wenn also von der relativ konstanten lw Fläche eine wachsende Zahl Menschen ernährt werden müssen, so ist dies nur über Produktionssteigerungen möglich. Schon geringe landwirtschaftliche Verbesserungen können dabei zu deutlichen Ertragssteigerungen führen. Bei traditionellem Anbau geht man von einer Fläche von 0,6 ha aus, die benötigt wird, um einen Menschen zu ernähren. Ein verbesserter Anbau (z.B. geringer Düngereinsatz, konventionelle Maßnahmen wie angepaßte Bewässerung, Mischanbau, Staffelanbau etc.) können die Erträge deutlich steigern und reduzieren diese Kennzahl auf 0,2 ha/ErdbewohnerIn. Beim hoch-technisierten Einsatz von Hybrid-Saatgut, Dünger und Pestiziden beträgt der Flächenbedarf 0,12 ha (2).

Insgesamt ist festzuhalten, daß die Erhöhung der Getreideproduktion der Jahre 1961 bis 1990 (weltweit: 100%) weitgehend (92%) auf eine Ertragsverbesserung und weniger auf eine Flächenvermehrung zurückzuführen ist (3). Auch für die Zukunft dürfte dieser Bereich entscheidend sein.

Allerdings wird es darauf ankommen, ob diese Ertragssteigerungen im Rahmen einer bäuerlichen Landwirtschaft erzielt werden (durch angepaßte Bewässerung, mäßigen Düngereinsatz, Mehrfachernten, Staffelanbau, Fruchtfolgenwechsel, Erosionsschutzmaßnahmen etc.) oder ob der "hochtechnisierte Anbau" durch das Agrobuisiness (Hybridsaatgut, Abhängigkeit vom Dünger, Verschuldung der Bauern, Großplantagenwirtschaft) zu jener Enteignung der Bauern führt, wie sie bei der "Grünen Revolution" häufig zu beobachten war. Denn im letzten Falle könnte "Mehr Nahrungsmittel – mehr Hunger" die Folge sein.

Quellen:

(1) Flächenzahlen aus UNEP: Saving our Planet, Nairobi 1992, S. 88f. Für die Prognose 2010 wurde unterstellt, das die lw Fläche im 20 Jahre-Zeitraum um 4,8% zunimmt, wie es auch zwischen 1970 und 1990 der Fall war.

(2) ebenda, S. 89.

(3) Vergl. World Development Report 1992, S. 135. "Reiche Länder" (High Income Countries) sind die westlichen ILs sowie Israel, Singapur, Hongkong, Kuwait und die VAR.

Konflikt: Exportproduktion - Nahrungsmittelproduktion

Beispiel Afrika

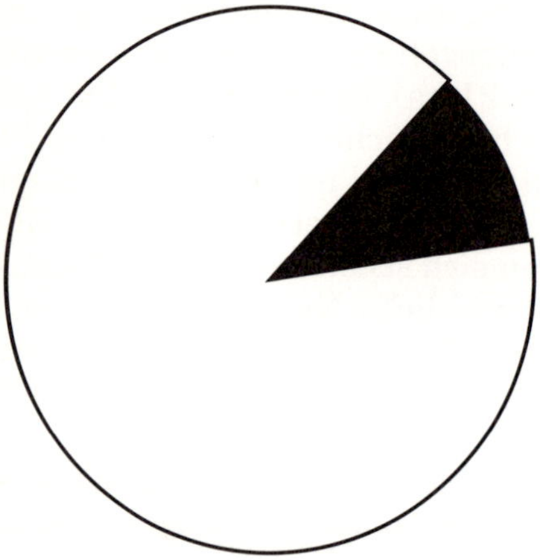

landwirtschaftliche Fläche

Anteil der Exportproduktion an der landwirtschaftlichen Fläche:

5-20%

Qualitativ wird die Exportproduktion bevorzugt

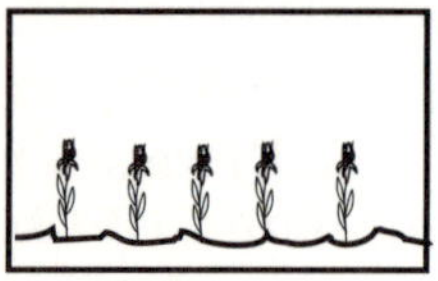

bessere Böden

mehr Arbeitszeit

höhere Preise

Kredite und Dünger

für Exportprodukte

Konflikt Exportproduktion – Nahrungsproduktion

Entgegen vielfachen Behauptungen gerade von "Dritte Welt-Engagierten" nimmt die Fläche für den Anbau von Exportprodukten nur einen relativ kleinen Anteil an der gesamten Landwirtschaftsfläche der Dritten Welt ein. Der Konflikt liegt eher auf einen qualitativen Ebene: Weil für die Exportprodukte die besseren inputs eingesetzt werden, kann dies zu einer Vernachlässigung des Nahrungsmittelanbaus führen.

Am Beispiel Afrikas, wo Kleinbauern in der Regel Nahrungsmittelanbau für ihren eigenen Bedarf betreiben (Subsistenzproduktion) und gleichzeitig nach Möglichkeit auch für den Markt (Gelderwerb) produzieren, soll dieser Konflikt näher beschrieben werden. Rein quantitativ macht der Anteil an der landwirtschaftlichen Fläche, der für die agrarischen Exportprodukte aufgewendet wird, nur einen Prozentsatz von 5% bis 20% aus. Rein quantitativ würde die übrige Landfläche allemal ausreichen, die Menschen Afrikas zu ernähren. Eine erhebliche direkte Verdrängung der Nahrungsmittelproduktion durch den Anbau von Exportprodukten hat nicht stattgefunden.

Der Konflikt liegt eher im qualitativen Bereich: Die Bauern verwenden häufig die besseren Böden für die Exportprodukte und sie widmen diesen in Zeiten erheblicher Arbeitsbelastung den größeren Teil ihrer Arbeitszeit. Da außerdem die Preise für überschüssige Nahrungsmittel (z.B. für Hirse) schlecht sind, ist es wenig attraktiv, mehr Nahrungsmittel anzubauen als man zur Selbstversorgung braucht. Exportprodukte bringen die besseren, oft auch staatlich garantierten Preise und außerdem fördert der Staat mit Kreditprogrammen, landwirtschaftlicher Beratung und der Bereitstellung von Saatgut, Dünger etc. den Exportanbau. All' diese Faktoren sprechen für die Exportproduktion, denn auch afrikanische Bauern haben heute einen Bargeldbedarf, um bestimmte Dinge (Konsumgüter wie Textilien, Seife, Öl, bestimmte Nahrungsmittel, aber auch den Brautpreis) bezahlen zu können.

Soviel Subsistenz wie nötig, soviel Exportproduktion wie möglich. Fällt nun infolge von Dürre oder anderer Faktoren die Hirse- oder Mais-Ernte gering aus, droht eine Situation des Hungers. Weil Überschußproduktion und Bevorratung kaum noch stattfinden, reichen die Lebensmittel nicht bis zur nächsten Ernte - und der Zukauf von Lebensmitteln ist in Zeiten der Knappheit kaum zu bezahlen.

Durch die Exportproduktion haben sich vielerorts also eher die qualitativen Bedingungen des Nahrungsmittelanbaus verschlechtert. Solange die Erlöse der Bauern für Baumwolle, Kaffee, Kakao etc. hoch genug sind, in Notzeiten auch Lebensmittel hinzuzukaufen, ist die Exportproduktion sicher akzeptabel. Gerade diese Voraussetzung ist allerdings häufig angesichts schlechter Weltmarktpreise und einer völligen Abhängigkeit der Bauern von ausbeuterischen Zwischenhändlern nicht gegeben. Deshalb gilt es, die Subsistenzproduktion wo immer möglich staatlicherseits zu fördern oder durch den Aufkauf von Nahrungsmittelüberschüssen dafür zu sorgen, daß auch der Nahrungsmittelanbau wieder attraktiver wird.

Anregungen zur Weiterarbeit:

Für eine Diskussion des Konfliktes Subsistenzproduktion - Exportanbau empfehlen wir die Broschüre: Dritte Welt Haus Bielefeld: Hunger durch Agrarexporte? 60 S., Bielefeld 1986. Preis: 6.- DM. Bezug: Dritte Welt Haus Bielefeld, August Bebel Str. 62, 4800 Bielefeld 1.

Wovon ERNÄHRUNGSSICHERHEIT abhängt

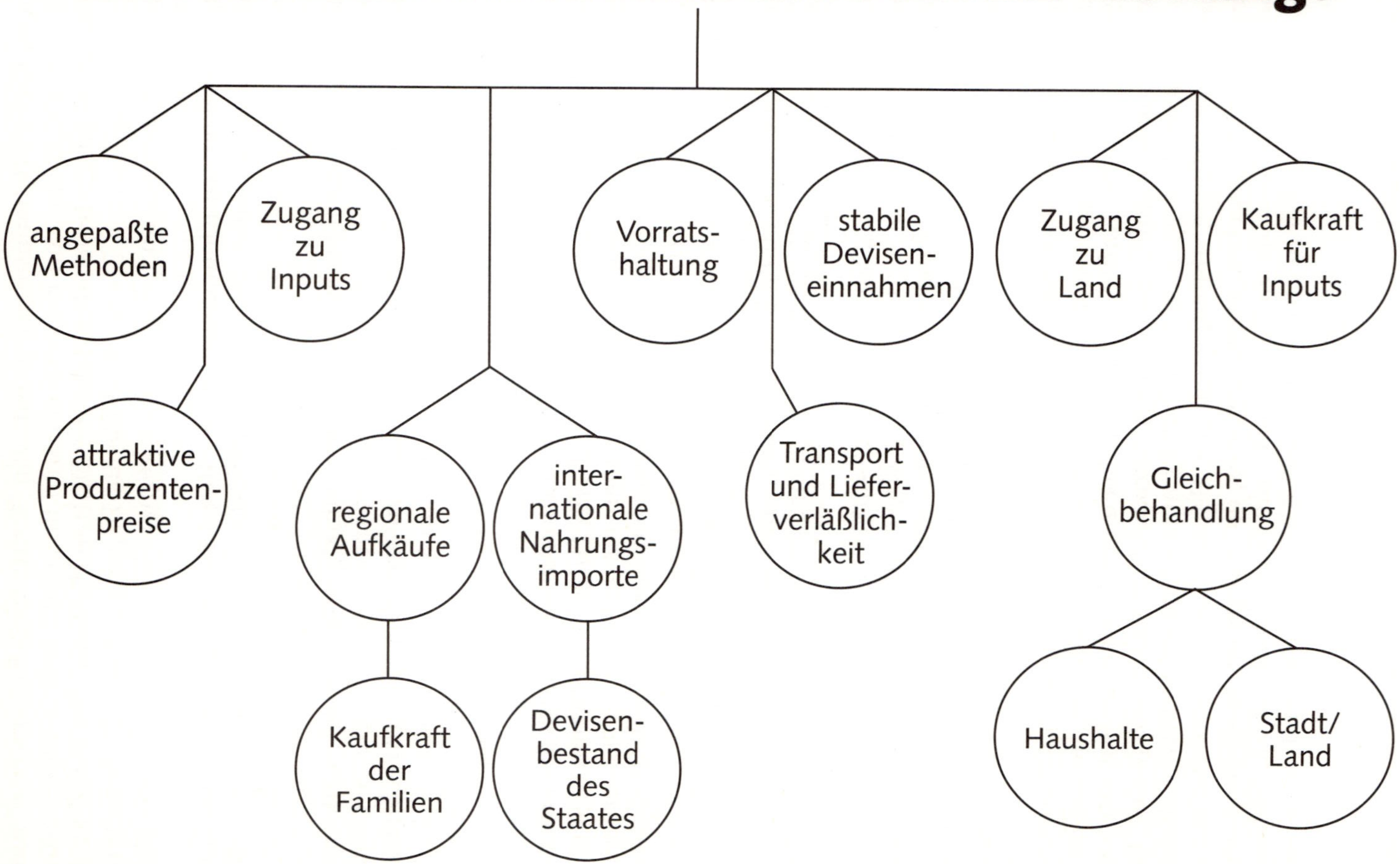

Wovon Ernährungssicherheit abhängt

Der Hunger der ländlichen Bevölkerung ist, abgesehen von akuten Katastrophenfällen, überwiegend ein Problem chronischer Unterernährung, bei der die Möglichkeiten fehlen, durch Vorsorgemaßnahmen Engpässe (z.B. Zeiten zwischen den Ernten, Ernteausfälle wegen geringerer Niederschläge etc.) zu überbrücken. Der Hunger der städtischen Bevölkerung (z.B. in den Slums der lateinamerikanischen Großstädte) muß in anderen Zusammenhängen (Kaufkraft, Arbeitslosigkeit, informeller Sektor) analysiert werden.

Ernährungssicherheit ist von einer Reihe von Faktoren abhängig, deren Fehlen Unterernährung oder Hunger bedeuten können.

Bei der **Produktion** kommt es darauf an, daß die Bäuerinnen und Bauern mit ***angepaßten***, dauerhaften ***Methoden*** Nahrungsmittellandwirtschaft betreiben, welche die natürlichen, ökologischen Grundlagen nicht zerstören. Der Verzicht auf Produktionsmaximierung um jeden Preis – z.B. durch unangepaßte Intensivmethoden – steht im Zielkonflikt mit dem Vorhaben, die landwirtschaftliche Produktion zumindest im Ausmaß des Bevölkerungswachstums zu steigern. Dies kann nur gelingen, wenn die Bauern ***attraktive Produzentenpreise*** für ihre Produkte erhalten, aber auch ***Zugang zu*** landwirtschaftlichen ***inputs*** wie Ausrüstung für Bewässerung, Arbeitsmittel, evt. Dünger, Saatgut etc. haben

Was nicht selbst an Nahrungsmitteln produziert wird, muß durch **Zukauf** herangeholt werden. Dies sollte – wo immer möglich – durch ***Aufkäufe*** auf den ***lokalen*** oder ***regionalen Märkten*** geschehen, wofür die Bauern und ihre Familien über ***Kaufkraft*** (Einkommen, Geld) verfügen müssen. Besteht weiterhin ein Nahrungsmitteldefizit, so muß der Staat durch ***Nahrungsmittelimporte*** aus dem Ausland oder auch durch Nahrungsmittelhilfe dieses Defizit decken, was widerum einen ausreichenden ***Devisenbestand*** des Staates voraussetzt.

Neben diesem Angebot an Nahrungsmitteln ist der Aspekt der **Stabilität** von Wichtigkeit. Um Krisen zu überstehen, brauchen die Bauern eine ausreichende ***Vorratshaltung***; aber auch darauf muß ***Verlaß*** sein, daß zugesagte ***landwirtschaftliche inputs*** geliefert werden, daß Ernten abgeholt und bezahlt werden und daß die Händler wegen ihres Transportmonopols nicht die Preise willkürlich diktieren können. Auch der Staat braucht, wenn er Nahrungsmittel aus dem Ausland importiert, ***verläßliche*** und kalkulierbare ***Deviseneinnahmen***.

Letzlich geht es um den Aspekt der **Verteilung.** Die Menschen brauchen ***Zugang zu Land*** und sie brauchen ***Kaufkraft***, um die benötigten inputs (Ausrüstung, Maschinen, landwirtschaftliche Mittel) zu bezahlen. Notwendig ist aber auch eine ***"Gleichbehandlung";*** innerhalb der ***Haushalte*** darf es nicht so sein, daß Frauen und Kinder hungern, während die Männer gut ernährt sind; und innerhalb der einzelnen Länder muß für die ***ländliche Entwicklung*** mehr getan werden, statt Geldströme und Investitionen einseitig in die ***Städte*** zu leiten.

Anregungen zur Weiterarbeit:

Gehen Sie die einzelnen Punkte mit den SchülerInnen (Sek. II/Erwachsenenbildung) durch. Diskutieren Sie an Beispielen, wo die hier geforderten Voraussetzungen für Ernährungssicherheit nicht gegeben sind.

Quellen:

Zusammenstellung der Faktoren u.a. nach H. Brandt, Ernährungssicherungsprogramme..., Berlin 1983, und R. Weiss: Wandel des Agrarsystems und Ernährungssicherung im Niger, Hamburg 1990.

Teufelskreis Unterernährung

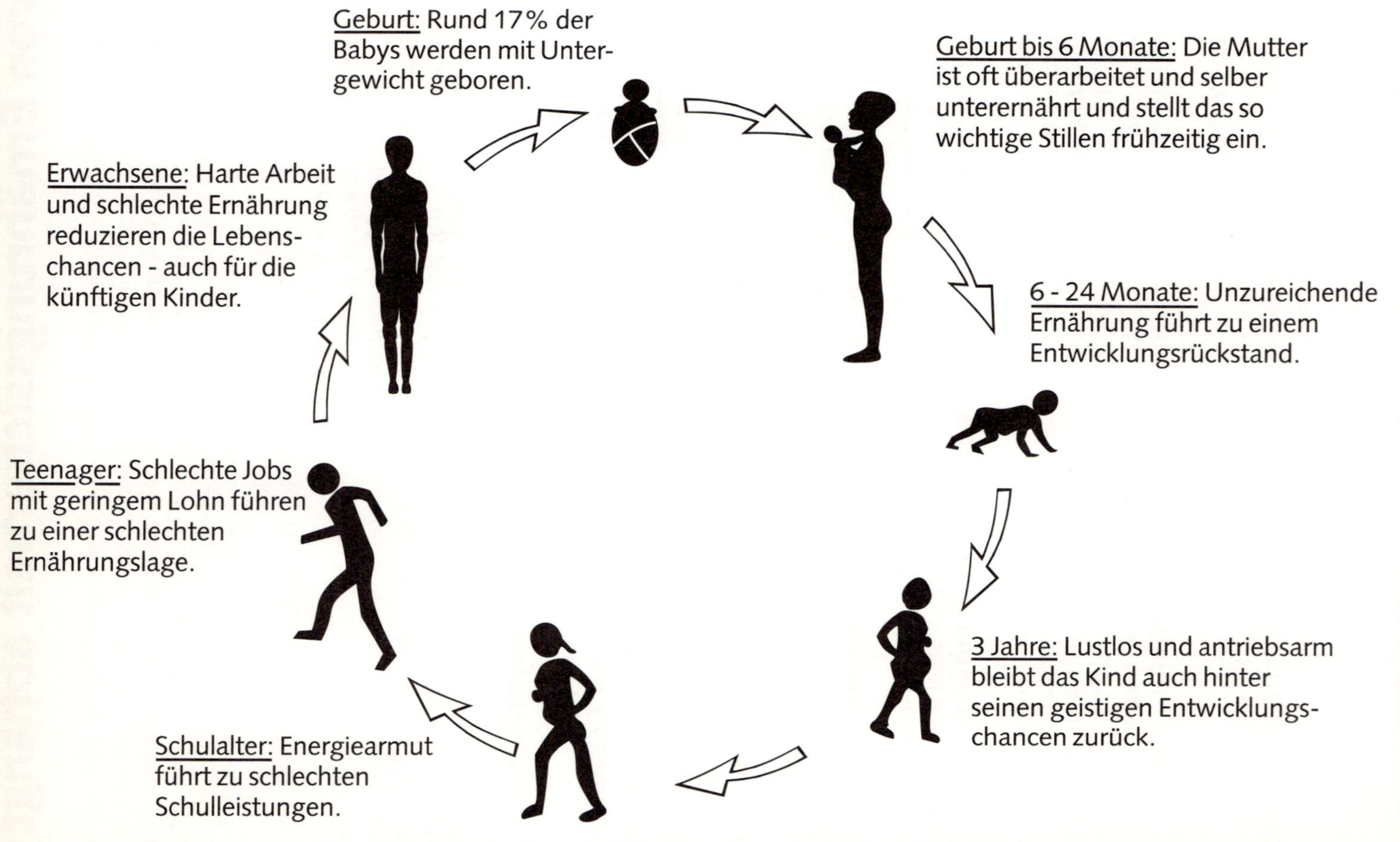

Teufelskreis Unterernährung

Hunger und Unterernährung haben weitreichende Folgen. Sie bedeuten nicht nur eine manchmal lebensgefährdende aktuelle Situation, sondern sie stellen auch die Weichen in Richtung auf eine wenig hoffnungsvolle Zukunft.
Der Teufelskreis der Unterernährung (1) beginnt häufig schon mit der Geburt. In einer Situation der Armut und des Mangels haben Neugeborene oft schon Untergewicht, sind in ihrer Ausreifung hinter dem Durchschnitt zurück. Die Säuglingsernährung – vor allem durch Muttermilch – kann da manchen Nachteil aufholen, aber Mütter in extremer Armutssituation sind häufig selbst unterernährt und krank und stellen das Stillen frühzeitig ein. Die ersatzweise verabreichte Nahrung ist oft qualitativ wie quantitativ unzureichend. Im Ergebnis vergrößert sich der Entwicklungsrückstand, die Mangelernährung zeigt erste Folgen. Derartige körperliche Defizite haben häufig auch Auswirkungen auf die mentale Entwicklung der Kinder. Nicht ausreichend ernährt, häufiger krank und energiearm, sind Kinder weniger lernbereit und wach; dadurch bleiben sie auch auf diesem Gebiet hinter ihren Altersgenossen zurück. Dieser Nachteil macht sich dann auch im Schulalter manifest bemerkbar. Die derart benachteiligten Kinder bräuchten eine ganz besondere kompensatorische Förderung; stattdessen aber ist es die Regel, daß sie dem normalen Unterricht nicht ausreichend folgen können, daß sie in Lernrückstand geraten, nicht versetzt werden und mit nur mäßigem Schulerfolg die Schule verlassen. Folge dieser Tatsache sind entsprechend schlechte Berufsaussichten; die "Kinder der Unterernährung" erhalten die miesen Jobs, mit geringem Einkommen und oft anstrengender, monotoner Tätigkeit verbunden. Wer z.B. als Saisonarbeiter auf den Zuckerrohrfeldern arbeitet, ist extrem schlecht bezahlt und hat für den Rest des Jahres kaum ein ausreichendes Einkommen. Schlechtes Einkommen wiederum führt zu einer schlechten allgemeinen Ernährlage, denn gute Lebensmittel kosten viel Geld oder setzen die Verfügung über ausreichendes Land voraus, was häufig eben nicht gegeben ist. Am Ende hat die chronische Unterernährung tiefe Spuren in der Lebenssituation der betroffenen Menschen hinterlassen; wenn dann Frauen aus diesem Personenkreis schwanger werden, öffnet sich erneut dieser Teufelskreis mit der kumulativen Benachteiligung derer, die in einem Zustand schlechter Ernährung leben. Die FAO schätzt den Anteil dieser Menschen auf 786 Millionen (2).

Anregungen zur Weiterarbeit:
Sprechen Sie mit Ihren SchülerInnen die einzelnen Stationen dieses Teufelskreises. Wie wäre dieser "Teufelskreis" zu durchbrechen? Welche Maßnahmen könnten an welchen Stellen ansetzen? Wo gibt es auch in unserer Gesellschaft "Teufelskreise" der Benachteiligung (z.B. Alkoholabhängigkeit, Armut)?

Quellen:
(1) Der Teufelskreis folgt einer Vorlage von UNICEF. Vergl. UNEP/UNICEF: Children and the Environment, New York 1990, S. 23f.
(2) Die Zahlenangabe von 786 Mio. unterernährter Menschen folgt einer FAO-Studie über die Jahre 1988 bis 1990. Vergl. FR vom 27.7.92. Die Zahl der Hungernden (ca. 550 Mio. Menschen) liegt darunter und definiert diese Gruppe enger als Personen, denen maximal das 1,2fache des Grundumsatzes an Nahrungsenergie zur Verfügung steht.

Fleisch frißt Menschen

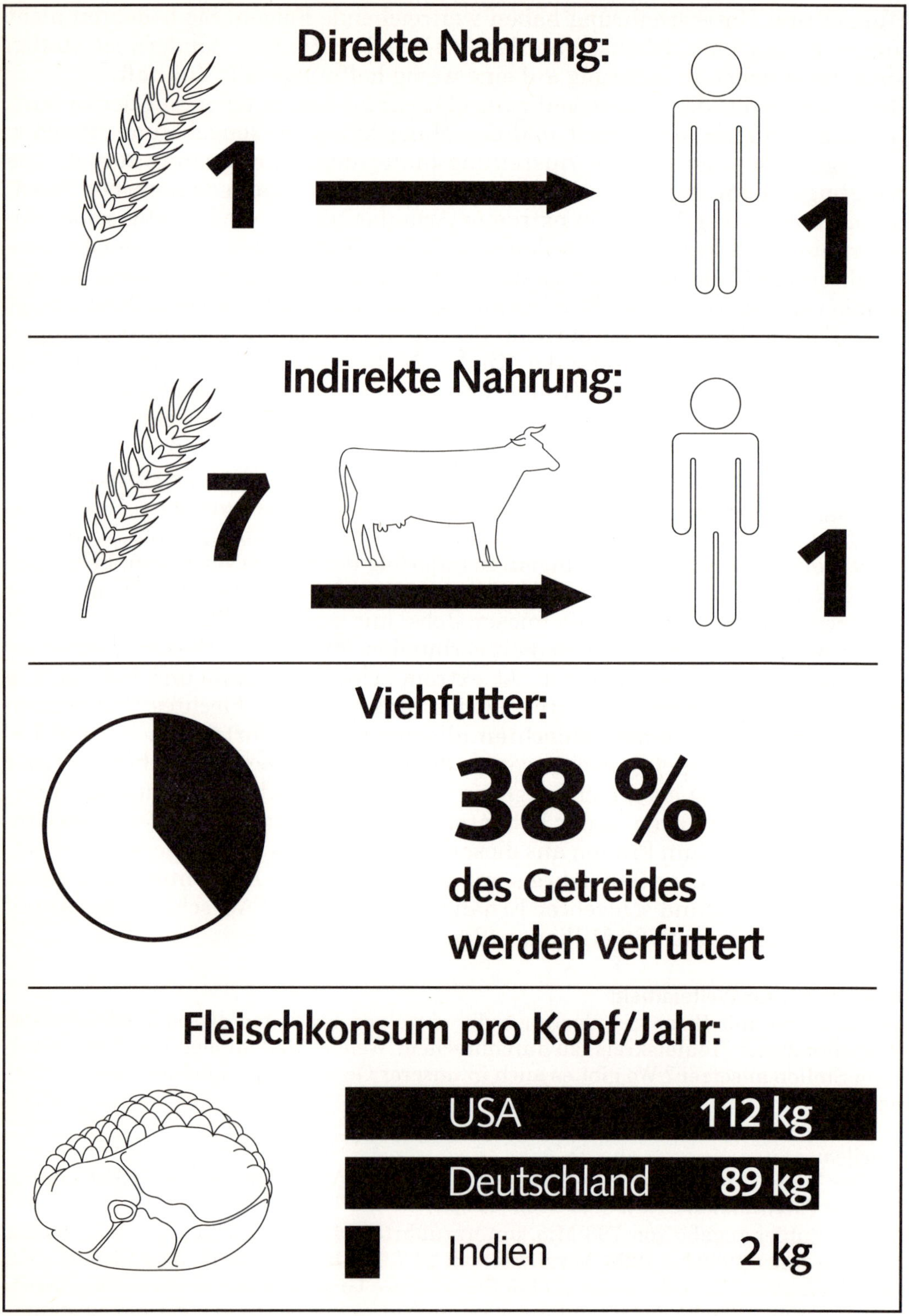

Fleisch frißt Menschen

Der hohe Fleischkonsum vor allen in den reichen Ländern des Nordens ist angesichts des Hungers in der Welt ethisch fragwürdig, auch wenn ein Konsumverzicht nicht unmittelbar die Ernährungssituation in der "Dritten Welt" verändern würde. Denn das Ausmaß, in dem wir Fleisch, Eier, Milch und andere tierische Produkte verzehren, ist Ausdruck einer Verschwendung, die es sich "leisten kann", in hohem Maße pflanzliche Nahrung einzusetzen, um tierische Produkte zu erzeugen.

Wenn Getreide und andere Pflanzen zur menschlichen Ernährung (z.B. als Brot) herangezogen werden, findet eine optimale Kalorienauswertung statt (Direkte Nahrung). Beim Konsum von Fleisch und tierischen Produkten ist hingegen ein hoher Aufwand an pflanzlichen Kalorien notwendig, um eine tierische Kalorie zu erzeugen (Indirekte Nahrung). Im Schnitt ist das Aufwandsverhältnis bei Fleisch mit 7:1 anzusetzen (bei Hühnerfleisch mit 12:1 ganz besonders ungünstig, bei Schweinefleich mit 3:1). Das bedeutet, daß 6 Kalorien verschwendet werden, um eine Fleischkalorie zu erzeugen (1).

Nicht verwunderlich ist in diesem Zusammenhang, daß ein großer Teil des Getreides, das auf der Welt produziert wird, an das Vieh verfüttert wird, um Fleisch oder andere Tierprodukte zu erhalten. Nach Schätzungen des US-Landwirtschaftsministeriums (1991) werden weltweit 38% des Getreides als Vielfutter verwendet. In den USA sind es sogar 70%, in der EG 57% des Getreides, die man für die Viehernährung aufwendet (2).

Eine Entsprechung hierzu ist der hohe Pro Kopf-Fleischkonsum in den reichen Ländern. Im Jahre 1990 verzehrte der Durchschnittsamerikaner 112 kg Fleisch im Jahr und die Deutschen brachten es immerhin auf 89 kg. In beiden Ländern ist die Tendenz jedoch rückläufig. Demgegenüber standen der indischen Bevölkerung 2 kg Fleisch pro Kopf und Jahr zur Verfügung (3).

Anregungen zur Weiterarbeit:
Diskutieren Sie das Thema "Verschwendung durch Fleischkonsum" in Zusammenhang mit Alternativen: Fleischärmere Ernährung durch Vollwertkost etc., die man in Rezepten gleich ausprobieren sollte. Auch die Gegenüberstellung (ein 150 Gramm-Steak für eine Person vs. Vollkornauflauf für 10 Personen) kann diese Verschwendung deutlich machen. Die artgerechte Tierhaltung und die medizinischen Folgen des hohen Fleischkonsums gehören ebenfalls in dieses Themenfeld.

Quellen:
(1) Die Kalorienvergleichszahlen sind nur ungefähre Annäherungswerte. Vergl. F. Cottrell, Energy and Society, 1970, zitiert nach: R. Strahm, Warum sie so arm sind, Wuppertal 1985.
(2) Papier des US-Landwirtschaftsministeriums aus 1991, zitiert in: Worldwatch Institute: Zur Lage der Welt 1992, Frankfurt 1992, S. 85.
(3) ebenda, S. 83.

Wettlauf zwischen Pflug und Storch

1980 - 1990

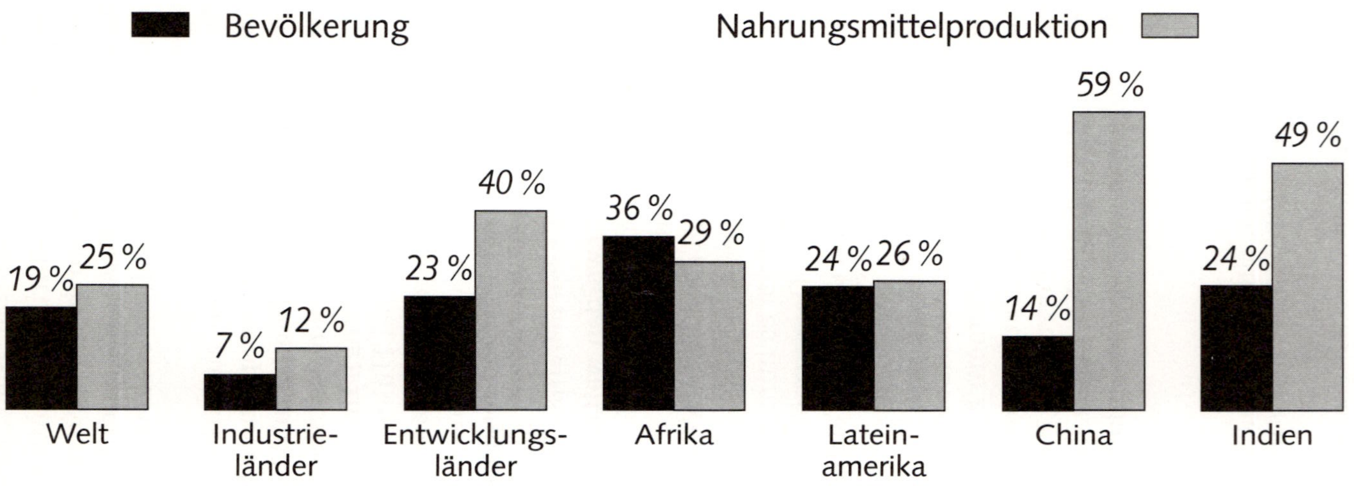

Weltgetreide - Weltbevölkerung

Wettlauf zwischen Pflug und Storch

Trotz erheblicher Steigerungsraten der Bevölkerung in den letzten Jahren und Jahrzehnten konnte die Nahrungsmittelproduktion in dieser Zeit durchaus mit dem Bevölkerungswachstum mithalten. Auch für die 80er Jahre gibt, daß die landwirtschaftlichen Steigerungsraten den Zuwachs an Menschen überstiegen, daß beim Wettlauf zwischen Storch und Pflug der Pflug weiterhin vornelag. Dies gilt weltweit wie auch für die meisten Regionen der Erde. Zwischen 1980 und 1990 nahm die Weltbevölkerung um 19% zu, die Nahrungsmittelproduktion konnte um 24% gesteigert werden. In den Industrieländern lagen die landwirtschaftlichen Ertragszuwächse im Nahrungsmittelbereich nur knapp über der Bevölkerungsvermehrung (10%:7%); allerdings ist hier zu beachten, daß wegen geringer Getreidepreise und der Begrenzung der kaum noch finanzierbaren staatlichen Agrarsubventionen die Nahrungsmittelerzeugung "politisch" heruntergefahren wurde (z.B. durch Flächenstillegungsprogramme). In der "Dritten Welt" insgesamt (23%:39%), in Lateinamerika (24%:26%), vor allem aber in China (14%:57%) und Indien (24%:46%), lagen die Produktionsziffern z.T. deutlich über dem Bevölkerungszuwachs, ist also eine verbesserte Nahrungsmittelproduktion pro Kopf in den 80er Jahren zu konstatieren (1). Lediglich für Afrika (2) weisen die beiden Vergleichsziffern nach, daß hier der Trend andersherum verlaufen ist. Dem starken Bevölkerungszuwachs konnte die Nahrungsmittelproduktion nicht folgen (36%:29%) (3). Es gibt also nicht nur keinen absoluten Mangel an Nahrungsmitteln; auch im Vergleich mit der Bevölkerungsentwicklung sind die Produktionszahlen durchaus günstig. Dies gilt selbst für den langfristigen Vergleich – hier bezogen auf die Getreideproduktion: Zwischen 1950 und 1990 konnte die Weltgetreideproduktion verdreifacht werden; die Bevölkerung hat sich in dieser Zeit "lediglich" verdoppelt (4).

Anregungen zur Weiterarbeit:

Klären Sie im Klassengespräch: Welche Bedeutung hat die Nahrungsmittelproduktion für die Ernährungslage der Bevölkerung? Wie ist angesichts der hier vorgestellten Zahlenverhältnisse der Zusammenhang zwischen Hunger und Bevölkerungswachstum zu beschreiben?

Quellen:

(1) Zahlenangaben aus FAO Production Yearbook 1990.

(2) Unter diese Rubrik "Afrika" werden alle afrikanischen Staaten außer Libyen, dem Sudan und der Republik Südafrika gerechnet.

(3) Der von FAO und Weltbank immer wieder behaupteten sinkenden Nahrungsmittelproduktion (NMP) pro Kopf in Afrika/Schwarzafrika widerspricht W. Michler in seinem "Weißbuch Afrika" (S. 382), ohne allerdings dies plausibel zu machen. Die statistische Unzuverlässigkeit der Daten, die er als Begründung heranzieht, stützt ebensowenig seine Annahme, die NMP pro Kopf sei gestiegen oder gleichgeblieben.

(4) Berechnung der langfristigen Getreideproduktion auf der Basis von FAO-Daten in: D. Meadows: Die neuen Grenzen des Wachstums, Stuttgart 1992, S. 73.

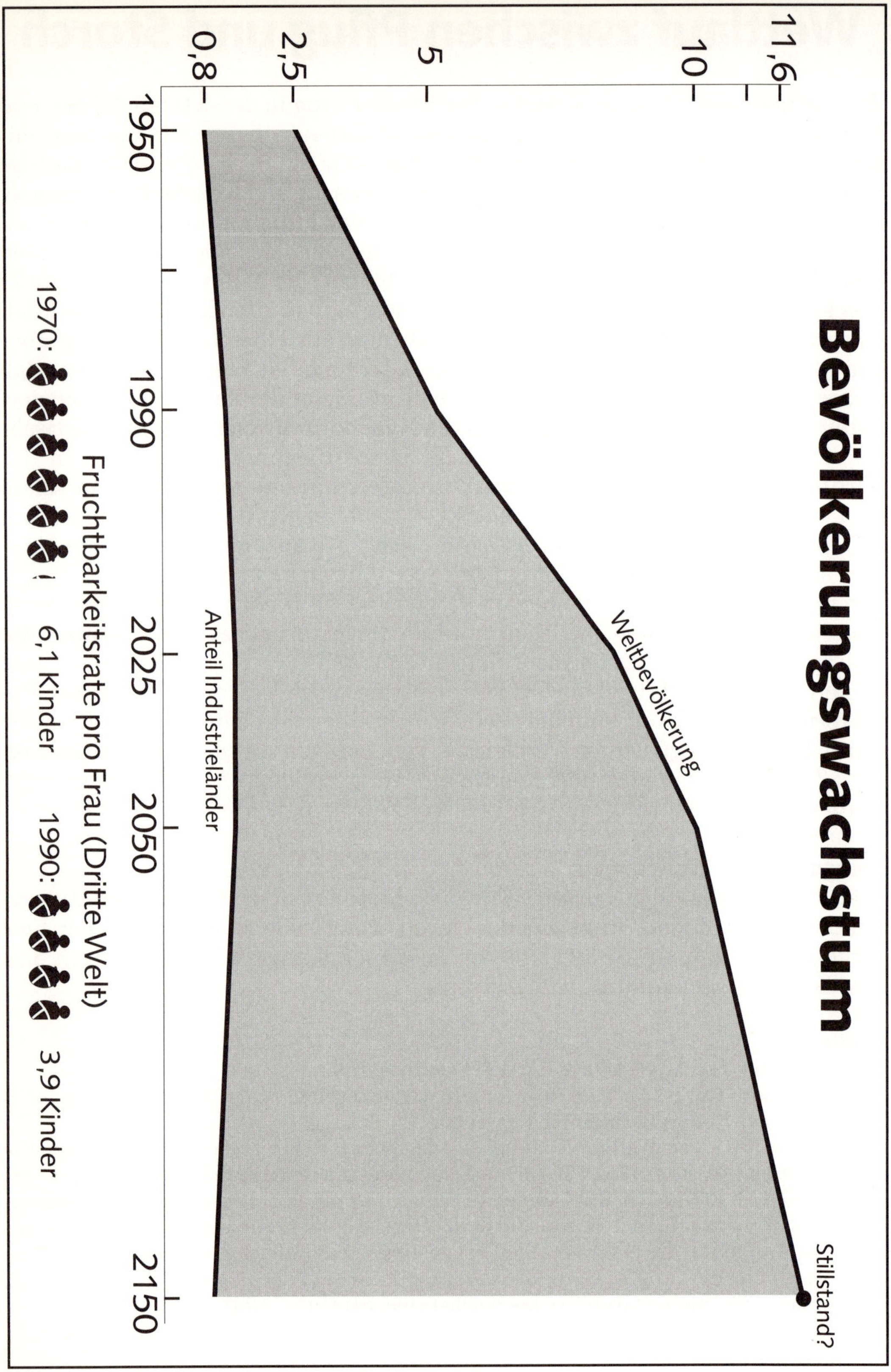
Bevölkerungswachstum
11,6
10
5
2,5
0,8
1950
1990
2025
2050
2150
Weltbevölkerung
Anteil Industrieländer
Stillstand?
Fruchtbarkeitsrate pro Frau (Dritte Welt)
1970: 6,1 Kinder
1990: 3,9 Kinder

Bevölkerungswachstum

Bei allen Befragungen nach den Ursachen für Hunger und Elend in der Dritten Welt spielt die "Bevölkerungsexplosion" eine herausragende Rolle. Die rasche Zunahme der Weltbevölkerung, vor allem in den Ländern der Dritten Welt, gilt als wesentliche Ursache für viele Besorgnisse: Hunger, Umweltzerstörung oder Flüchtlingswanderungen.
Tatsächlich deutet der empirische Befund darauf hin, daß sich die Menschheit weiterhin in raschem Tempo vermehrt, wenn auch die Zuwachsraten zurückgegangen sind. 1950 gab es auf der Erde ca. 2,5 Milliarden Menschen; 1992 lag die Zahl bei rund 5,48 Mrd. Eine mittlere Prognose der Vereinten Nationen geht davon aus, daß sich die Zahl auf 8,5 Mrd. Menschen im Jahre 2025 und auf 10 Mrd. im Jahre 2050 steigern wird, bis sie im Jahre 2150 sich bei ca. 11,6 Mrd. Menschen einpendeln wird (1). Diese Prognose basiert auf der Annahme, daß die Fruchtbarkeitsrate weiterhin abnimmt.
97% des Bevölkerungszuwachses (1990 bis 2050) entfällt auf die Entwicklungsländer. Von den ca. 97 Millionen neuen Erdenbürgern pro Jahr erblicken nur knapp 3 Mio. das Licht der Welt im Norden der Erde. Entsprechend nimmt der relative Anteil der Menschen aus den Industrieländern an der Weltbevölkerung weiter ab. Der Zuwachs beträgt hier und heute ca. 0,5% und wird Anfang des nächsten Jahrtausends bei Null liegen. Am Ende des nächsten Jahrhunderts wird die Bevölkerung der Industrieländer leicht abnehmen (1950: 0,8 Mrd.; 1990: 1,2 Mrd., 2025: 1,4 Mrd., 2050: 1,4 Mrd., 2150: 1 Milliarde Menschen in den Industrieländern) (2).
Das exponentielle Bevölkerungswachstum der Weltbevölkerung wäre noch höher gewesen, wenn nicht die Fruchtbarkeit bereits heute deutlich niedriger wäre als vor wenigen Jahrzehnten. Ein Bericht der Weltgesundheitsorganisation (WHO) von Juni 1992 stellt fest, daß die "Fruchtbarkeitsrate pro Frau" in der Dritten Welt von statistisch 6,1 Kindern 1970 auf 3,9 Kinder 1990 zurückgegangen ist (3).

Anregungen zur Weiterarbeit:
Stellen Sie die Begrifflichkeit "Bevölkerungsexplosion" oder "Bevölkerungsbombe" zur Diskussion. Worin liegt das offenbar als bedrohlich Erlebte dieser Entwicklung? Welche Vermutungen gibt es über die Ursachen des Bevölkerungswachstums oder über die Gründe für den Rückgang der Fruchtbarkeitsrate?

Quellen:
(1) Alle Zahlenangaben aus dem Weltbevölkerungsbericht 1992 der UNFPA.
(2) ebenda.
(3) WHO-Bericht, zitiert nach FR vom 25.6.92.

Kinderwunsch

"Viele Kinder" in der Dritten Welt

Kinder tragen zum Familieneinkommen bei

Kinder sind die Altersversorgung der Armen

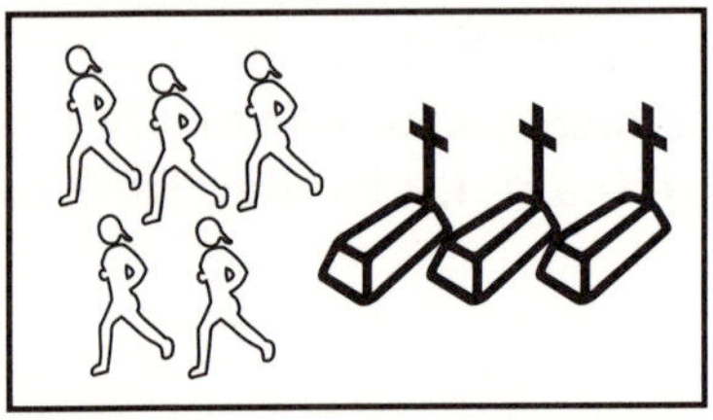

Hohe Kindersterblichkeit macht viele Kinder notwendig

Große Familien sind angesehen und geachtet

"Wenig Kinder" bei uns

Kinder kosten und verringern den Lebensstandart

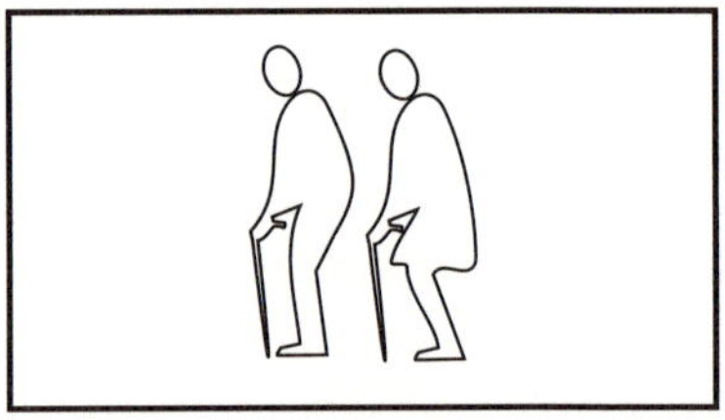

Erziehungszeiten sind schlechte Rentenzeiten

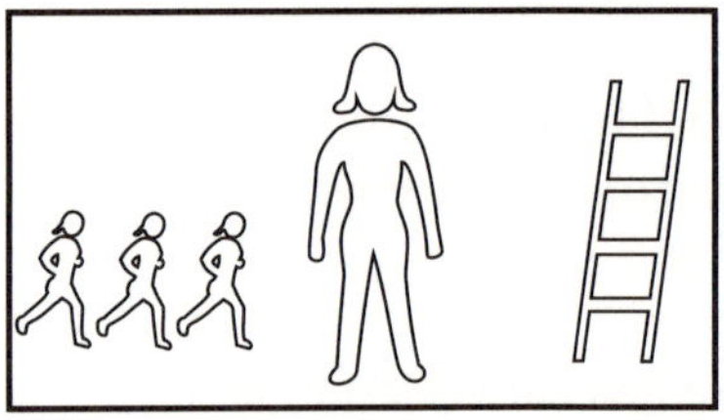

Mehre Kinder verhindern Karriere der Frau

Große Familien gelten als "asozial"

Kinderwunsch

Eine hohe Kinderzahl in Ländern der Dritten Welt ist nicht das Ergebnis gedankenlosen Verhaltens, vernachlässigter Verhütung oder eines übermäßigen Sexualtriebes. Stattdessen gilt es zu begreifen, daß das Bevölkerungsverhalten in der Regel sehr wohl "folgerichtig" ist, angemessen den sozialen, ökonomischen und kulturellen Bedingungen, unter denen die Menschen leben. Diese Einbettung des generativen Verhaltens in das soziokulturelle Umfeld müssen wir verstehen lernen, hier wie in der Dritten Welt.
Eine begrenzte Anzahl der Faktoren, die für Kinderwunsch und Kinderzahl entscheidend sind, sollen hier (idealtypisch) gegenübergestellt werden.
In der Dritten Welt gilt, daß viele Kinder zunächst für eine große Zahl von Familien ein erheblicher positiver ökonomischer Faktor sind. Schon in jungen Jahren tragen sie zum Familieneinkommen bei, sei es durch Mitarbeit auf dem Felde oder das Hüten des Viehs, sei es durch Kinderarbeit in der Stadt, durch Verkaufen, Altpapier Sammeln, Schuhe Putzen, Betteln o.a.m. Die Kinder – vor allem die Söhne – sollen auch später für die Eltern sorgen, denn Alterssicherungssysteme gibt es in vielen Entwicklungsländern nicht. Selbst die hohe Kindersterblichkeit macht eine ausreichende Anzahl von Kindern notwendig, damit wenigstens einige überleben und für die Eltern sorgen können. Im Übrigen hat das generative Verhalten sicher auch viel mit dem kulturellen Hintergrund der Menschen zu tun; eine große Familie bringt in vielen Gesellschaften der Dritten Welt Ehre und Achtung ein, vor allem, wenn es sich um viele Söhne handelt. Auch der Zugang von Frauen zu Land und Besitz ist vielerorts nur durch die Kinder (Söhne) möglich, Grund genug also, möglichst viele Kinder zu haben.
Gänzlich anders stellt sich die Situation in unserer Gesellschaft dar: Kinder sind bei uns eine ökonomische Belastung, verringern den Lebensstandard und den Wohlstand. Erziehungszeiten – meist sind die Mütter betroffen – werden immer noch nicht ausreichend als Anwartzeiten für die Rentenversicherung angerechnet. Wer keine Kinder hat und einer Erwerbsarbeit nachgeht, hat für seine Rente allemal besser gesorgt, obwohl es doch die Kinder sind, die später den "Generationenvertrag" einlösen sollen. Kinder stören außerdem die berufliche Karriere, ein Grund, warum Frauen in der Karriereleiter so deutlich weiter unten stehen. Auch das soziale Umfeld für Kinder und kinderreiche Familien ist in unserer Gesellschaft nicht gerade Mut-machend; und eine Familie mit vier Kindern hat schon so etwas "Asoziales" an sich, Grund genug also, in unserer Gesellschaft den Kinderwunsch eher gering zu halten.

Anregungen zur Weiterarbeit:
Diskutieren Sie die einzelnen Faktoren mit Ihrer Klasse/Kurs. Welche Beweggründe sind für uns selbst beim Kinderwunsch (subjektiv) entscheidend? Was bedeutet dieses hier angedeutete soziokulturelle Umfeld für die Möglichkeiten von Bevölkerungspolitik in der Dritten Welt oder bei uns? Wie kann man angesichts dieser Zusammenhänge eine Reduzierung der Geburtenrate erreichen?
Lassen Sie sich als Hintergrundinformation das "Förderkonzept Bevölkerungspolitik und Familienplanung" (BMZ – Bundesministerium für wirtschaftliche Zusammenarbeit, PF 12 03 22, 5300 Bonn 1) und eine diesbezügliche Stellungnahme von German Watch (Riemannstr. 2, 5300 Bonn 1) zusenden.

Notwendige Maßnahmen der Bevölkerungspolitik

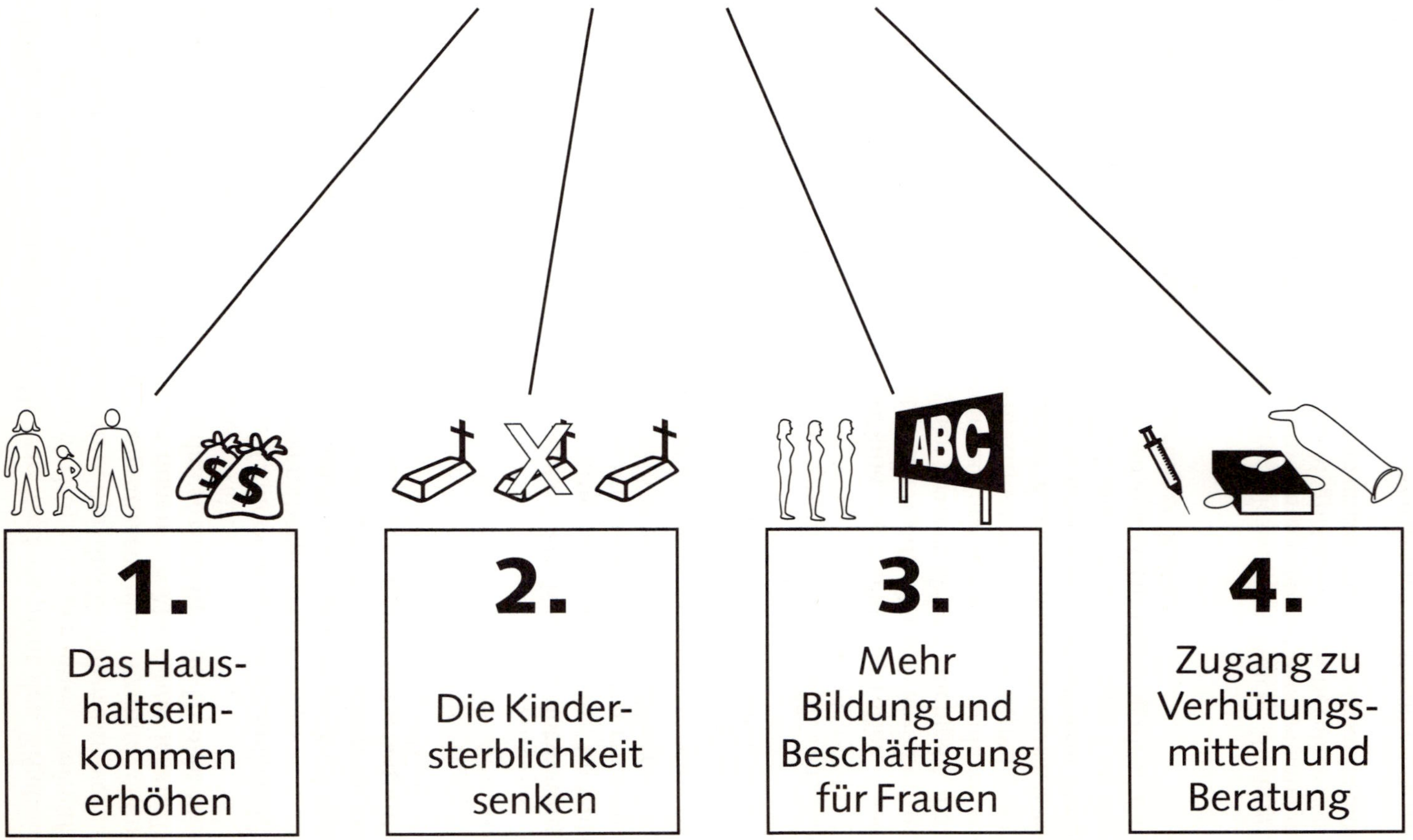

Notwendige Maßnahmen der Bevölkerungspolitik

Die Weiterverbreitung empfängnisverhütender Mittel ist entgegen landläufiger Meinung nicht der entscheidende Hebel, die Geburtenrate in der Dritten Welt zu senken. Statt Pillen und Pessare bedarf es einer integrierten Bevölkerungspolitik, die echte Wahlmöglichkeiten für die Frauen zur Bestimmung der Familiengröße oder Kinderzahl eröffnet.
Die meisten internationalen Organisationen und Fachleute sind sich heute darüber einig, daß alle rein technokratischen Ansätze in Richtung auf eine Reduktion des Bevölkerungswachstums – etwa die massenweise Verbreitung von Verhütungsmitteln, Aufklärungsaktionen oder Sterilisationskampagnen – kaum durchgreifende Wirkungen zeigen können. Das "generative Verhalten" beruht auf einer vielzahl sozialer, ökonomischer und kultureller Faktoren; entsprechend vielseitig und vieldimensional muß daher auch Bevölkerungspolitik ansetzen. Dazu gehören im Wesentlichen: (1)
1. Eine Erhöhung des Haushaltseinkommens. Nur wenn das Familieneinkommen der Armen (oft alleinstehender Frauen mit ihren Kindern) gesteigert wird, erhalten sie die notwendigen Mittel für Gesundheitsfürsorge und Bildung, können sie auf die Kinderarbeit (als Beihilfe möglichst vieler Kinder zum Familieneinkommen) verzichten und haben Zugang zu den medizinischen Diensten. Derartige ökonomische Verbesserungen erhöhen die Lebenschancen der Kinder und eröffnen überhaupt erst die Wahlmöglichkeit, die Zahl der Kinder einzuschränken.
2. Senkung der Kindersterblichkeit. Solange viele Kinder in jungen Jahren sterben, müssen viele Kinder geboren werden, damit zumindest einige überleben (und zum Beispiel im Alter für die Eltern sorgen). Eine Senkung der Kindersterblichkeit hat Auswirkungen auf das generative Verhalten, auf die Anzahl der erwünschten Kinder, wie auch umgekehrt weniger Kinder die individuellen (Über)lebenschancen der schon geborenen Kinder vergrößern.
3. Mehr Bildung und Beschäftigung für Frauen. Gerade die Situation der Frauen ist ein entscheidender Faktor für Fruchtbarkeitsrate und Bevölkerungszuwachs. Vor allem die Bildung von Frauen hat große Auswirkungen auf ihr generatives Verhalten, macht Frauen frei, sich von überkommenden sozialen und kulturellen Vorgaben zu lösen und die Frage nach der erwünschten Kinderzahl neu zu stellen.
4. Zugang zu Verhütungsmitteln und Beratung. Über die schon genannten Faktoren hinaus brauchen Frauen und Männer auch Zugang zu praktikablen, bezahlbaren, sicheren und kulturell angemessenen Verhütungsmitteln und zu einer entsprechenden Beratung. Viele Frauen in der Dritten Welt geben an, mehr Kinder bekommen zu haben als sie eigentlich gewollt hätten. Die Wahlmöglichkeit der Verhütung gehört daher auch zu den zentralen Bestandteilen der Bevölkerungspolitik (2).

Quellen:
(1) Vergl. World Development Report 1992, S. 29.
(2) Laut UNICEF ist eine von drei Schwangerschaften in der Dritten Welt ungeplant und ungewollt. Vergl. UNICEF, Zur Situation der Kinder in der Welt 1992, S. 71.

Frauen-Quoten

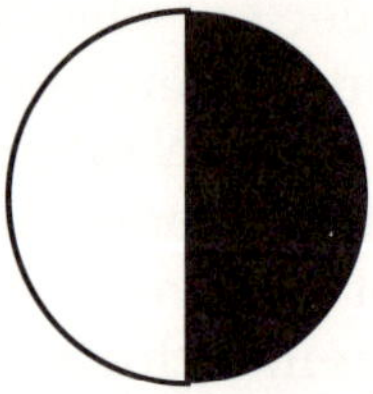

50%

Anteil an der Weltbevölkerung

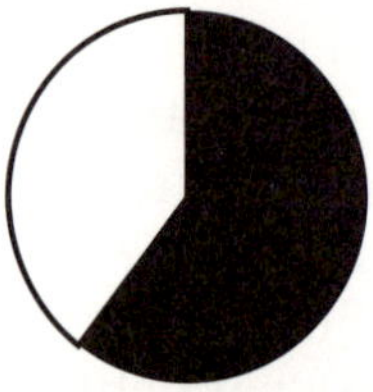

65%

Anteil an der geleisteten Arbeit

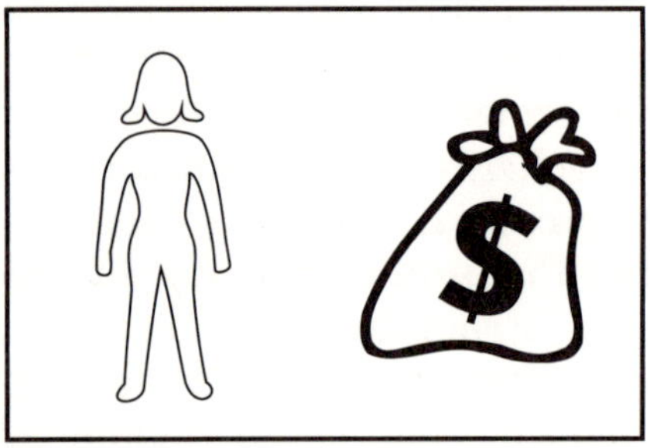

10%

Anteil am Einkommen

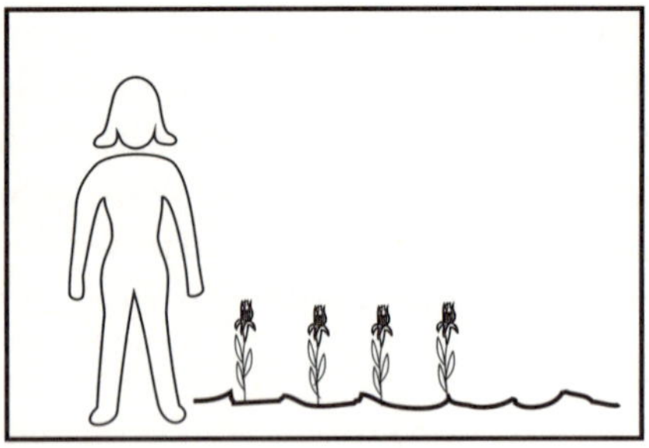

1%

Anteil am Eigentum

Frauen-Quoten

Frauen sind – weltweit wie in fast allen Ländern – besonderen Benachteiligungen und Diskriminierungen ausgestzt. Sie leisten einen deutlich überproportionalen Beitrag für Ernährung und Überleben der Familien, sind aber bezüglich Entlohnung, Arbeitszeit und materieller Versorgung extrem benachteiligt.
Nach einem Bericht der Vereinten Nationen (1) leisten die Frauen (ca. 50% der Weltbevölkerung) rund 2//3 der Arbeit, erhalten aber nur 10% des Einkommens und haben sogar nur einen Anteil von 1% am Eigentum. Diese Zahlen machen deutlich, in welchem Maße Frauen weltweit ausgebeutet und negativ diskriminiert sind, auch wenn derartige pauschale statistische Kennziffern immer nur Annäherungswerte sein können.
Frauen leisten überwiegend die nicht-bezahlte oder schlecht-bezahlte Arbeit. Hausarbeit und Familienfürsorge verlangen tagtäglich enormen Einsatz, werden aber nicht entlohnt. Millionen von Arbeitsstunden werden von Frauen im häuslichen Bereich verrichtet, wobei viele äußere Bedingungen (z.B. abnehmende landwirtschaftliche Erträge, weitere Wege zum Brennholz) die Last noch vergrößern.
In weiten Teilen Afrikas ist die Nahrungsmittelproduktion die "Domäne" der Frauen, während die Männer sich um jene Landwirtschaftsprodukte kümmern, die Einkommen bedeuten (Marktproduktion). Entsprechend niedrig ist das Fraueneinkommen. Im schlecht-entlohnten "informellen Sektor" der Großstädte sind Frauen überproportional vertreten. Wenn Frauen einer Lohnarbeit nachgehen, sind es meist die am schlechtesten bezahlten Jobs (z.B. als Hausmädchen) oder die Frauen werden zumindest im Vergleich zu ihren männlichen Kollegen deutlich geringer bezahlt (2).
Letzlich ist der Zugang zu Eigentum vielen Frauen völlig versperrt. Dies liegt nicht nur an der Einkommenssituation, sondern auch an rechtlichen Regelungen von Vererbung und Besitzrechten, die in vielen Ländern ausschließlich in der Hand der Männer sind. Nach der UN-Schätzung ist gerade mal 1% des Eigentums in der Hand der Frauen. Der Rest "gehört" den Männern oder öffentlichen Körperschaften.

Anregungen zur Weiterarbeit:
Lassen Sie die Schüler und Schülerinnen erzählen, was für sie eine solche Statistik bedeutet.
Wo zeigen sich Benachteiligungen von Frauen auch in unserer Gesellschaft (Arbeitszeit, Einkommen, Entlohnung, Besitz)? Wie sieht der Arbeitstag von Vätern oder Müttern aus (Befragung mit schriftlichen Protokollen)?
Welche Veränderungen/Maßnahmen sind vorstellbar, dieses Gefälle abzubauen – hier wie in der Dritten Welt?

Quellen:
(1) Zahlenangaben aus dem UN-Bericht zum Internationalen Jahrzehnt der Frau, New York 1985.
(2) Nach UN-Angaben (UN-Report "Die Frauen der Welt" 1990) erhalten berufstätige Frauen im Schnitt 30% bis 40% weniger Lohn als ihre männlichen Kollegen.

Chancen-Gleichheit?

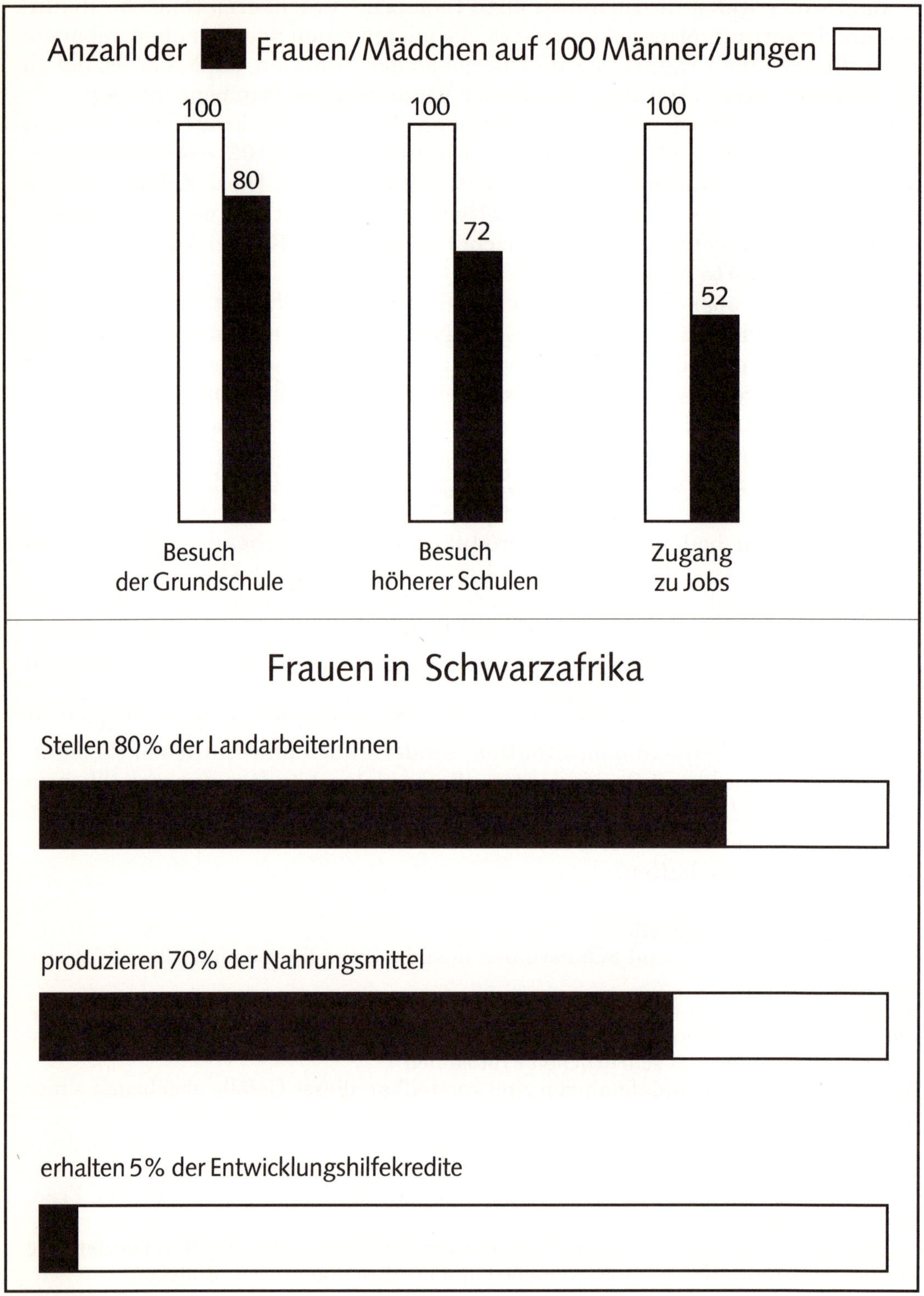

Chancengleichheit?

Frauen werden – aus unterschiedlichen Gründen – in vielen Teilen der Welt benachteiligt. Weder in Industrieländern noch in der Dritten Welt haben Frauen gleiche Einkommens- oder Bildungschancen. Die Diskrepanzen sind aber vor allem in Afrika, Asien und Lateinamerika besonders augenfällig.
Frauen sollen Hausarbeit und Familienfürsorge verrichten oder sich gegebenenfalls um einen ungelernten Job bemühen. Entsprechend diesen Vorstellungen sind die Bildungsanstrengungen vieler Eltern für Mädchen deutlich geringer als für Jungen. Schon beim Besuch der Primarschulen zeigt sich, daß bei den Mädchen nur 80% der Rate, die bei den Jungen eingeschult wird, eine Grundschule besucht (1). Drastischer werden die Unterschiede dann bei der "secondary school"; nur noch 72% des Schulbesuches weiterführender Schulen der Jungen kann für die Mädchen verbucht werden (2).
Wenig verwunderlich ist auch der geringere Zugang von Frauen zu den bezahlten Jobs; weil Mädchen für Haushalt und Familie vorgesehen sind, gehen die Männer in die Jobs, fast doppelt so häufig wie die Frauen (3).
Auf einen anderen Zusammenhang weist eine Studie der UN-Organisation IFAD (4) hin. In Schwarzafrika sind 80% derer, die das Land bewirtschaften, Frauen. Diese erzeugen 70% aller Nahrungsmittel, sind also gerade für die Ernährungslage der Bevölkerung von eminenter Bedeutung. Gleichzeitig ist offensichtlich, daß die Entwicklungshilfe diese Bedeutung noch immer ignoriert. Ganze 5% der Entwicklungshilfekredite, mit denen Kleinbauern oder eben auch Kleinbäuerinnen Unterstützung für die Anschaffung von Saatgut, Dünger, landwirtschaftlichen Geräten etc. zuteil werden soll, gehen an Frauen. Dabei ist offensichtlich, daß die Frauen den wesentlichen Teil der Nahrungsproduktion tragen und daß gerade sie mit landwirtschaftlichen Kleinkrediten effektiv arbeiten würden. Im übrigen berichtet die Studie, daß Frauen Kredite zuverlässiger und pünktlicher zurückzahlen.
Wenn das produktive Potential in der Landwirtschaft entwickelt werden soll, müssen gerade Frauen an diesem Entwicklungsprozeß teilhaben. Eine Kreditpolitik im ländlichen Raum, welche diesen Faktor ignoriert, muß ihr Ziel verfehlen.

Anregungen zur Weiterarbeit:
Diskutieren Sie das Männer-Frauen-Gefälle in der Dritten Welt und lassen Sie die Klasse/Kurs über Ursachen spekulieren.
Ziehen Sie als Vergleich die Lage in der BR Deutschland heran (Anteil der Frauen bei den Abiturienten: 45%; Anteil bei den absolvierten Abschlußprüfungen an den Hochschulen: 37%; Anteil an Erwerbspersonen: 40%).
Welche Gründe sind für die "Frauen-Ignoranz" der Entwicklungshilfe zu vermuten?

Quellen:
(1) Zahlenangaben für den Schulbesuch aus World Development Report 1992, S. 280f.
(2) Auffällig ist, daß in Lateinamerika bei den weiterführenden Schulen die Rate der Mädchen (110%) höher liegt als diejenige der Jungen.
(3) Vergl. Human Development Report 1992, S. 144.
(4) Ergebnisse einer Studie des IFAD (International Fund for Agricultural Development) vom 6.2.92, zitiert nach FR vom 9.2.92.
(5) Zahlenangaben aus Statistisches Jahrbuch 1990 für die BRD.

Frauenalltag in Afrika

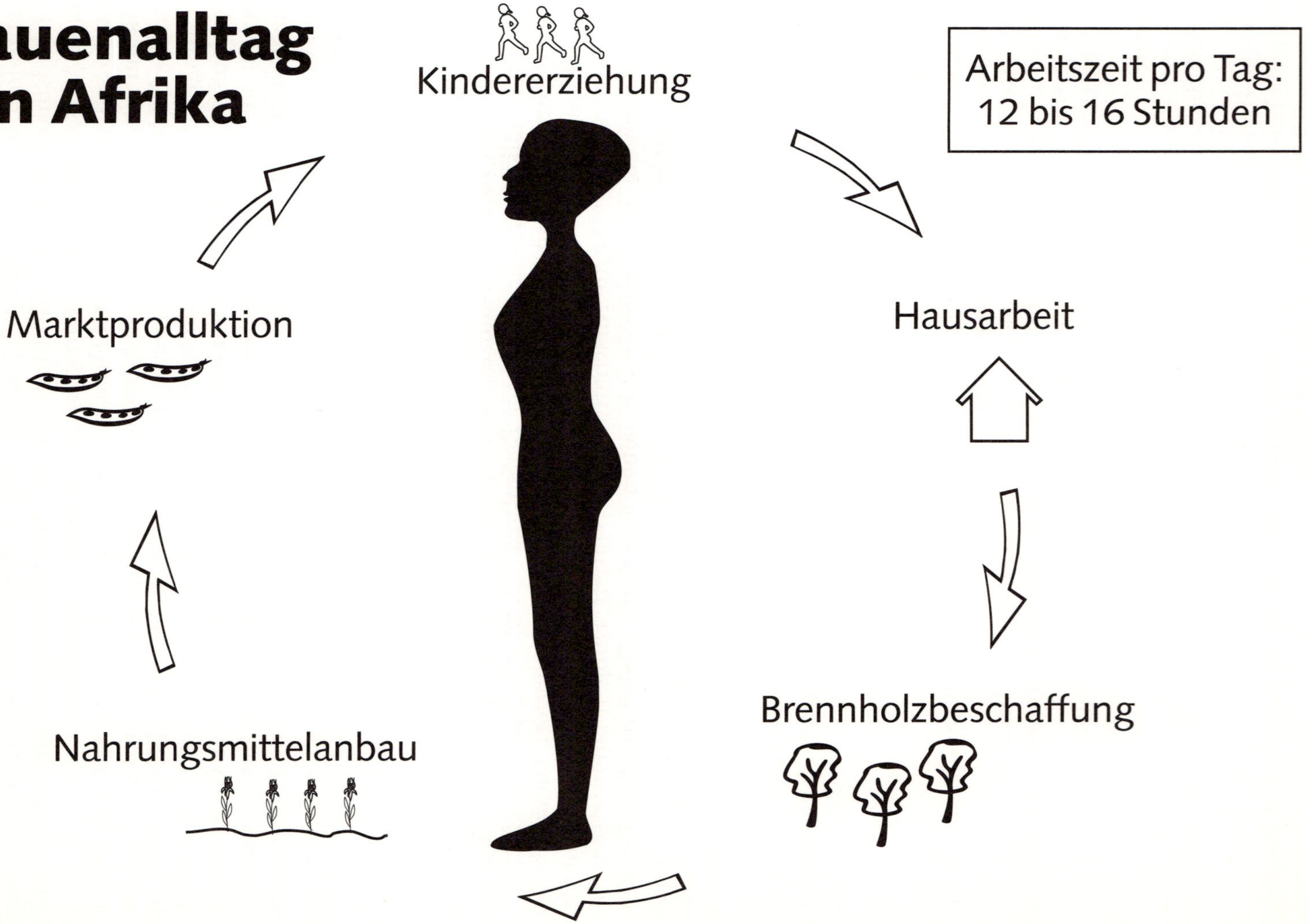

Frauenalltag in Afrika

Das tagtägliche Leben von Frauen unterscheidet sich vielerorts erheblich von demjenigen der Männer. Das Schaubild soll einige zentrale Bereiche deutlich machen, die das Leben von Frauen (am Beispiel des Lebens auf dem Lande in Afrika) (1) ausmachen.
Je nach Tradition, Kulturkreis und Lebensweise kommen den Frauen bestimmte Aufgaben und Verpflichtungen zu, die sie tagtäglich zu erfüllen haben. Dazu gehört – in praktisch allen Kulturkreisen – zunächst die Kindererziehung. Die Sorge für die Kinder, ihre Ernährung, ihre Förderung und ihre Fürsorge, ist Sache der Frauen, die einen erheblichen Aufwand an Zeit und Energie bedeutet. Hinzu kommt die Hausarbeit, die Ernährung der Familie und das Instandhalten von Haus und Hof. Für die Ernährung und das Kochen wiederum ist die Brennholzbeschaffung in weiten Teilen Afrikas ebenfalls Aufgabe der Frauen; angesichts fortschreitender Entwaldung und Desertifikation sind stundenlange Märsche zur Brennholzbeschaffung vielfach keine Seltenheit mehr.
Frauen sind in weiten Teilen Afrikas auch für die Subsistenz, den Nahrungsmittelanbau, zuständig. Das Feld hinter dem Haus dient dem Anbau von Mais, Sorghum, Hirse o.ä. Dies soll die Ernährung der Familie sicherstellen, während die Männer vielfach sich lediglich für die Marktproduktion (Gelderwirtschaftung) zuständig fühlen.
Das Einkommen aus dieser Marktprodukten ist in der Verfügungsgewalt der Männer; nicht selten ist der Anteil dessen, was Frauen und Familie davon erhalten, sehr gering. Männer befriedigen häufig zunächst ihre Konsumwünsche (z.B. Alkohol, einfache Verbrauchsartikel, inputs für die Marktprodukte), bevor sie an wichtige Anschaffungen für die Familie denken.
Der Prototyp der Mutter-Vater-Kinder-Familie ist aber auch in weiten Teilen Afrikas nicht mehr gegeben. Eine wachsende Anzahl von Familien sind "unvollständig", weil die Männer auf der Suche nach einem Job in die Städte gezogen sind (2). Die finanzielle Unterstützung von dort läßt häufig auf sich warten und nicht selten kommen die Männer überhaupt nicht zurück. So übernehmen die Frauen die alleinige Familienfürsorge und auch noch die Marktproduktion, bauen zusätzlich Kaffee an und versuchen, mit diesem Einkommen die notwendigen Ausgaben für Anschaffungen, Medikamente, Schulgeld etc. zu bezahlen.
Unter dem Strich führen diese Belastungen zu einem Arbeitstag von 12 bis 16 Stunden, eine wirklich existentielle Belastung vieler Frauen nicht nur in Afrika.

Anregungen zur Weiterarbeit:
Lassen Sie den Tagesablauf einer afrikanischen Frau mit dem Alltag von Müttern bei uns vergleichen. Welche Gemeinsamkeiten und Unterschiede sind feststellbar?
Als Hintergrundlektüre mit einer recht konkreten Beschreibung des Alltags (nicht nur von Frauen) in Afrika kann das Buch von U. Hoering/Chr. Wichterich: Afrika in den neunziger Jahren (256 S., Lamuv-Verlag 1991. 24.oo DM. Bezug: Buchhandel) empfohlen werden.

Quellen:
(1) Die grob verallgemeinernde Zuordnung des hier skizzierten Alltags von Frauen zu "Afrika", die alle Unterschiedlichkeit innerhalb Afrikas unterschlägt, möge man entschuldigen.
(2) In Kenia sollen mindestens 40% aller kleinbäuerlichen Haushalte von Frauen geführt werden. Vergl. U. Hoering/Chr. Wichterich: Afrika..., a.a.O., S. 108.

Handelsmächte – Handelszwerge

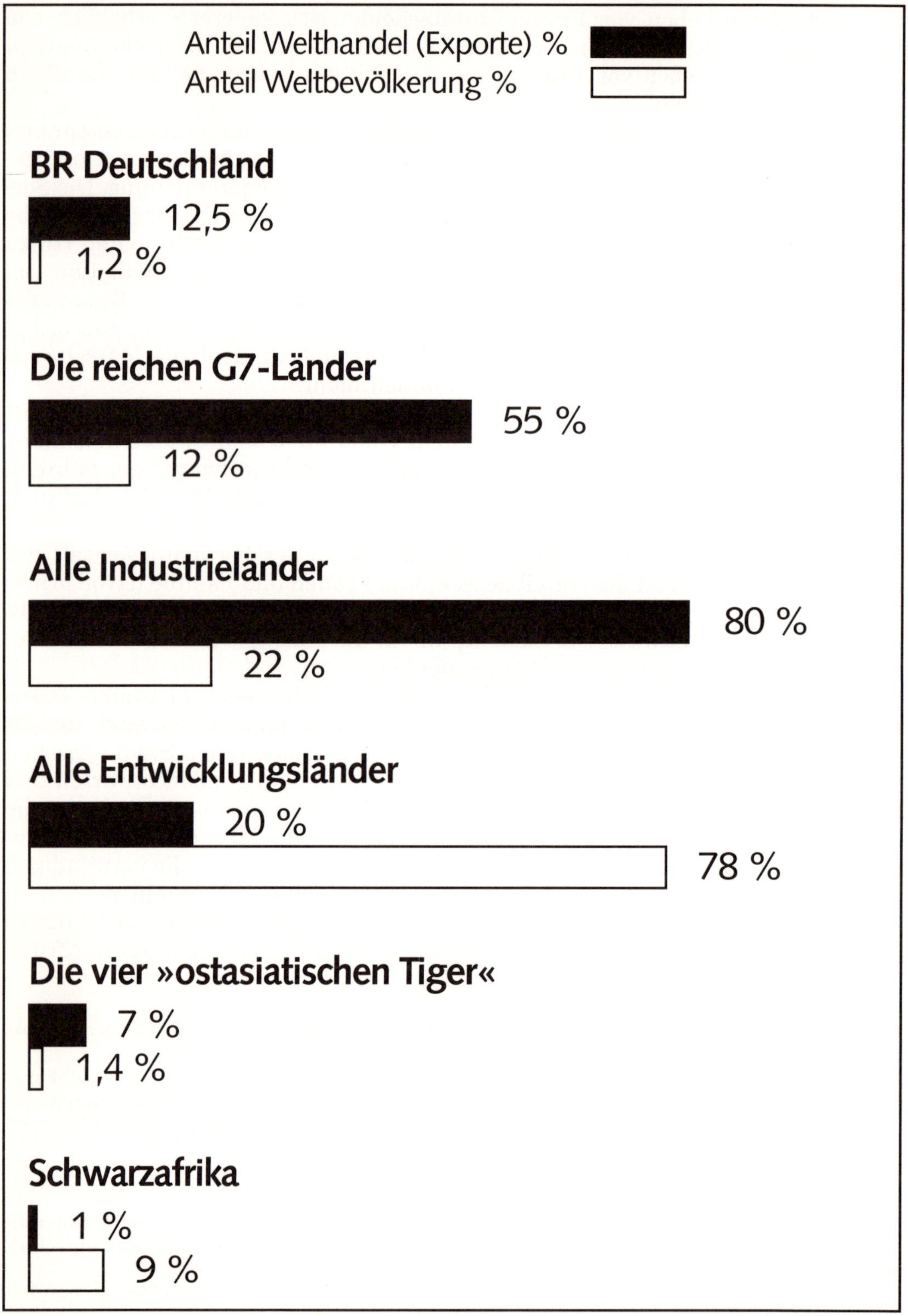

Handelsmächte – Handelszwerge

Der Welthandel ist weithin in der Hand einiger weniger reicher Länder, die einen deutlich überproportionalen Anteil daran innehaben. Diesen Anteil konnten sie in den letzten Jahren sogar noch steigern (1980 ca. 74%; 1990: ca. 80%) (1). Dagegen ist der Anteil der Länder des Südens am Welthandel extrem gering, vor allem wenn man diesen in Beziehung setzt zu ihrer Bevölkerungsgröße.

Auffällig ist, daß auch innerhalb dieser Ländergruppen es erneut einige wenige Staaten sind, die den "Löwenanteil" am Welthandel unter sich ausmachen. Bei den Industrienationen sind es vor allem die G7-Länder (jene Gruppe der "führenden Industrieländer", die sich regelmäßig zum Weltwirtschaftsgipfel trifft und der die USA, Canada, Japan, Deutschland, Frankreich, England und Italien angehören), die 55% aller Exporte auf sich vereinigen, aber nur 12% der Weltbevölkerung stellen (2).

Im Bereich der Dritten Welt sind es wiederum einige wenige Schwellenländer, die bei den Exporten erfolgreich sind, während die relativen Handelsanteile der meisten Länder stagnieren oder sogar rückläufig sind. Die vielzitierten "ostasiatischen Tiger" (Südkorea, Taiwan, Singapur, Hongkong) kontrollieren immerhin 7% der Weltexporte (Bevölkerungsanteile: 1,4% der Weltbevölkerung). In ganz Schwarzafrika, wo mehr als 6mal soviele Menschen leben, kommt man dagegen gerade auf rund 1% der Exporte.

Der Welthandel ist eine weithin exclusive Veranstaltung der reichen Länder, an der die vielen Länder des Südens lediglich als Zaungäste mitwirken.

Anregungen zur Weiterarbeit:

Diskutieren Sie mögliche Ursachen für diese Randposition vieler Entwicklungsländer. Welche Dynamik (Anteil Industriewaren an den Exporten, Industrialisierungsgrad, Kaufkraft der Märkte, Rohstoffpreisverfall etc.) könnte dafür verantwortlich sein?

Quellen:

(1) Bei den Angaben über den Gesamtanteil der Entwicklungsländer am Welthandel gibt es wegen der unterschiedlichen Erfassung eine geringfügige Differenz zwischen Weltbank und unctad (80% statt 78%) (Vergl. Schaubild "Entwicklungsländer = Rohstoffländer ?").

(2) Alle Zahlenangaben beziehen sich auf 1990 und sind dem World Development Report 1992 der Weltbank entnommen. Bei der BRD ist das alte Bundesgebiet (vor der Vereinigung) erfasst.

Handelspartner Dritte Welt

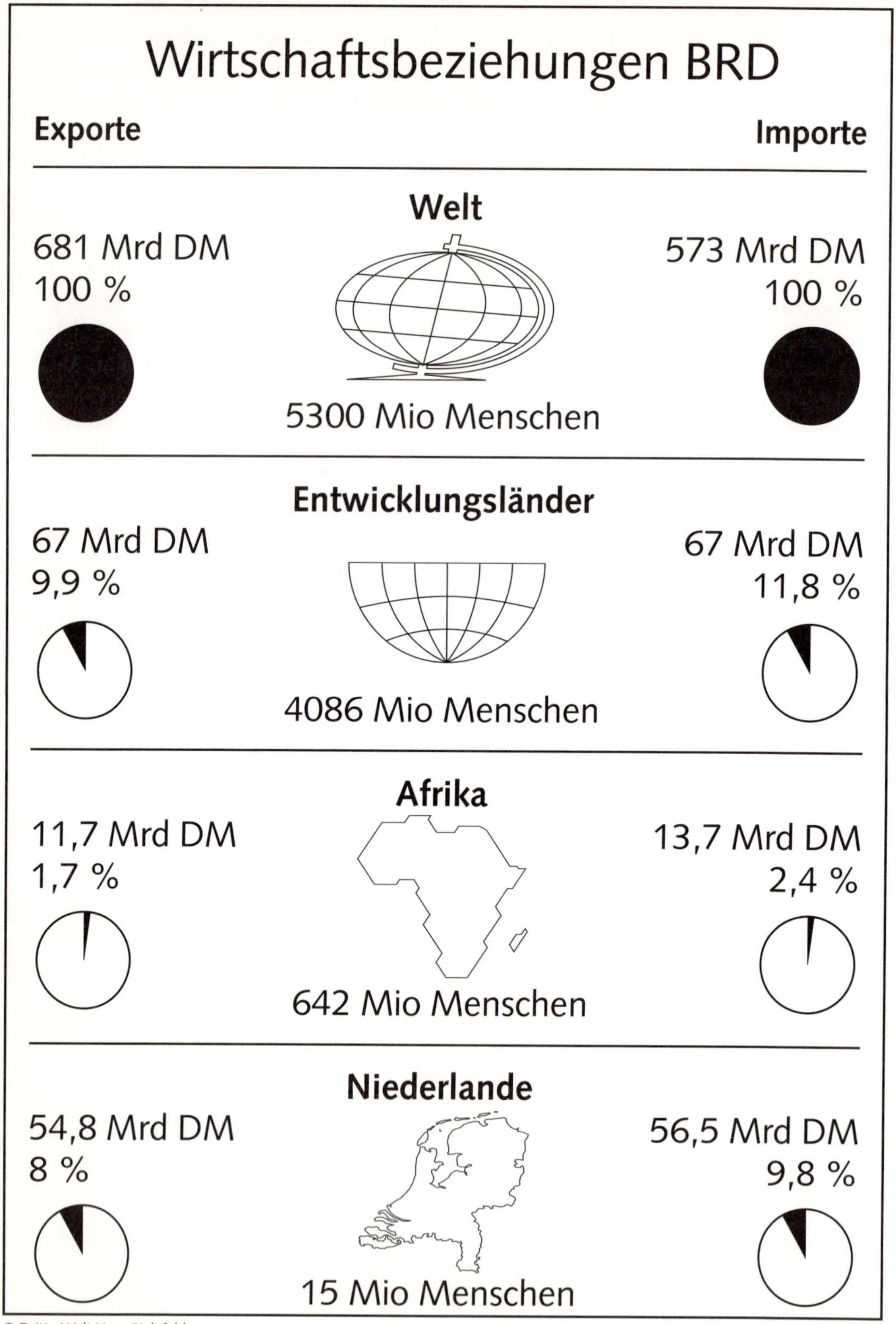

Handelspartner Dritte Welt

Der weitaus überwiegende Teil des Welthandels wird innerhalb der reichen Industrienationen abgewickelt. Dies zeigt sich deutlich auch und gerade in der Außenhandelsbilanz der Bundesrepublik Deutschland. Der Exportriese BR Deutschland führte 1990 weniger als 10% seiner Waren in die Länder der Dritten Welt aus, wo 3/4 der Menschheit leben. Bei den Importen (z.B. Erdöl, Ölsaaten und Nahrungsfette, Kaffee, sonstige Nahrungsmittel, Kupfer und Erze) waren es 11,8%, die aus den "Entwicklungsländern" kamen.
Noch krasser ist diese "Marginalisierung" für den afrikanischen Kontinent auszumachen. Die 642 Millionen AfrikanerInnen (immerhin gut 12% der Weltbevölkerung) sind mit weniger als 2% in der deutschen Exportstatistik aufgeführt; Afrika unter "ferner liefen", ein ganzer Kontinent eine wirtschaftliche Restgröße, ökonomisch zu vernachlässigen. Der deutsche Außenhandel mit den 15 Mio. Holländern (2,3% der afrikanischen Bevölkerung) ist fast 5mal so groß, erreicht fast das Handelsvolumen mit der gesamten "Dritten Welt".
Manche folgern daraus, große Teile der "Dritten Welt" seien längst aus der Weltwirtschaft abgekoppelt, fast drei Viertel der Menschheit weltwirtschaftlich ohne Bedeutung.

Anregungen zur Weiterarbeit:
Diskutieren Sie mit den SchülerInnen (Oberstufe) mögliche Gründe für diese marginale weltwirtschaftliche Position der Entwicklungsländer (z.B. Produktivitätsentwicklung, rückläufige Bedeutung und Überangebot an Rohstoffen, Industrialisierungshindernisse).
"Unser Reichtum beruht auf der Ausbeutung der Dritten Welt"; inwieweit wird durch die hier vorgestellten Zahlen eine solche Behauptung fragwürdig?
Beachten Sie die Ungleichgewichte im Außenhandel. Ein Promille in der deutschen Importstatistik kann für ein Entwicklungsland die Hälfte aller Ausfuhren bedeuten und überragende Bedeutung haben.

Quellen:
Die Angaben zum Außenhandel der BRD (incl. neue Bundesländer) beziehen sich auf 1990 und sind der Veröffentlichung des Statistischen Bundesamtes, Reihe 1, Fachserie 7, Außenhandel Dezember 1990, Stuttgart 1991 entnommen. Die Bevölkerungszahlen stammen aus dem UNFPA Weltbevölkerungsbericht 1992.
Die (vorläufigen) Außenhandelszahlen der BRD für 1991 weichen in den Prozentzahlen kaum von den Ziffern des Jahres 1990 ab. Im Jahre 1980 lag der Anteil der ELs an den deutschen Exporten noch bei ca. 15% (Bei den Importen waren es ca. 20%).

Tausche Kaffee gegen Lokomotive

1 Lokomotive aus der Schweiz

kostete die Entwicklungsländer:

1980:

12910

Sack Kaffee

1990:

45800

Sack Kaffee

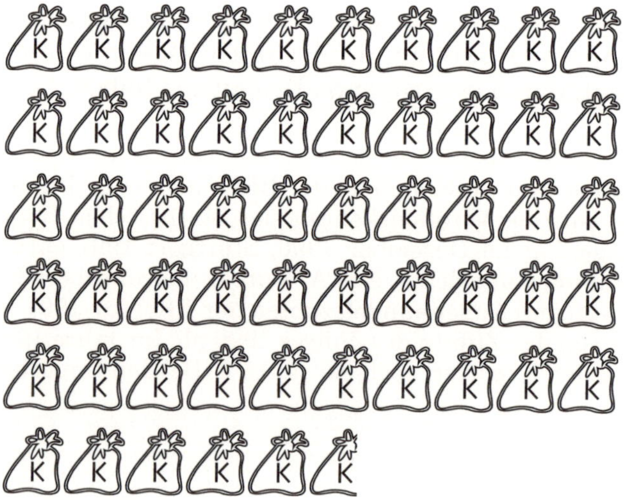

Tausche Kaffee gegen Lokomotive

Die weltwirtschaftliche Situation hat sich für viele Entwicklungsländer in den 80er Jahren verschlechtert. Während die Preise für viele agrarische Rohstoffe sanken, mußten für eingeführte Industriewaren aus den Ländern des Nordens steigende Preise bezahlt werden.
Am Beispiel des Kaffees lassen sich diese "fallenden terms of trade" verdeutlichen. Kaffee-exportierende Entwicklungsländer mußten 1980 für eine Lokomotive (aus der Schweiz) 12910 Sack Kaffee (á 60 kg) exportieren, um diesen Import bezahlen zu können (1). 10 Jahre später mußten sie für eine ähnliche Lokomotive die mehr als dreieinhalbfache Menge ausführen, nämlich 45800 Sack Kaffee.
Die hier aufgezeigte Verschlechterung der terms of trade resultiert sowohl aus dem Verfall des Kaffeepreises (1980: 3,3 $/kg; 1990: 1,6 $/kg) als auch aus einem deutlichen Anstieg der Kosten für eine Schweizer Lokomotive. Außerdem haben sich die Währungsparitäten vieler europäischer Währungen zuungunsten des Dollars verschoben, so daß auch von daher die in Dollar bezahlenden Entwicklungsländer benachteiligt sind.
Ob es insgesamt für die Entwicklungsländer betreffend die Gesamtheit ihrer Exporte auch langfristig eine Verschlechterung der terms of trade gegeben hat, ist umstritten. Die auf diesem Schaubild dargestellte Verschlechterung des Verhältnisses von Exporterlösen und Importpreisen ("Waren-terms of trade" oder "Commodity terms of trade") hat gerade in den 80er Jahren viele Entwicklungsländer negativ betroffen. Die Weltbank konstatiert auch langfristig ((1965 bis 1990) eine Verschlechterung dieser "Waren terms of trade", hat aber andererseits errechnet, daß die Entwicklungsländer insgesamt ihr Exportvolumen deutlich erhöhen konnten, so daß sie heute trotz des ungünstigeren Warenaustausches (Exportindex vs. Importindex) mehr Güter importieren können als früher (2). Die "Income terms of trade" haben sich also laut Weltbank verbessert, wenn auch nicht in den 80er Jahren.
Umstritten ist nicht nur die Behauptung von der "säkularen Verschlechterung der terms of trade" (Prebisch 1950) selbst, sondern auch die Schlußfolgerung daraus. Auch Japan war - zumindest zeitweise - von einer tot-Verschlechterung betroffen, hat aber durch Produktivitätsfortschritte diese Verluste überkompensieren können. Negative terms of trade müssen also nicht notwendig zum ökonomischen Niedergang führen, wenn gleichzeitig – und dies dürfte entscheidend sein – eine Verbesserung der Produktivität und eine Diversifizierung der Exportgüter erreicht werden.

Anregungen zur Weiterarbeit:
Diskutieren Sie mit Ihren SchülerInnen (ab Klasse 12) vermutliche Gründe, warum Lokomotiven teurer und Kaffee billiger geworden ist (Marktsättigung, Überangebot, Produktivitätsfortschritte). Welche Ausweichmöglichkeiten haben Entwicklungsländer, die Kaffee, Tee, Kakao oder Bananen ausführen?

Quellen:
(1) Aufstellung und Berechnung (Schweizer Lokomotive und Kaffeeimporte) von R. Gerster, veröffentlicht in HEKS (Schweiz 1992).
(2) Vergl. Weltentwicklungsbericht 1991, S. 127.

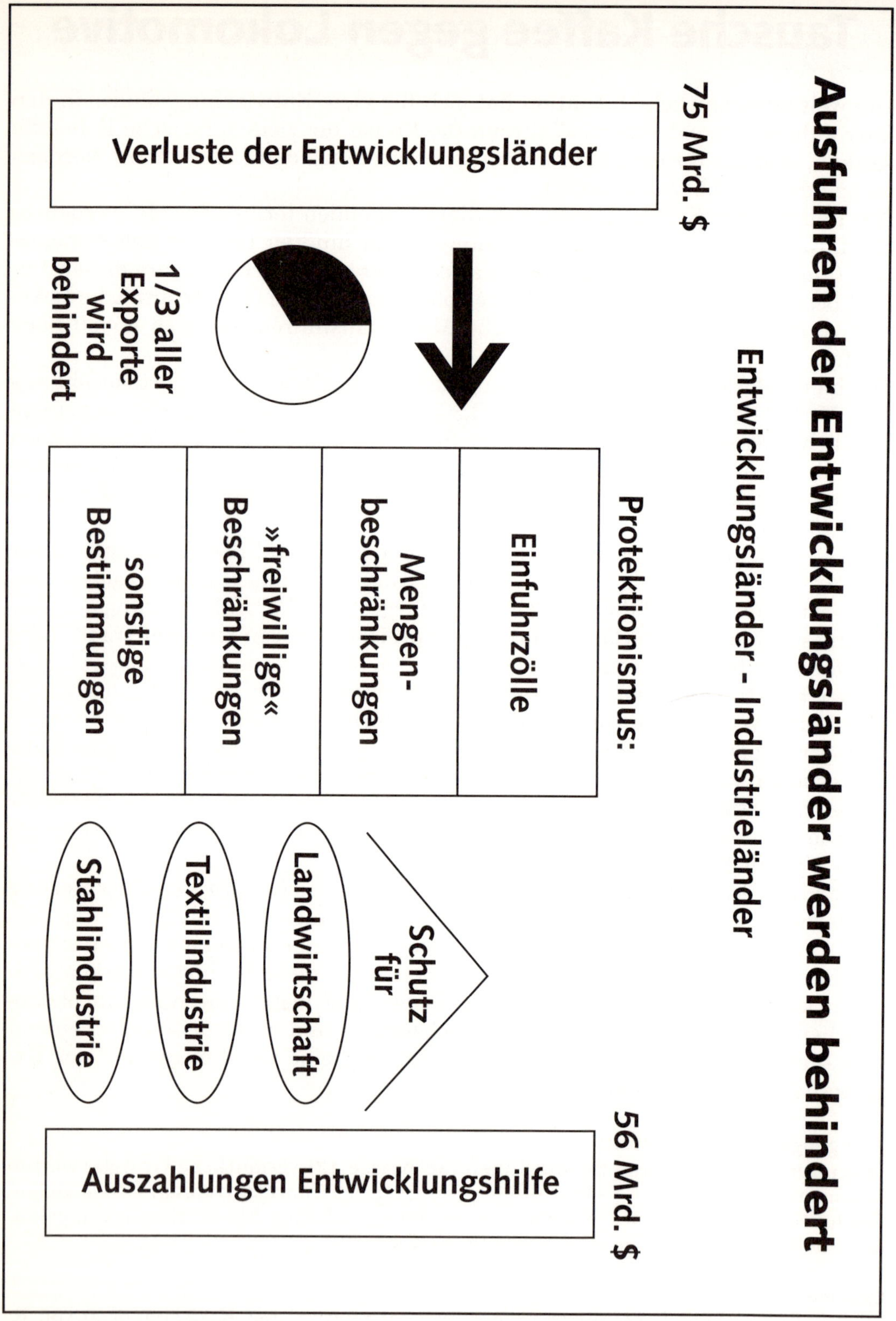
Ausfuhren der Entwicklungsländer werden behindert
Entwicklungsländer - Industrieländer
75 Mrd. $
Verluste der Entwicklungsländer
1/3 aller Exporte wird behindert
Protektionismus:
Einfuhrzölle
Mengen-beschränkungen
»freiwillige« Beschränkungen
sonstige Bestimmungen
Schutz für
Landwirtschaft
Textilindustrie
Stahlindustrie
56 Mrd. $
Auszahlungen Entwicklungshilfe

Ausfuhren der Entwicklungsländer werden behindert

Auch wenn der Anteil der Dritten Welt am weltweiten Aussenhandel relativ gering ist, so wird er dennoch massiv behindert in den Bereichen, in denen Dritte Welt Länder mit kostengünstigeren Produkten Konkurrenz für Sektoren in den Industrienationen darstellen. Dieser Protektionismus soll vor allem "sensible Bereiche" wie unsere Landwirtschaft, unsere Textil- und Bekleidungsindustrie, Stahlbranche und Werftenindustrie vor der ausländischen Konkurrenz schützen. Zu diesem Zweck existieren eine Reihe von Maßnahmen:
Einfuhrzölle, die umso höher sind, je stärker die Produkte weiterverarbeitet wurden. Diese "Zolleskalation" verhindert, daß in der Dritten Welt weiterverarbeitet wird, daß dort Wertschöpfung und Beschäftigung stattfinden (Rohbaumwolle statt Textilien, Kakao statt Schokolade).
Mengenbegrenzungen: Eine Reihe von Abkommen regulieren die Menge der Importe aus der Dritten Welt (z.B. das "Multi-Faser-Abkommen" die Menge der Textilien), sorgen dafür, daß nicht zu viele konkurrierende Produkte die Märkte der Industrieländer erreichen.
'Freiwillige Beschränkungen", in denen sich Länder "freiwillig" bereit erklären, nur noch eine bestimmte Menge zu exportieren (z.B. das Futtermittel Tapioka aus Thailand).
Sonstige Bestimmungen z.B. über qualitative Standards, Verpackungsvorschriften, Anti Dumping-Verfahren, auf die sich die Industrieländer beziehen (können), um Importe zu behindern oder zu verhindern.
In Hunderten von Vorschriften gibt es derartige Exporteinschränkungen, die insgesamt mindestens 1/3 aller Importe aus der Dritten Welt betreffen (1). Dadurch entstehen den Entwicklungsländern jährlich Verluste in Höhe von mindestens 75 Mrd. $ (2). Diese Summe ist höher als die gesamte Entwicklungshilfe von 56 Mrd. $ (3). Ein Abbau dieses Protektionismus, der ja auch den vielbeschworenen Prinzipien der freien Marktwirtschaft entspräche, wäre also ökonomisch bedeutender als alle Entwicklungshilfe, zumindest für eine bestimmte Gruppe von Entwicklungsländern. Doch es spricht vieles dafür, daß der Freihandel weiter eingeschränkt werden soll. Viele Forscher befürchten, daß z.B. durch den EG-Binnenmarkt derartige protektionistische Maßnahmen zunehmen werden (4).

Anregungen zur Weiterarbeit: Machen Sie den Zielkonflikt Protektionismus vs. Freihandel, einheimische Industrie vs. Dritte Welt an Beispielen (Rollenspiel) deutlich. Woraus könnte man die Berechtigung ableiten, einheimische Wirtschaftsbereiche vor ausländischer Konkurrenz zu schützen? Was kann dagegen Freihandel bewirken? Welche Position müßte ein Exportland wie die BR Deutschland einnehmen, welche "Strukturanpassung" ist hier gefragt?

Quellen:
(1) Angaben aus UNDP: Human Development Report 1992, S. 62ff.
(2) Diese Summe wurde von der Weltbank errechnet. Vergl. dazu auch: Weltbank Jahresbericht 1991, S. 38.
(3) OECD-Angabe für öffentliche Entwicklungshilfe 1990.
(4) Vergl. Studie des DIE über die Auswirkungen des EG-Binnenmarktes oder die (z.Zt. diskutierten) protektionistischen Maßnahmen gegen die "Dollar-Bananen", um die karibischen/spanischen Bananen zu schützen.

Neue internationale Arbeitsteilung

Beispiel Schuhherstellung

Lohnkosten für ein Paar Schuhe

2,96 DM
Entwicklungsländer

3,89 DM
asiatische Schwellenländer (Südkorea, Singapur, Hongkong, Taiwan, China)

11,79 DM
Industrieländer

Materialkosten für ein Paar Schuhe

30,45 DM
Entwicklungsländer

24,86 DM
asiatische Schwellenländer

29,09 DM
Industrieländer

Gesamtkosten für ein Paar Schuhe

35,20 DM
Entwicklungsländer

30,40 DM
asiatische Schwellenländer

43,04 DM
Industrieländer

Neue internationale Arbeitsteilung

Die Verlagerung arbeitsintensiver Industriesektoren (vor allem Textil, Bekleidung, Schuhe, Leder, Spielwaren) aus den Industrieländer in Staaten des Südens galt lange Zeit als mögliche Chance der Dritten Welt, zusätzliche Produktion anzulokken, Arbeitsplätze zu schaffen und neue Welthandelsanteile zu gewinnen. Tatsächlich aber haben sich die diesbezüglichen Hoffnungen weitgehend nicht erfüllt. Es ist nicht zu einer massiven Auslagerung industrieller Arbeitsplätze gekommen; da, wo dies geschehen ist, haben vornehmlich einige wenige Schwellenländer davon profitiert, weil sie durch ihren technologischen Entwicklungsstand und die relativ billige Arbeitskraft insgesamt am günstigsten produzieren können.
Eine Untersuchung am Beispiel der Schuhfabrikation soll diesen Trend in der Internationalen Arbeitsteilung verdeutlichen (1). Ein wesentlicher Faktor (u.a.) für die Wahl der Industriestandorte sind zunächst die Lohnkosten der lokalen Arbeitskraft. Hier zeigt es sich, daß die Entwicklungsländer (mit 2.96 DM Lohnkosten für ein Paar Schuhe) deutliche Kostenvorteile haben vor den asiatischen Schwellenländern (Südkorea, Singapur, Hongkong und Taiwan, das in China mittlerweile Produktionsanlagen errichtet hat), die auf einen Betrag von 3.89 DM kommen (2).Die Industrieländer liegen mit 11.79 DM pro Paar deutlich darüber.
Diese "komperativen Kostenvorteile" der Entwicklungsländer werden allerdings wieder zunichte gemacht durch den unzureichenden Stand der technischen Fertigung. Dieser verursacht relativ hohe Materialkosten (30.54 DM pro Paar) im Vergleich zu den asiatischen Schwellenländern (24.86 DM) und zu den Industrieländern (29.09 DM), die beide auf höherem technischen Niveau effektiv und sparsam produzieren.
Im Endergebnis können die ostasiatischen Schwellenländer die Schuhe am billigsten produzieren (30.40 DM), weil sie modernste Fertigung mit relativ billiger Arbeitskraft kombinieren. Tatsächlich haben die genannten Schwellenländer mittlerweile auch einen erheblichen Teil des Schuhe-Weltmarktes in der Hand. Die Industrieländer sind da deutlich teurer (43.04 DM), bedienen aber zumindest noch teilweise ihre eigenen Märkte. Schwierig ist die Situation vor allem für die Entwicklungsländer, die nicht zu den "newly industrialized countries" gehören, also nicht über modernste Technologien und Produktionsverfahren verfügen. Ihre relative Stellung auf dem Weltmarkt ist trotz der konkurrenzlos billigen Arbeitskraft schwach, weil die Kostenersparnis durch produktive Verbesserungen in der Fertigungstechnologie von ihnen nicht genutzt werden kann.
So ist die "Neue Internationale Arbeitsteilung" weitgehend eine Verschiebung zwischen den Habenden geblieben, zu denen auch einige Newcomer/Schwellenländer gestoßen sind. Billige Arbeitskraft ist das einzige, was die Entwicklungsländer diesbezüglich anbieten können; diese aber ist nur ein Kostenfaktor, dessen Bedeutung angesichts rasanter technischer Entwicklungen (z.B. automatische Fertigung im Textil- und Bekleidungsbereich) eher abnimmt.

Quellen:

(1) Untersuchung von Mody u.a. 1991, zitiert nach: Weltbank, Global Economic Prospects and the Developing Countries, Washington 1992.
(2) Dollarumrechnung: 1 $ = 1.60 DM.

Entwicklungsländer = Rohstoffländer?

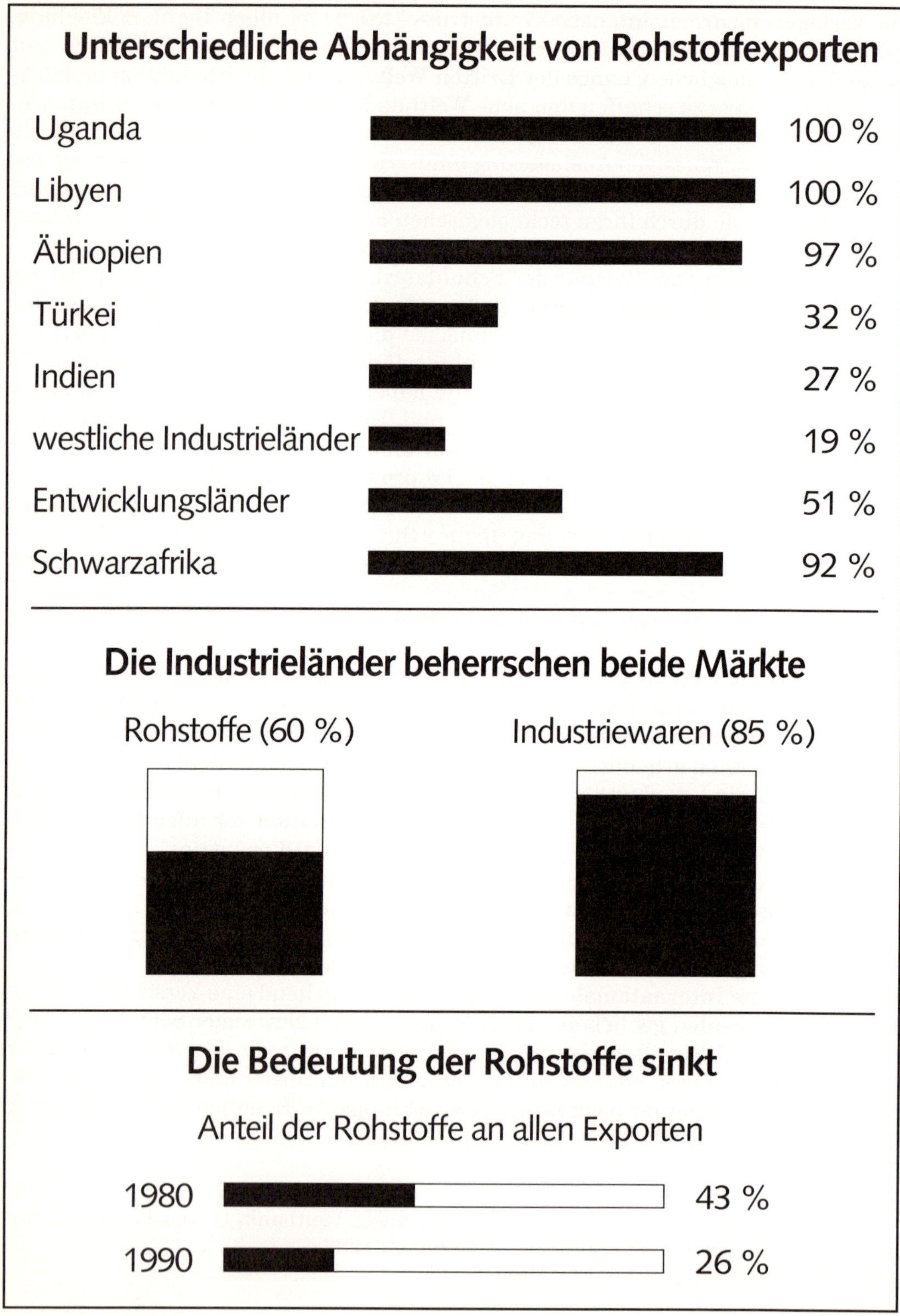

Entwicklungsländer = Rohstoffländer?

Die klassische Arbeitsteilung aus der Kolonialzeit, in der die Länder der Dritten Welt Kolonialwaren (agrarische und mineralische Rohstoffe) in die "Mutterländer" zu liefern hatten, während sie gleichzeitig Industrieprodukte aus Europa bezogen, hat heute nur noch teilweise Bestand. Zwar sind auch heute noch viele, gerade die ärmsten Entwicklungsländer bei ihren Exporten fast vollständig auf Rohstoffe ausgerichtet; andere Länder (nicht nur die "Schwellenländer") konnten dagegen ihre Industrieausfuhren erheblich steigern.
Die Unterschiede im einzelnen sind erheblich: Während z.B. die Exporte aus Uganda (vorwiegend Kaffee) oder Libyen (Erdöl) zu 100% aus Rohstoffen bestehen, ist der Rohstoffanteil bei anderen Ökonomien deutlich gefallen (Indiens Exporte bestehen z.B. nur noch zu 27% aus Rohstoffen).
Insgesamt aber ist der Export der Entwicklungsländer (51%) deutlich mehr von agrarischen oder mineralischen Rohstoffen geprägt als die Ausfuhr der "Industrieländer" (19%) – und gerade Schwarzafrika ist fast vollständig auf schwankende und überwiegend in der Tendenz fallende Rohstoffpreise angewiesen (1). Der Anteil der Industrieländer ist heute sowohl im Bereich der Industrieausfuhren als auch bei den Rohstoffexporten größer als der Anteil der Dritten Welt, denn die Zuwachsraten der letzten Jahre gingen auch im Rohstoffbereich (Nahrungsmittel, mineralische Rohstoffe) auf das Konto des Nordens (2). Der Norden beherrscht beide Märkte und den Welthandel insgesamt (1990: Anteil 78%; 1980: 72%). Von den Zuwächsen bei den Industrieexporten profitieren – soweit sie die Dritte Welt betreffen – übrigens weitgehend einige wenige Schwellenländer.
Die langfristigen Prognosen sind eher düster für die Rohstoffexporteure, weil die Märkte für viele Rohstoffe weitgehend gesättigt erscheinen, weil moderne Technologie zu deutlichen Rohstoffersparnissen (etwa im Fahrzeugbau) geführt hat, weil der Recycling-Anteil zunimmt oder weil manche Rohstoffe (z.B. Zukker) heute und in Zukunft synthetisch (biotechnologisch) hergestellt werden. Rein wertmäßig haben heute (1990) die Rohstoffe nur noch einen Anteil von 26% am Welthandel (Exporte); 1980 waren es noch 43% (3).

Anregungen zur Weiterarbeit:
Präsentieren Sie einige Rohstoffe aus der Dritten Welt in kleinen Schüsseln und lassen Sie die SchülerInnen in Kleingruppen raten, um was es sich handelt und aus welchem Land der Rohstoff möglicherweise kommt. Beispiele hierfür wären: Kaffee, Tee, Bananen, Pfeffer, Curry, Baumwolle, Tropenholz, Kupfer, Zinn, Benzin, Tapioka (Futtermittel) etc. Diese Stoffe (Rohprodukt oder auch verarbeitet) müssen vorher besorgt werden, was z.T. etwas aufwendiger sein kann.

Quellen:
(1) Zahlenangaben aus World Development Report 1992 der Weltbank.
Sie beziehen sich auf 1990.
(2) Berechnungen nach unctad: Trade and Development Report 1991.
(3) ebenda.

Rohstoffpreise

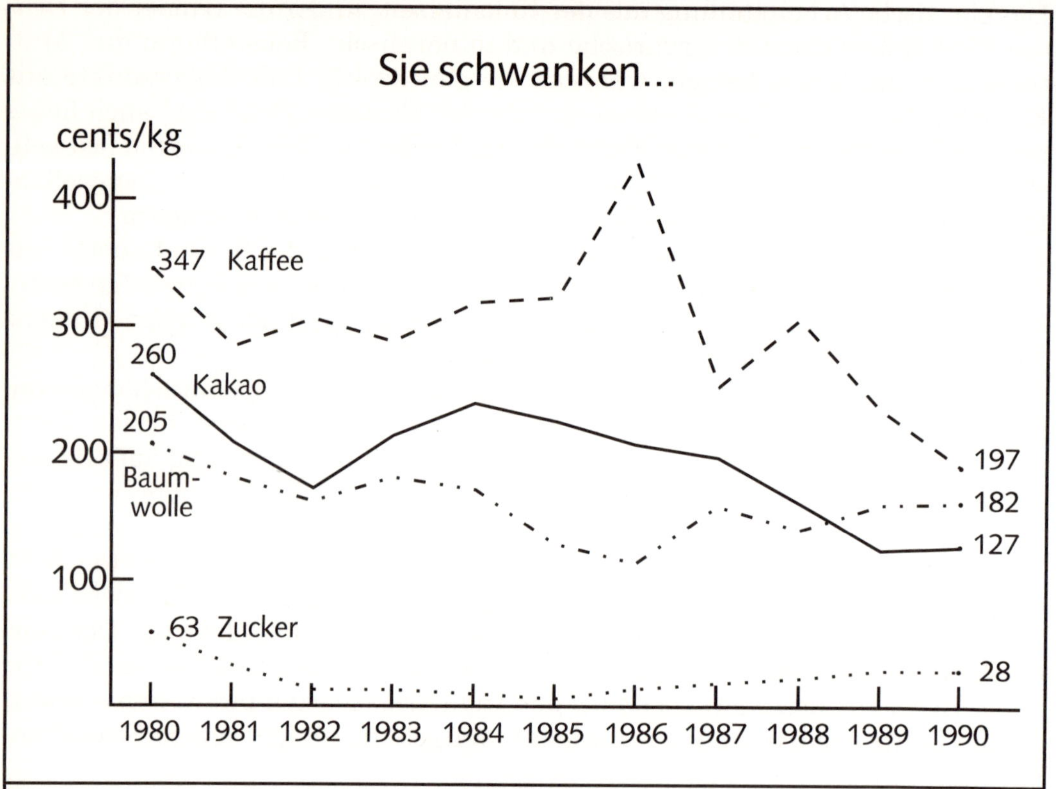

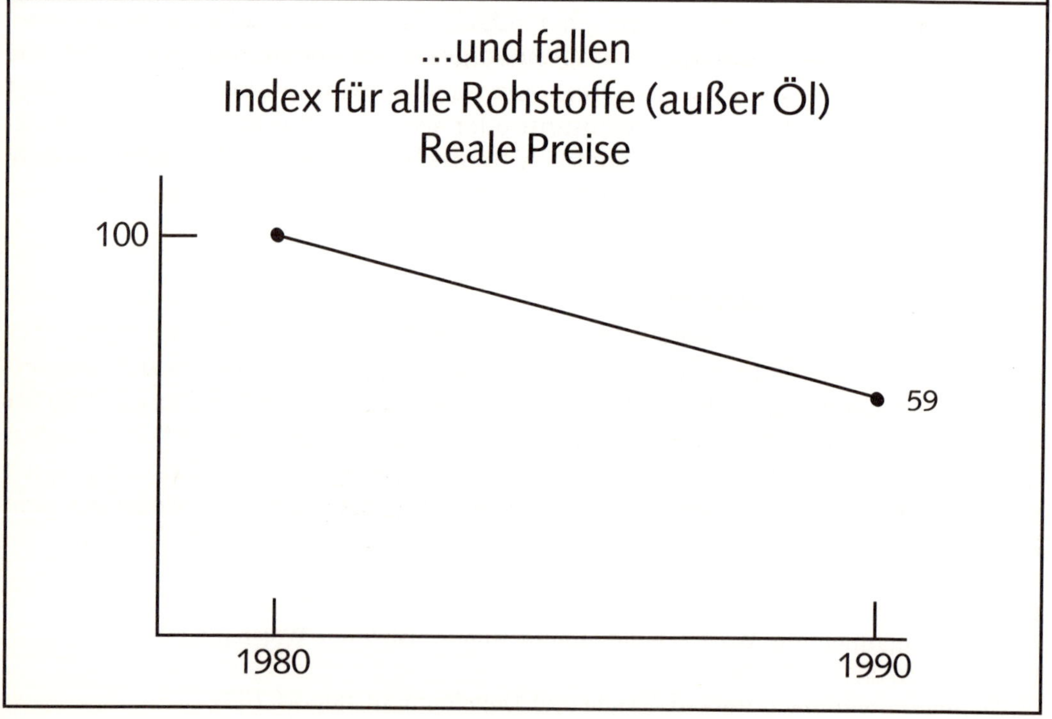

Rohstoffpreise

Viele, gerade die ärmsten Entwicklungsländer sind bei ihren Exporteinnahmen fast völlig auf den Rohstoffverkauf angewiesen. Doch die Rohstoffpreise haben sich in den letzten Jahren (1980 bis 1990) weitgehend nach unten bewegt. Auch die weiteren Perspektiven sind nicht gerade günstig. Außerdem sind angesichts extrem schwankender Weltmarktpreise die Einnahmen aus dem Rohstoffexport kaum vorhersehbar und einplanbar, ein weiteres Handikap für die "Rohstoffländer".

Gerade das Jahrzehnt 1980 bis 1990 war in besonders starkem Maße von schwankenden und fallenden Rohstoffpreisen bestimmt. Bei wichtigen agrarischen Rohstoffen (wie Kaffee, Kakao, Baumwolle oder Zucker) sind Schwankungen von 100% bis 300% keine Seltenheit (1). Wichtigster Grund hierfür ist die weitgehende Sättigung vieler Rohstoffmärkte, die bei besseren Ernten oder beim Verkauf von Lagerbeständen sofort ein Überangebot und damit einen Preissturz zur Folge hat. Spekulationen und ausstehende internationale Abkommen (Kaffee-Abkommen; GATT-Vereinbarung bezüglich Zucker) tun ihr Übriges, den schwankenden Kurs zu verstärken. Für die volkswirtschaftlichen Planungsmöglichkeiten vieler Entwicklungsländer bedeutet dies, daß wesentliche Planungsgrößen völlig unbestimmt sind und von daher nur sehr vage außenwirtschaftliche Zielvorgaben angegangen werden können.

Die 80er Jahre waren aber auch das Jahrzehnt drastisch gefallener Rohstoffpreise. Nach Berechnungen der Weltbank sind die realen (konstanter Dollar-Index) Rohstoffpreise (ohne Erdöl) in diesem Jahrzehnt um ca. 40% gesunken, auf den niedrigsten Stand nach dem zweiten Weltkrieg (2). Auch die weiteren Perspektiven – zumindest für eine dauerhafte Erholung – werden allgemein kritisch beurteilt.

Die negative Entwicklung der Rohstoffpreise unterstreicht die Notwendigkeit, durch internationale Vereinbarungen zur Preisstabilisierung beizutragen und gerade den ärmsten Ländern Kompensationen für Erlösausfälle anzubieten. Weil auch langfristig die Nachfrage bei vielen Rohstoffen (Überangebot, Substitution durch Biotechnologien, rohstoffsparende Technologien etc.) eher stagnierend sein wird, gehört die alte Forderung nach Hilfen für eine ökonomische Diversifizierung der Entwicklungsländer (weg von der einseitigen Rohstoffabhängigkeit) weiterhin auf die politische Tagesordnung.

Anregungen zur Weiterarbeit:
Diskutieren Sie in der Klasse/Kurs die Gründe für die einseitige Rohstoffabhängigkeit vieler Entwicklungsländer (vor allem Kolonialismus). Was macht es für die meisten, gerade für die ärmeren Dritte Welt-Länder schwierig, ihre Ökonomie zu diversifizieren?
Eine Unterrichtsreihe "Rohstoffe" (Zielgruppe: Oberstufe) kann zur Vertiefung des Themas herangezogen werden (48 S., Explizit-Verlag, Unkel 1992; Preis: 12.- DM. Bezug: Buchhandel).

Quellen:
(1) Vergl. Weltbank: Global Economic Prospects and the Developing Countries 1992, S. 63.
(2) Ebenda, S. 9.

Wie Rohstoffpreise stabilisieren?

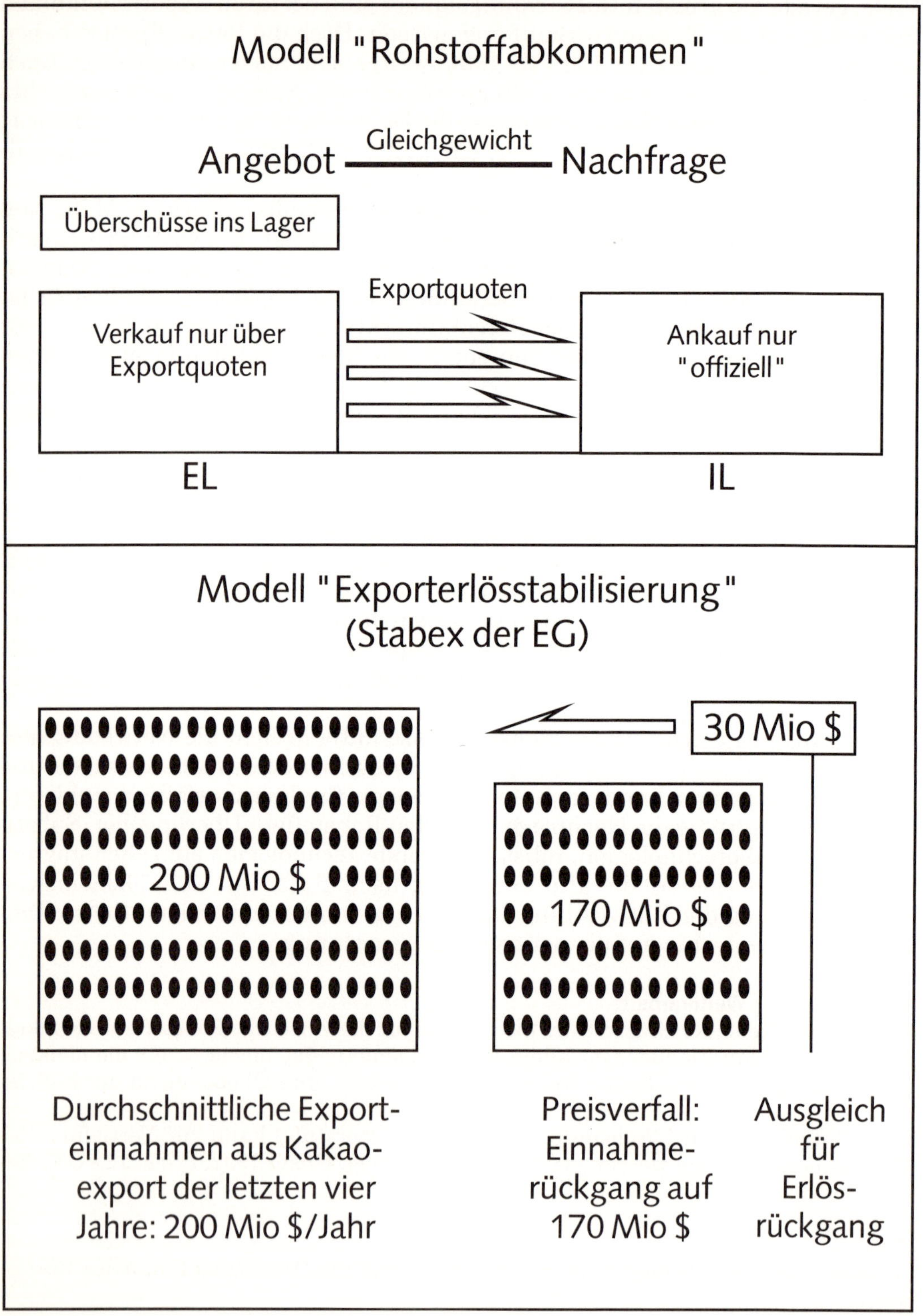

Wie Rohstoffpreise stabilisieren?

Der zumindest zeitweilige Verfall (80er Jahre) der Rohstoffpreise bei gleichzeitig großer Abhängigkeit vieler Dritte Welt Länder von den Rohstoffexporterlösen hat schon seit vielen Jahren die Forderung laut werden lassen, durch internationale Maßnahmen zu einer Stabilisierung der Rohstoffpreise beizutragen.
Zwei "Modelle" für eine solche Regelung sollen hier idealtypisch vorgestellt werden.
Das "Modell Rohstoffabkommen" soll durch bestimmte Maßnahmen ein Gleichgewicht zwischen Angebot und Nachfrage erreichen und dadurch zu einer Preisstabilisierung beitragen. Das Kaffeeabkommen (seit 1989 faktisch außer Kraft; Neuverhandlungen seit Mitte 1992 im Gange) war oder ist ein solcher Versuch von 51 Produzenten- und 21 Verbraucherländern, durch gemeinsame Vereinbarungen stabile Kaffeepreise sicherzustellen. Die Kaffeeländer durften nur noch nach vorher festgelegten Mengenquoten exportieren und sollten langfristig ihre Produktionsmenge dieser Exportquote anpassen. Wenn die Kaffeeernte zu hoch ausfiel, sollten die überschüssigen Mengen auf Lager genommen und später dann – immer noch im Rahmen der Exportkontingente - verkauft werden. Gleichzeitig haben sich die Verbraucherländer verpflichtet, Kaffee nur noch offiziell zu ordern, d.h. nur noch Kaffee zu kaufen, der über diese Exportquoten vermarktet wurde und ein entsprechendes "Zeugnis" enthielt.
Das Scheitern des Kaffeeabkommens (1989) macht die Grenzen dieses Modells deutlich. Es verlangt strikte Disziplin bei Produzenten und Verbrauchern (tatsächlich gab es einen erheblichen grauen Markt jenseits der Exportquoten) und es kann bei einem Überangebot und dem daraus resultierenden Preisverfall die Preise nur begrenzt stabilisieren. Außerdem birgt die (Neu)verteilung der Quoten ein erhebliches Konfliktpotential.
Einen gänzlich anderen Weg geht das "Modell Exporterlösstabilisierung", das die EG im Rahmen des "AKP-Abkommens" mit 69 Staaten Afrikas, der Karibik und des Pazifiks versucht. Hier sollen nicht Preise, sondern Erlöse aus dem Rohstoffverkauf stabilisiert werden, wenn die Länder in erheblichem Maße von diesem Rohstoffexport abhängen und wenn die Erlöse unter den Durchschnitt der letzten vier Jahre sinken. Für diesen Fall (sei es wegen Preisverfall, sei es wegen Ernteausfälle) erhalten die Länder eine Ausgleichszahlung, die am Durchschnit der letzten vier Jahre orientiert ist und die den daran errechneten "entgangenen Exporterlösen" entspricht.
Auch hier ist allerdings die Theorie weiter als die Praxis. In den letzten Jahren konnte der STABEX-Fonds bei weitem nicht die notwendigen Kompensationen zahlen, die den AKP-Ländern gemäß Vereinbarung eigentlich zugestanden hätten. Meist waren die Gelder (1,5 Mrd ECU = ca. 3 Mrd. DM für 1990 - 1995) schon zur Hälfte der Laufzeit der AKP-Verträge (insgesamt 5 Jahre) verbraucht. Kritisiert wird auch, daß Stabex sich am Durchschnitt der letzten vier Jahre orientiert, also die Erlöse keineswegs auf einer bestimmten Niveauhöhe beläßt. Außerdem müssen die Empfängerländer (bis auf die ärmsten) die Ausgleichsbeträge (zinsfrei) zurückerstatten.
Immerhin kann man dem "Stabex-Modell" zugute halten, daß es eine marktkonforme Kompensation für bedürftige Entwicklungsländer ist, wenn es nur finanziell so ausgestattet wäre, dieses Ziel auch tatsächlich zu erreichen.

Bio- und Gentechnik verdrängt Rohstoffe

Maissirup statt Zucker

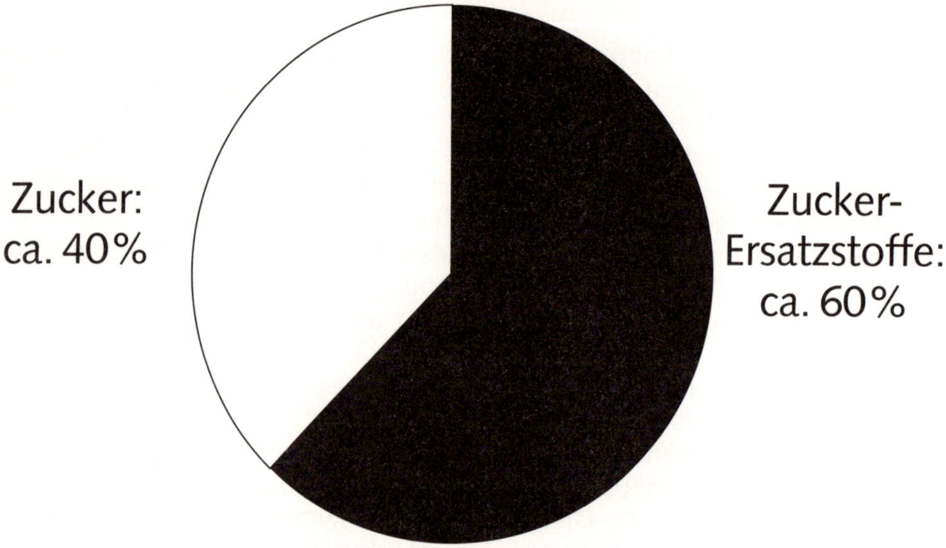

Anteile am US-Markt

Die Zuckerimporte gehen zurück

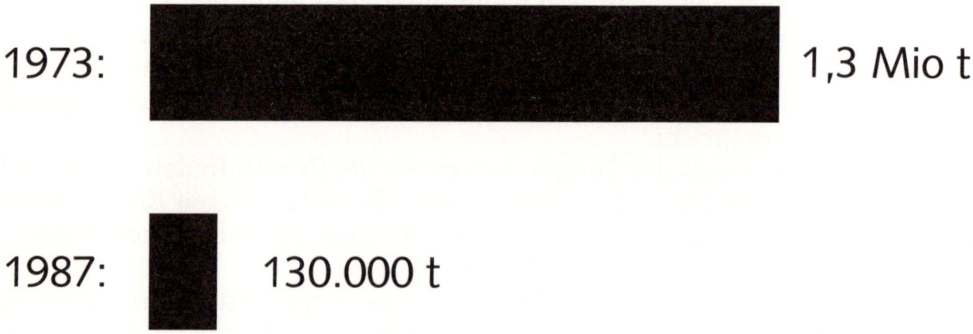

Zuckerexporte der Philippinen in die USA

Bio- und Gentechnik verdrängt Rohstoffe

Im Bereich der modernen Bio- und Gentechnologien erwächst vielen Agrarproduzenten neue Substitutionskonkurrenz. Kakao, Zucker, Vanille, aber auch Fette, Soja, Kautschuk etc. können dank moderner Verfahren heute oder in naher Zukunft auch in den Labors der Industrieländer entstehen oder durch entsprechende Genveränderungen einheimisch gemacht werden. Die Tropenländer werden selbst als Standorte für Tropenprodukte nicht mehr gebraucht.
Die dramatischen Veränderungen durch bio- und gentechnische Verfahren stehen in den meisten Bereichen noch bevor, können aber schon jetzt am Beispiel des Zuckers nachvollzogen werden. Vor allem in den USA gibt es seit Anfang der 70er Jahre eine Verdrängung des Zuckers durch Isoglucose, die biotechnisch mithilfe von Enzymen aus Maisstärke gewonnen wird. Der HFCS (High Fructose Corn Sirup) hat mittlerweile ca. 60% Anteil am "Süßmarkt" der USA (1). Die Tendenz ist weiter zunehmend. Gleichzeitig entwickeln die großen Lebensmittel- und Chemiekonzerne (Tate & Lyle, Johnson & Johnson, Monsanto, Höchst u.a.) neue synthetische Süßstoffe. Sie alle sollen besser oder billiger als Zucker sein, mehr Süßkraft haben und standortunabhängig produziert werden können. In der EG ist der Marktanteil der Zuckerersatzstoffen noch immer relativ bescheiden, was u.a. auf den Einfluß der Zuckerlobby zurückzuführen ist.
Für viele Zuckerexporteure der Dritten Welt hat die Substitution des Zuckers durch Ersatzstoffe schlimme Auswirkungen. Die Exportquoten wurden drastisch reduziert, der Weltmarktpreis ist wegen des strukturellen Überangebotes tendentiell fallend. Die Philippinen, traditionell ein wichtiger Zucker-Exporteur in die USA, mußten ihre Ausfuhren (1973 bis 1987) um ca. 90% reduzieren.
Was beim Zucker ersichtlich ist, gilt auch für andere Rohstoffbereiche. Die Firma Nestlé entwickelte z.B. vor einigen Jahren ein biotechnisches Verfahren, Kakaobutter (aus Palmöl, Stearinsäure und dem Enzym Lipase) herzustellen. Sollte dieses Verfahren "in Serie gehen", wäre das der Ruin für viele Kakaoexporteure in Afrika. Wie schnell Substitutionsprozesse einander ablösen, kann auch das Beispiel "Thaumatin" zeigen. Dieser Süßstoff (100.000 mal süßer als Zucker) wird aus einer afrikanischen Pflanze gewonnen. Während sich Ghana, Liberia und Malaysia noch über die neuen Exportchancen freuen, sind die Firmen Unilever und Tate & Lyle dabei, ein biotechnisches Verfahren zur synthetischen Herstellung zu entwickeln. Dies wird vermutlich in ein paar Jahren Thaumatin-Importe überflüssig machen.

Anregungen zur Weiterarbeit:

Diskutieren Sie ökonomische, ökologische und soziale Folgen dieses Bereichs moderner Bio- und Gentechnologien. Welche Möglichkeiten bleiben den Rohstoffe-exportierenden Entwicklungsländern? Wer hat das Verfügungsrecht über neue Stoffe, die z.B. aus dem Genmaterial afrikanischer Pflanzen gewonnen wurden?
Eine gute Problematisierung findet sich in dem Buch von J. Spangenberg: Das grüne Gold der Gene; vom Angriff der Gentechnik auf das Leben in der Dritten Welt. 264 S., Peter Hammer-Verlag, Wuppertal 1992. Preis: 24.80 DM. Bezug: Buchhandel.

Quellen:

Zahlenangaben (z.T. Schätzungen) nach J. Spangenberg: Das grüne Gold..., a.a.O., S. 161ff.

Kaffeepreise

Preisschwankungen auf dem Weltmarkt

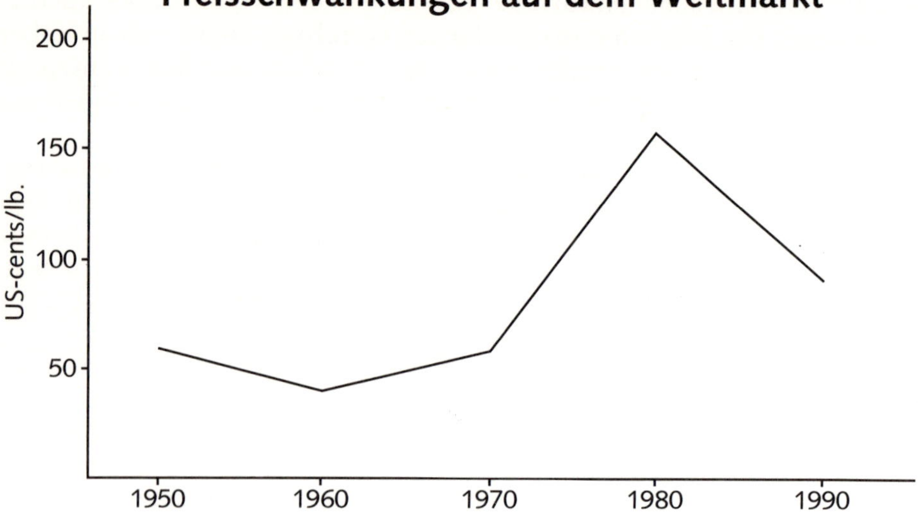

Verbraucherpreise BR Deutschland

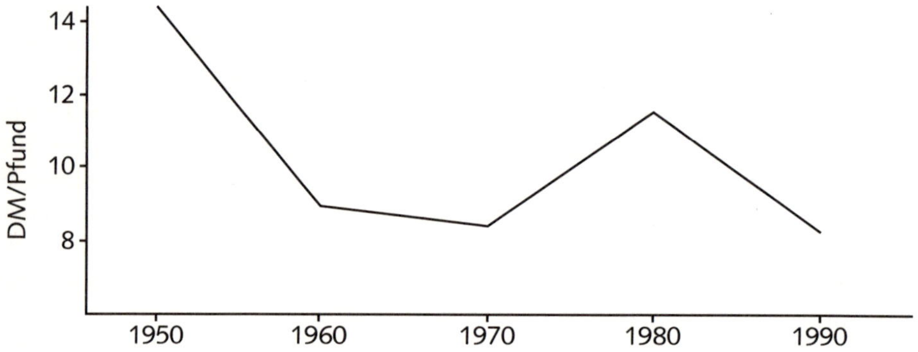

Einnahmen der Kaffeeländer

Kaffeepreise

Kaffee gehört hinter Erdöl zu den bedeutensten Exportgütern der Dritten Welt. Gleichzeitig sind die mit dem Rohstoff Kaffee verbundenen Handelsprobleme typisch für die Schwierigkeiten vieler "Rohstoffländer".
Auffällig sind zunächst die starken Preisschwankungen auf den Rohstoffbörsen (1). Überangebote und relative Knappheiten (z.B. durch Frost oder Dürre in Brasilien) haben die Preise in den letzten Jahren erheblich schwanken lassen. Daß auf dem Weltmarkt allerdings ein tendentielles Überangebot besteht, merkte man, als im Juli 1989 das bisherige Kaffeeabkommen faktisch außer Kraft gesetzt wurde. In der Folgezeit (zwischen 1989 und 1991) halbierte sich der Kaffeepreis, weil die Produzentenländer nicht mehr an Quoten gebunden waren und allesamt versuchten, durch Angebotsausweitungen Marktbereiche zu erobern oder Preisverluste zu kompensieren. In der Theorie soll ein Nachgeben der Preise zur Angebotsreduktion führen, in der Praxis haben viele Kaffeeländer verzweifelt versucht, soviel wie möglich (incl. Lagerbestände) zu verkaufen, um den Preiseinbruch auszugleichen.
Dieser drastische Preisverfall ließ in vielen Teilen der Welt eine kostendeckende Produktion nicht mehr zu. In der Folgezeit waren auch die Kaffeekonzerne über den Preisverfall beunruhigt, weil er dazu führen könnte, daß immer mehr Bauern ihre Produktion einstellen und so eine Angebotsverknappung verursachen. Außerdem wird befürchtet, daß sich lateinamerikanische Bauern verstärkt dem Coca-Anbau zuwenden könnten. Die EG hat daher (für 1990 bis 1994) den Ländern Bolivien, Ecuador, Kolumbien und Peru vollständige Zollfreiheit bei dem Kaffee-Exporten eingeräumt. Neuverhandlungen über ein Kaffeeabkommen wurden Mitte 1992 wieder aufgenommen.
Über die niedrigen Verbraucherpreise jubeln einstweilig die VerbraucherInnen. Immerhin war der Kaffee 1990 (mit 8.09 DM pro Pfund) billiger als je zuvor (2). Im Juli 1991 meldete das Statistische Bundesamt dann ein neues Rekordtief: 7,63 DM pro Pfund. Für die Entwicklungsländer hat der ruinöse Preisverfall allerdings erhebliche Einnahmeverluste zur Folge gehabt, wie der dritte Teil der Grafik (3) zeigt (1990: Deviseneinnahmen von 6,7 Mrd. $; 1985: 14,4 Mrd. $; 1980: 8,3 Mrd. $).

Quellen:

(1) Preisangaben in US-Cents pro lb (pound = 454 g) in laufenden Dollarpreisen. Die Angaben beziehen sich auf die Arabica-Kaffeesorten, die auf dem Markt besonders nachgefragt sind. Zahlenangaben aus: Deutscher Kaffeeverband, Kaffee-Bericht 1990, Hamburg 1991.
(2) ebenda. Die Verbraucherpreise wurden durch das Statist. Bundesamt ermittelt. Die veröffentlichten Branchendurchschnittspreise lagen sogar noch darunter.
(3) ebenda. Die Angaben über die Devisenerlöse (laufende Dollarpreise) betreffen alle der Internationalen Kaffeeorganisation (ICO) angeschlossenen Produzentenländer. Jahresangaben (z.B. 1985) bedeuten: Oktober 85 bis Sept. 86.

Fairer Kaffee statt billiger Kaffee

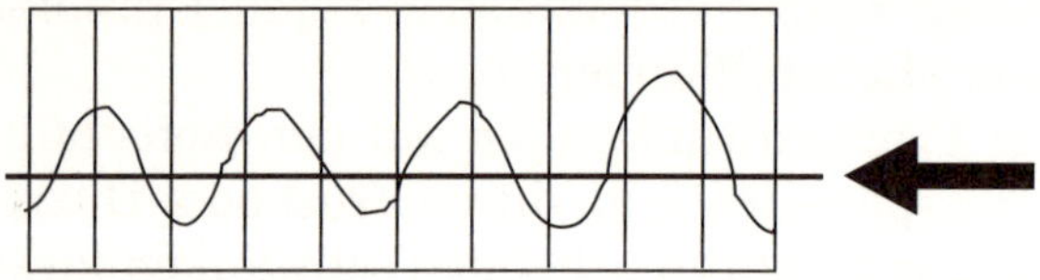

Mindestpreis bei niedrigen Weltmarkrpreisen

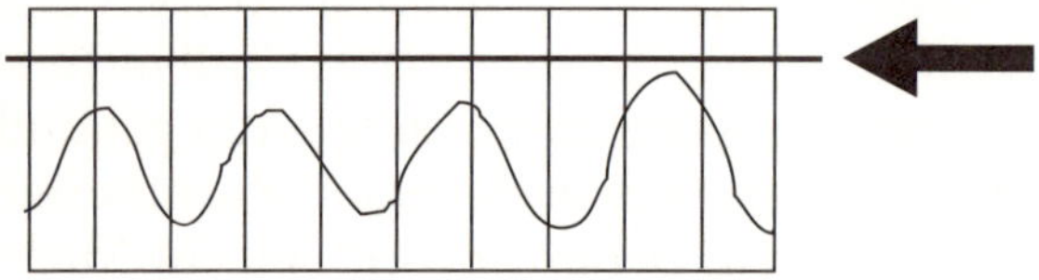

Garantiepreis: Mindestens 10% über Weltmarktpreis

Ausgewählte Partner: Zusammenarbeit mit Kleinbauernkooperativen, nicht mit Großplantagen

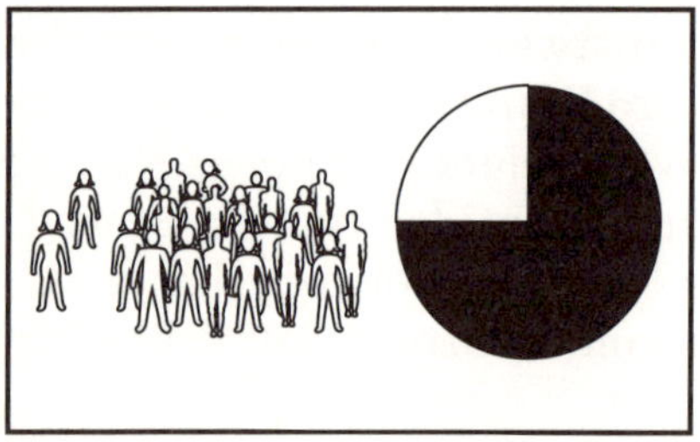

Direktvermarktung: Ein erhöhter Anteil geht an die Bauern, nicht an den Zwischenhandel

Projektspende: Zusätzlich wird bei vielen Kaffeesorten noch ein Projekt mit einer Spende unterstützt

Fairer Kaffee statt billiger Kaffee

Seit einigen Jahren versuchen Organisationen des "alternativen Handels", den VerbraucherInnen Kaffee anzubieten, der unter faireren Produktions- und Handelsbedingungen vermarktet wurde. Die Verbraucher zahlen einen deutlich höheren Preis als für "normal vermarkteten" Kaffee, haben dafür aber die Garantie, daß sie mit diesem Kauf Kleinbauern und ihre Genossenschaften unterstützen und daß der Zwischenhandel ausgeschaltet oder zumindest wesentlich reduziert ist.

Zu den "Prinzipien" des "fairen Kaffees", wie er von unterschiedlichen Organisationen vertrieben wird, gehören:

▶ ein **Mindestpreis,** der ein Absinken der Erlöse unter ein bestimmtes Minimum (z.B. 120 Cents pro lb.) verhindert;

▶ ein **Garantiepreis,** der den Handelspartnern Preise über dem Weltmarktniveau (meist 10%) zusichert;

▶ die Zusammenarbeit mit **ausgewählten Projektpartnern,** meist mit Kleinbauern, die sich in Genossenschaften o.ä. zusammengeschlossen haben;

▶ eine möglichst unmittelbare **Direktvermarktung,** welche die üblichen Stationen des Zwischenhandels ausschließt oder zumindest kleinhält. Dadurch wird erreicht, daß ein deutlich höherer Anteil an den Exportpreisen den Produzenten direkt zugute kommt;

▶ eine **Projektunterstützung,** d.h. ein gewisser Anteil am Verkaufspreis wird direkt für eine Projektspende (z.B. Unterstützung der Bildungsarbeit der Genossenschaften) verwendet.

Fairer Kaffee hat seinen Preis; pro Pfund Kaffee müssen die VerbraucherInnen 3,– DM bis 6.– DM mehr bezahlen als für normal-vermarkteten Kaffee. Dafür versprechen die Handelsorganisationen nicht nur fairere Bedingungen für die ProduzentInnen, sondern auch einen Qualitätskaffee erster Güte.

Der Kaffee eignet sich zum exemplarischen Lernen über Welthandelsbedingungen und darüber, wie eine gerechtere Wirtschaftsordnung aussehen könnte. Zur Zeit (1992) beträgt der Anteil des "alternativ-gehandelten" Kaffees am Kaffeemarkt der BRD weniger als 0,2 % Prozent. Eine "AG-Kleinbauernkaffee" bemüht sich seit 1991, den "alternativen Kaffee" über die Dritte Welt Läden hinaus in die Supermärkte zu bringen, wie dies z.B. in Holland bereits gelungen ist.

Anregungen zur Weiterarbeit:

Besuchen Sie mit Ihrer Klasse/Kurs/Gruppe einen "Dritte Welt-Laden". Lassen Sie sich die Vermarktungsunterschiede zwischen herkömmlichem und alternativem Kaffee erklären. Lassen Sie Passanten danach befragen, ob sie wissen, was "fairer Kaffee" ist und ob sie bereit wären, für gerechtere Handelsbedingungen einen höheren Preis zu zahlen. Schenken Sie "fairen Kaffee" aus, denn probieren geht über studieren.

Weitere Informationen sind zu erhalten bei den alternativen Kaffee-Handelsorganisationen:

* GEPA (Gesellschaft zur Förderung der Partnerschaft mit der Dritten Welt), Talstr. 20, 5830 Schwelm.
* Liberacion e.G., Sedanplatz 6a, 3160 Lehrte.
* Mitka GmbH, Kölner Str. 30, 6000 Frankfurt 1.
* AG Kleinbauernkaffee, c/o Misereor, Herrn St. Stricker, Mozartstr. 9, 5100 Aachen.

Sag´es mit Blumen

Wer verdient an einer Nelke aus Kolumbien?

Blumenarbeiterin	4,9 Pfg.
Sonstige Produktionskosten	4,9 Pfg.
Gewinne des Plantagebetreibers	1,4 Pfg.
Karton und Flughafenkosten	2,2 Pfg.
Verbleiben in Kolumbien	13,4 Pfg.
Flughafen	13,6 Pfg.
Importeur und Transport	6 Pfg.
Großhändler Großmarkt	12 Pfg.
Zwischenhändler	20 Pfg.
Einzelhandel	89 Pfg.
Endpreis	1,50 DM

Sag's mit Blumen

Seit einigen Jahren zählen Schnittblumen aus der Dritten Welt zu den Produkten mit Marktchancen in den Industrieländern, vor allem in den Wintermonaten. Kolumbien, Kenia oder Indien haben ihre Schnittblumenexporte erheblich steigern können. Denn trotz der hohen Transportkosten können die Blumen in Europa sehr billig angeboten werden, und dies liegt nicht zuletzt an den Niedriglöhnen, die man z.B. in Kolumbien an die Blumenfrauen bezahlt.
70% der Beschäftigten in der kolumbianischen Blumenindustrie sind Frauen. Sie erhalten für die monotone, auch anstrengende Tätigkeit im Schnitt nur etwas mehr als den gesetzlichen Mindestlohn, die Überstundenvergütung einmal abgezogen. Der Kontakt mit den Schnittblumen, die in hohem Maße mit Pestiziden behandelt werden, stellt ein erhebliches Gesundheitsrisiko dar. Der Arbeitstag dauert inklusive Anfahrt 10 bis 12 Stunden. Kündigungsschutz und gewerkschaftliche Vertretung existieren kaum.
Insgesamt ist die Entlohnung der Arbeiterinnen kaum ausreichend, die Lebenshaltungskosten zu decken. Nach Berechnungen kolumbianischer Gewerkschaftskreise beträgt der Arbeitslohn für die Blumenarbeiterin pro Nelke ungefähr 4,9 Pfennige. Hinzu kommen weitere Kosten und Gewinne von 8,5 Pfennigen, so daß eine Nelke im Schnitt für 13,4 Pfg. Kolumbien verläßt; das sind ca. 9% des späteren Ladenpreises.
Schon der Flug nach Europa kostet ungefähr den gleichen Betrag, den Arbeiterinnen und Produzenten bekommen. Importeure, Transporteure, Groß- und Zwischenhändler sind außerdem am Blumengeschäft beteiligt, bis die Nelke dann im Blumenladen landet und für ca. 1.50 DM verkauft wird.
Die Aufstellung soll den SchülerInnen deutlich machen, wie wenig vom Endverbrauchspreis letztendlich den Dritte Welt Ländern bleibt und wie gering der Anteil ist, den ArbeiterInnen und unmittelbare ProduzentInnen am Ende erhalten. Ohne starke Gewerkschaften (z.B. in Kolumbien) wird sich dies kaum ändern. Doch VerbraucherInnen bei uns fangen an, sich nicht nur nach der Qualität der Blumen zu erkundigen, sondern auch nach den Arbeits- und Produktionsbedingungen vor Ort zu fragen. Eine bundesweite "Blumenkampagne" hat dafür entsprechende Infomaterialien zusammengestellt (u.a. Buch, Blumenzeitung, Unterrichtseinheit, Film über kolumbianische "Blumenfrauen"). Diese Materialien sind auch im Unterricht einsetzbar und können z.B. bei Aktionen vor Blumenläden im Rahmen von Projekttagen verwendet werden. Die Blumenkampagne ist erreichbar unter folgender Adresse: FIAN, Overwegstr. 31, 4690 Herne 1, Tel. 02323/490099.

Anregungen zur Weiterarbeit:
Besprechen Sie am Beispiel der Schnittblumen exemplarisch die Marktsituation der Entwicklungsländer, ihren Wertschöpfungsanteil im Vergleich mit den Industrieländern, die soziale und ökonomische Situation der Arbeiterinnen und das Problembewußtsein der VerbraucherInnen bei uns.

Quellen:
Die Zahlenangaben beruhen auf Berechnungen kolumbianischer Gewerkschaften. Zitiert nach "Blütenträume – Wirtschaftsmacht", Düsseldorf 1992. Das informative Heft (48 S.) ist kostenlos erhältlich beim DGB-Bildungswerk, Nord-Süd-Netz, PF 101026, 4000 Düsseldorf 1.

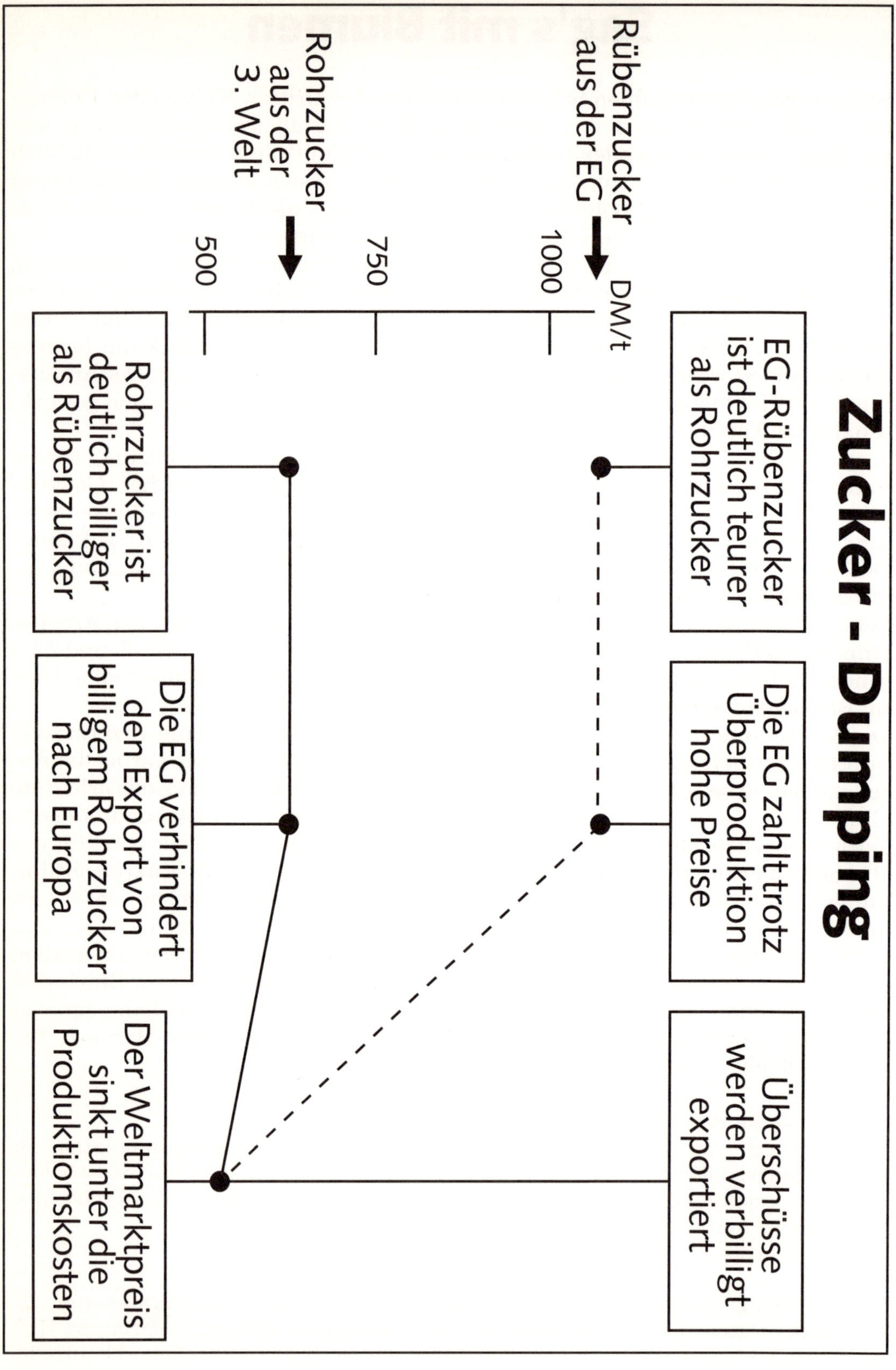
Zucker - Dumping
Rübenzucker aus der EG
Rohrzucker aus der 3. Welt
DM/t
1000
750
500
EG-Rübenzucker ist deutlich teurer als Rohrzucker
Die EG zahlt trotz Überproduktion hohe Preise
Überschüsse werden verbilligt exportiert
Rohrzucker ist deutlich billiger als Rübenzucker
Die EG verhindert den Export von billigem Rohrzucker nach Europa
Der Weltmarktpreis sinkt unter die Produktionskosten

Zucker-Dumping

Zucker gehört zu den klassischen Kolonialwarenexporten der Entwicklungsländer. Doch seit die EG in wachsendem Maße Rübenzuckerüberschüsse produziert, ruinieren verbilligte EG-Zuckerexporte den Weltmarktpreis und verschließen vielen Entwicklungsländern Chancen für Export und Devisenerwirtschaftung.
Der in Europa produzierte Rübenzucker ist in der Herstellung deutlich teurer als Rohrzucker aus Dritte Welt Ländern. Die EG zahlt den europäischen Rübenbauern einen bestimmten, wenn auch gestaffelten Preis, der z.B. 1990 rund doppelt so hoch war wie der Weltmarktpreis (1). Trotz eines schon jahrelangen Selbstversorgungsgrades über 100% (1990: 137%) – ein vornehmes Wort für Produktion jenseits des Bedarfs – wurde von der EG an diesem Erstattungssystem festgehalten. Die Folge: Die wachsenden Überschüsse, die sich nicht in Europa absetzen lassen und die Lagerhäuser überfordern, drängen in den Export. Da der EG-Zukker mit dem Rohrzucker preislich nicht konkurrieren kann, muß er künstlich heruntersubventioniert werden. Er wird somit zu Dumping-Preisen angeboten.
Dieses Dumping hat erhebliche Folgen für die anderen Zuckerproduzenten (u.a. Indien, Kuba, Brasilien, Philippinen, Dominikan. Republik). Diese können mit den Dumping-Preisen der EG nicht konkurrieren. Neue Märkte bleiben verschlossen; der Weltmarktpreis selbst ist in einigen Jahren durch das EG-Dumping (die EG kontrolliert 20% bis 25% der Weltzuckerexporte) derart gefallen, daß er selbst die Kosten der ohnehin preisgünstig produzierenden Rohrzuckerländer nicht mehr gedeckt hat (2). Hinzu kommt, daß generell den Entwicklungsländern der Zugang für ihren Zucker in den EG-Markt verstellt ist; durch "Abschöpfungen" wird verhindert, daß durch Billigimporte die Agrarordnung gestört wird.
Die Zuckerpolitik der EG ist nicht konsistent; denn andererseits gewährt die EG im Rahmen der Lomé-Verträge bestimmten Entwicklungsländern Sonderkonditionen. 1,3 Mio. Tonnen Zucker können zu EG-Preisen von den AKP-Ländern (3) jährlich in die Gemeinschaft exportiert werden. Was durch die Ruinierung des Weltmarktpreises einerseits negativ zu Buche schlägt, wird so zumindest teilweise für bestimmte Länder wieder kompensiert. Generell gilt auch hier, daß "die Dritte Welt" nicht einheitlich von dieser EG-Zuckerpolitik betroffen ist. Während die Zucker-exportierenden Staaten hierdurch Verluste hinnehmen müssen, profitieren die Zucker-Importeure (darunter auch viele arme Länder Schwarzafrikas) vom (dank EG) billigen Zuckerweltmarktpreis.

Anregungen zur Weiterarbeit:
Diskutieren Sie Begründungen/Rechtfertigungen/Kritikpunkte der EG-Zuckerpolitik. Eine neuere Mappe ("Zuckerkampagne 92") ist für 15.- DM erhältlich beim BUKO, Nernstweg 32, 2000 Hamburg 50.

Quellen:
(1) Zur Preisentwicklung EG-Interventionspreis/Weltrmarktpreis vergl. den Agrarbericht der Bundesregierung 1992, S. 105f.
(2) Ausführlicher dazu in der BUKO-Mappe Zucker-Kampagne 92. Nach Schätzungen liegt der "Senkungseffekt" der EG-Zuckerpolitik für den Zucker-Weltmarktpreis bei 40 $//Tonne oder bei ca. 20%. Das bedeutet, daß ohne die marktverzerrenden EG-Interventionen der Weltmarktpreis für Zucker um ein Fünftel höher läge.
(3) Abkommen der EG mit 69 Staaten Afrikas, der Karibik und des Pazifik (AKP-Staaten).

Agrar - Subventionitis

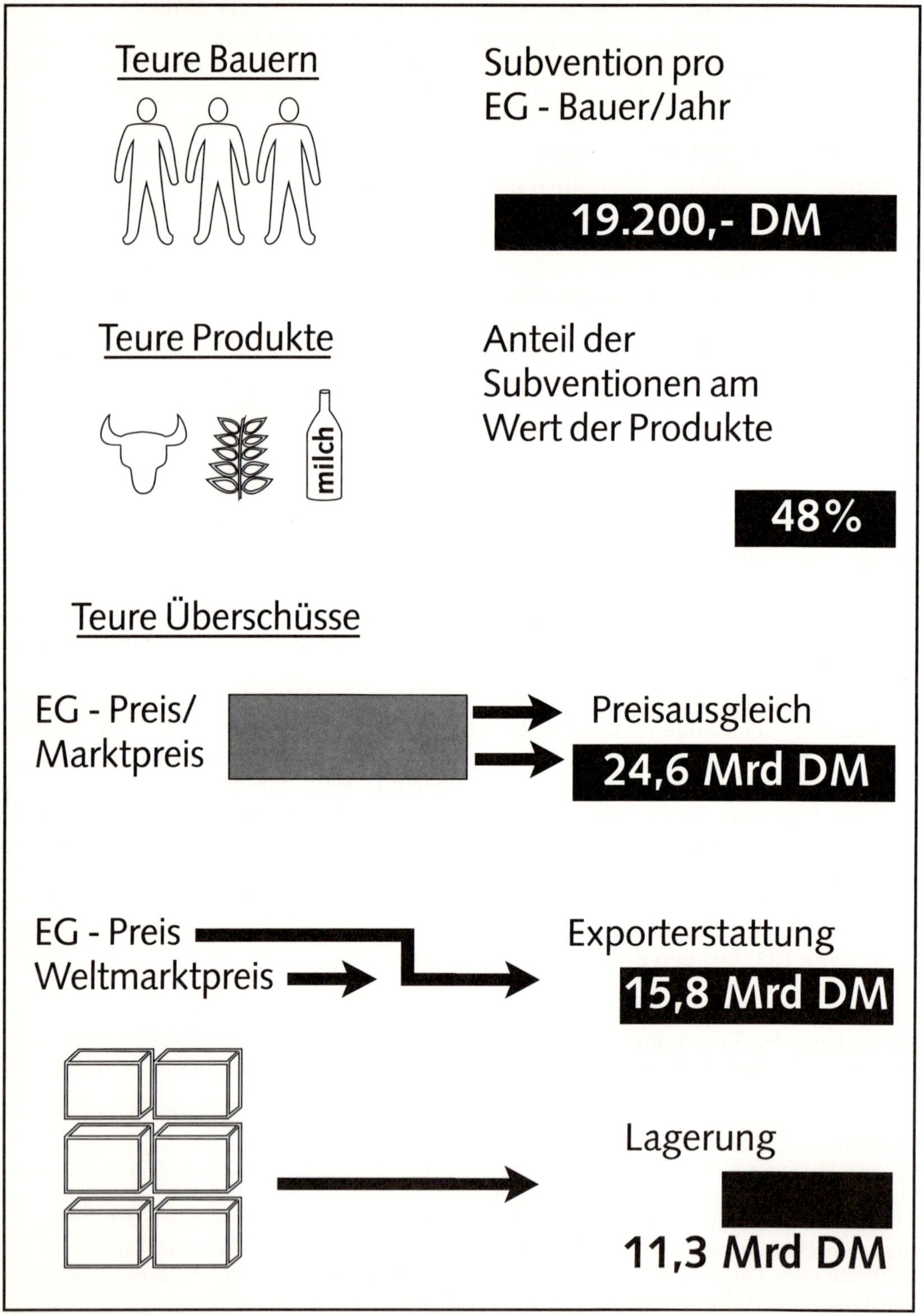

Agrar-Subventionitis

Immer mehr öffentliche Gelder fließen in den Agrarbereich, ohne daß bisher ein Preisregulierungssystem gefunden wurde, das zwei wesentlichen Ziele der Agrarpolitik auch erreichen könnte: Die Erhaltung der bäuerlichen Landwirtschaft und ein akzeptables Verhältnis zwischen Marktpreisen und Subventionszahlungen.

Das Ausmaß der Agrarsubventionen in der EG ist gigantisch. Nach einer Berechnung der OECD gaben die 12 EG-Länder (national und multilateral) im Jahre 1990 sage und schreibe 134 Mrd. Dollar (1) für ihre Landwirtschaften aus. Rein theoretisch macht dies pro Landwirt einen Betrag von 12.000 $ (19.200 DM) an Subventionen aus. Daß von dieser gigantischen Summe die kleinen bäuerlichen Betriebe nur ein geringer Teil erreicht, kann an dieser Stelle nicht näher thematisiert werden.

Das hohe Maß staatlicher Subventionen wird an einer Meßzahl deutlich, die als "Subventionsaequivalent" von der OECD berechnet wurde. Hinter 100.- DM für Rindfleisch, Zucker, Milchprodukte etc. verstecken sich 48.- DM, die vorher in Form von Subventionen in den Produktions- und Vermarktungsprozeß der EG geflossen sind (2). Die entsprechende Ziffer für die USA lautet 30%; Australien (11%) und Neuseeland (5%) sind geradezu Waisenkinder in Sachen Agrarprotektionismus, die Schweiz (78%) und Japan (68%) die größten Subventionisten.

Die Kosten dieser Agrar-Subventionitis tragen VerbraucherInnen und Steuerzahler. Im Rahmen der EG-Agrarmarktordnung gehören dazu 24,6 Mrd. DM (3) für den Preisausgleich, mit dem die EG die Differenz zwischen einem Garantiepreis und dem tatsächlichen erzielten Marktpreis erstattet. Weitere 15,8 Mrd. DM werden für Exporterstattungen aufgewendet, bei denen die EG ihre deutlich teureren Produkte aus den übervollen Lagerbeständen so lange verbilligt, bis sie unter dem Weltmarktpreis liegen und exportiert werden können. Dadurch werden Konkurrenten auf dem Weltmarkt, die kostendeckend und ohne Dumping verkaufen müssen, ausgeschaltet. Ein dritter Finanzierungsposten gilt der Lagerhaltung für Rindfleisch, Getreide, Butter, Milchpulver etc. (11,3 Mrd. DM).

Die 1992 in Gang gesetzte EG-Agrarreform (MacSharry-Plan) soll die Überproduktion mittelfristig abbauen und die Agrarexportsubventionen langfristig streichen. Statt produktionsorientierter Subventionen sind direkte Einkommenshilfen für die Bauern geplant. Ob diese Vorstellungen im Dickicht der Interessen, Ausnahmeregelungen, nationalen Vorbehalte etc. durchsetzbar sind, ist zur Zeit noch offen.

Anregungen zur Weiterarbeit:

Die Agrarsubventionen sind auch ein wichtiges Thema der GATT-Verhandlungen. Lassen Sie die SchülerInnen Argumente der verschiedenen Positionen zusammentragen. Wenn möglich: Befragung vor Ort eines Landwirtes, der Nutznießer/Opfer dieser Subventionitis ist.

Quellen:

(1) OECD, Agricultural Policies, Markets and Trade, Monitoring and outlook, Paris 1991; hier zitiert nach F. Vorholz in: Die ZEIT vom 10.1.92. Dollarumrechnung: 1$ = 1.60 DM.
(2) ebenda.
(3) Die Angaben zu den EG-Agrarausgaben sind dem Artikel von W. Reimer: Reform der EG-Agrarpolitik (Zeitschrift Ökologie und Landbau Nr. 82 von 1992) entnommen. 1 ECU = 2.05 DM.

Tabak - Folgen

Abholzung zum Tabak - Trocknen

kostet

1 ha Tabak — 1 ha Holzland

Raucherquoten

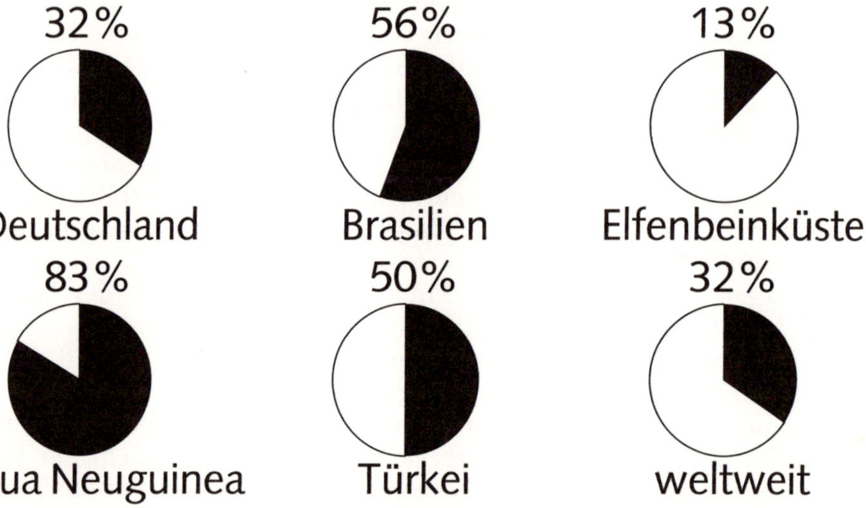

Zigarettenproduktion weltweit:	500 Mrd. Stück
Zigarettenkonsum BRD pro Einwohner/Jahr	1944
Zigarettenkonsum BRD pro Raucher/Jahr	5982
Todesfälle durch Rauchen (BRD)	90.000

Tabak – Folgen

Der Tabakanbau verursacht wie das Rauchen schwerwiegende Probleme: Die Produktion ist in hohem Maße umweltbelastend, vor allem weil das Tabak-Trocknen einen enormen Holzbedarf bedeutet. Auch für das rauchende Drittel der Menschheit wäre es wünschenswert, wenn es zu einer Einschränkung des Tabakkonsums käme.

Die Tabakproduktion wird in verschiedenen Kontinenten und auf einem unterschiedlichen Produktionsstandard betrieben. In weiten Teilen der Dritten Welt hat der Tabakanbau aber nicht nur die üblichen negativen Folgen, wie sie bei Monokulturen (z.B. Schädlingsbefall) gemeinhin auftreten, sondern auch eine massive ökologische Belastung der Umwelt mit sich gebracht. Da der Tabak nach der Ernte einem Trocknungs- und Bedampfungsverfahren unterzogen wird, benötigt man dafür ein hohes Maß an Brennträgern, die weitgehend in Form von Holz herangeschafft werden. Um die Jahresernte eines Hektars Tabak zu trocknen und zu bearbeiten, wird ungefähr (Jahr für Jahr) ein weiterer Hektar Holzland (Wald oder Buschland) gerodet (1). Entsprechende ökologische Verwüstungen bis hin zum weiträumigen Kahlschlag sind in Tabakanbaugebieten festzustellen. Die weltweite Anbaufläche für Tabak übersteigt die Zahl von 5 Mio. Hektar (2).

Das Rauchen selbst ist auf der Welt in sehr unterschiedlicher Weise verbreitet (kulturell bestimmt, aber auch geschlechtsspezifisch). Der Anteil der RaucherInnen an der deutschen Gesamtbevölkerung (3) entspricht mit 32% in etwa der weltweiten Quote (4)

Die weltweite Zigarettenproduktion wird auf über 500 Milliarden Glimmstengel geschätzt. Der Verbrauch in der BRD lag 1990 statistisch pro EinwohnerIn bei 1944 Stück. Da aber mehr als 2/3 der Bevölkerung Nichtraucher sind, kommen auf einen Raucher/eine Raucherin 5982 Zigaretten, was einer Tagesration von 16 Stück entspricht.

Laut Bundesgesundheitsamt sterben bei uns Jahr für Jahr mindestens 90.000 Menschen an den Folgen des Rauchens (6).

Anregungen zur Weiterarbeit:

Sprechen Sie mit den SchülerInnen über die ökologische Folgen des Tabakanbaus, vor allem aber über mögliche Motive des Rauchens. Was veranlaßt trotz bekannter negativer gesundheitlicher Folgen (junge) Menschen, zur Zigarette zu greifen? In welchen Bereichen lassen sich ähnliche Widersprüche zwischen Erkenntnis und Verhalten (Politik, Ökologie) feststellen?

Quellen:

(1) Vergl. hierzu: R. Grießhammer/Cl. Burg: Kolonialwarengeschichten, Reinbek 1988, S. 137.
(2) 5.022.000 Hektar laut FAO Production Yearbook 1990.
(3) Die deutsche Raucherquote (32%) bezieht sich auf 1990 und ist dem Jahresbericht "Bundesgesundheitsamt 1991" entnommen.
(4) Die weltweiten Zahlen über die Raucherquoten beziehen sich auf 1985. Vergl. UNDP: Human Development Report 1992.
(5) Vergl. Fischer Weltalmanach 1992.
(6) Vergl. Bundesgesundheitsamt 1991.

Kokain - abhängig

Perus Wirtschaft ist Drogenabhängig
Exporte 1988

Illegale Coca-Exporte:	$$$$$	4,6 Mrd $
Alle legalen Exporte:	$$$	2,7 Mrd $

Preisanreize für Perus Bauern
Einnahmen pro Hektar

Coca:	1350 DM
Kaffee:	300 DM
Kakao:	273 DM

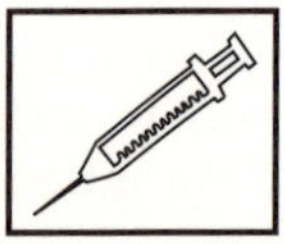

Drogenabhängige BRD: 100.000

Drogentote BRD (1991) 2026

Drogenumsatz BRD: 5 Mrd. DM

Kokain-abhängig

Der internationale Drogenhandel betrifft einen spezifischen Teil der Nord-Süd-Beziehungen. Heroin (überwiegend Asien) und Kokain (Lateinamerika) kommen aus Dritte Welt-Ländern in die Bundesrepublik und werden hier von Drogenabhängigen konsumiert – mit den bekannten schlimmen Folgen. Drogenbekämpfungsprogramme, die sich als Zerstörungsfeldzüge z.B. von Coca-Feldern in Peru, Bolivien oder Kolumbien verstanden, sind weitgehend gescheitert. Solange es keine ökonomischen Alternativen zum Coca-Anbau gibt, wird es auch mit noch so repressiven Maßnahmen nicht möglich sein, die Drogenproduktion zu verhindern.
Die Bedeutung des Coca-Anbaus z.B. für eine Volkswirtschaft wie Peru wird an den hier vorgelegten Zahlen (betreffend 1988) deutlich: Die gesamten (legalen) Exporte Perus machten eine Summe von 2,7 Mrd. $ aus. Dagegen werden die Einnahmen aus dem illegalen Coca-Export auf 4,6 Mrd. $ geschätzt, 20% des BSP (1).
Das wirtschaftlich und politisch desolate Peru braucht die Einnahmen aus dem Coca-Export ebenso wie die Bauern bestimmter Regionen. Gerade für sie, die in der Kette des Drogengeschäftes das ärmste und schwächste Glied sind, gibt es ökonomisch keine Alternative. Eine Untersuchung aus 1988 zeigt auf, daß pro Hektar die Einnahmen aus dem Coca-Anbau (Umrechnung: 1.000 Intis = 3.– DM) um ein mehrfaches höher waren als die Erlöse aus dem Kaffee- oder Teeanbau (2). Die Preise für Coca unterliegen starken Schwankungen; das Ungleichgewicht gegenüber anderen Anbaualternativen besteht aber auch heute noch.
Im "Verbraucherland" BR Deutschland wird die Zahl der von den "harten Drogen" Abhängigen auf rund 100.000 Menschen geschätzt (3). Die Zahl der Drogentoten nimmt beständig zu (1991: 2026). Der Drogenumsatz in der BRD wird mit mindestens 5 Mrd. DM veranschlagt. Weltweit hat das Geschäft mit den Drogen ein Volumen von mehr als 500 Mrd. $.

Anregungen zur Weiterarbeit:

"Das Drogenproblem an der Wurzel packen – die Anbauflächen zerstören". Diskutieren Sie diese Anti-Drogen-Politik, wie sie weitgehend von den USA betrieben wird, hinsichtlich ihrer Legitimation und ihrer Erfolgschancen. Wie stellt sich die Situation für die ProduzentInnen in der Dritten Welt dar? Können Entwicklungsprogramme derartige Preisanreize kompensieren?
Sprechen Sie auch über die Drogenproblematik hier (Gründe für Drogenkonsum, Alkohol als legitime Droge, Therapiechancen etc.) und besuchen Sie mit der Klasse eine Drogenberatungsstelle.
Als Unterrichtshilfen können wir empfehlen:
Misereor: Coca ist nicht Kokain. Wie aus einer alten Kulturpflanze eine weltweite Bedrohung wurde. Unterrichtsreihe für Sek. I u. II, Aachen 1992. 9.50 DM. Bezug: Misereor, Mozartstr. 9, 5100 Aachen.
H. Herf: Die Krise um das Kokain und was dahinter steckt. 102 S., Bielefeld 1991. Preis: 15.oo DM. Bezug: Dritte Welt Haus Bielefeld, August Bebel Str. 62, 4800 Bielefeld 1.

Quellen:

(1) Vergl. Fischer Weltalmanach 1992.
(2) Berechnungen aufgrund von verschiedenen peruanischen Veröffentlichungen 1989, zitiert nach H. Herf, a.a.O., S. 25.
(3) Mittlere Schätzung. Vergl. G. Bühringer: Drogenabhängige – Spielball der Gesundheitspolitik? In: Aus Politik und Zeitgeschehen 42/90. Kostenlos bei: Das Parlament – Vertrieb –, Fleischstr. 62, 5500 Trier.

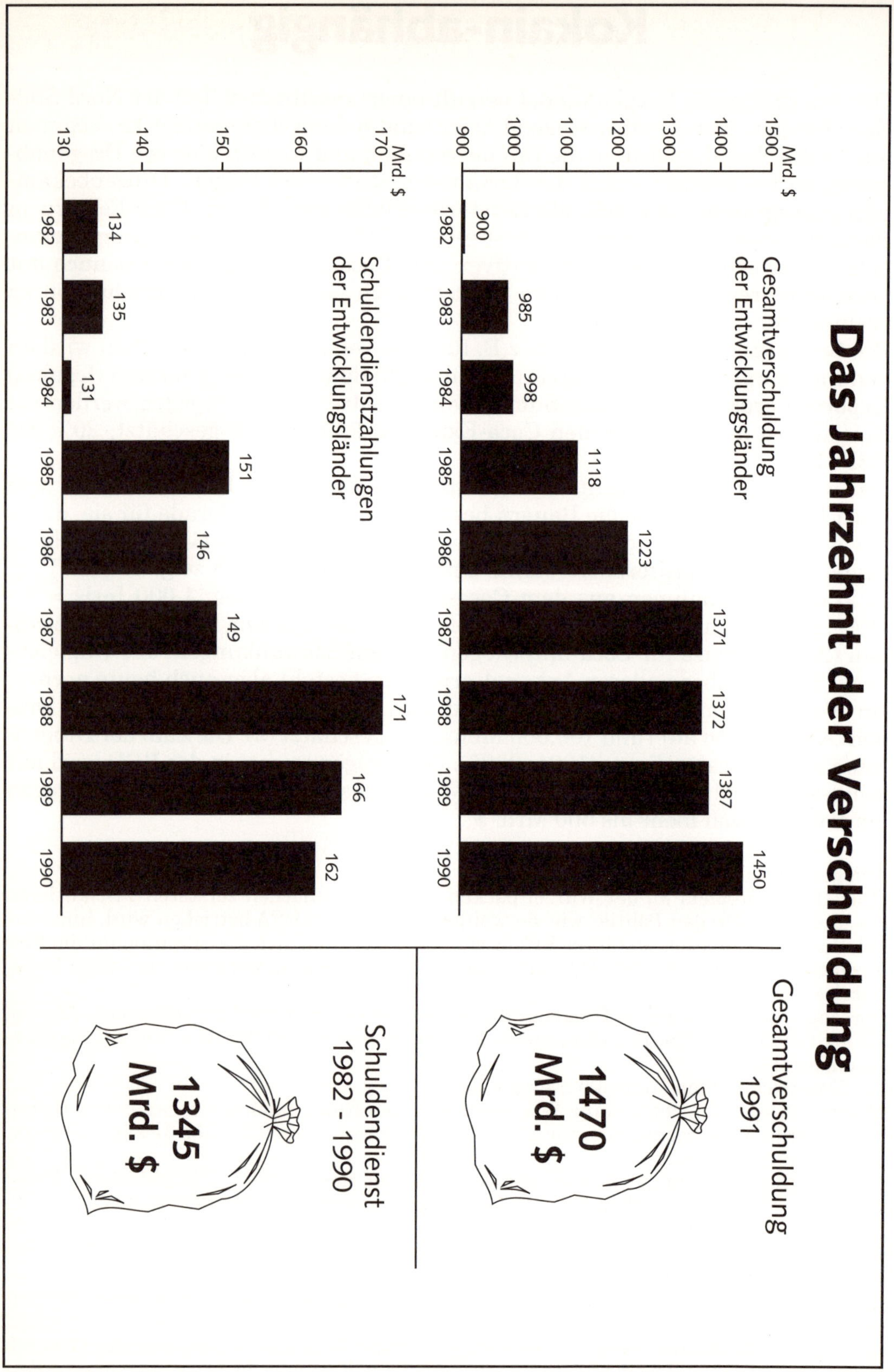
Das Jahrzehnt der Verschuldung
Gesamtverschuldung
der Entwicklungsländer
Mrd. $
900
1000
1100
1200
1300
1400
1500
1982 900
1983 985
1984 998
1985 1118
1986 1223
1987 1371
1988 1372
1989 1387
1990 1450
Schuldendienstzahlungen
der Entwicklungsländer
Mrd. $
130
140
150
160
170
1982 134
1983 135
1984 131
1985 151
1986 146
1987 149
1988 171
1989 166
1990 162
Gesamtverschuldung
1991
1470
Mrd. $
Schuldendienst
1982 - 1990
1345
Mrd. $

Das Jahrzehnt der Verschuldung

Seit den frühen 80er Jahren befindet sich eine Mehrzahl der Entwicklungländer im Zustand zunehmender Verschuldung. Angelockt in den 70er Jahren durch "billiges Geld" (zeitweise war der erhobene Zinssatz geringer als die Inflationsrate = negativer Realzins) haben sehr viele Dritte Welt Länder massenhaft Kreditangebote der westlichen Banken in Anspruch genommen, die ihrerseits durch die Anhäufung von Petrodollars ein enormes Interesse an diesen Geschäften hatten.
Seit Anfang der 80er Jahre hat sich die Situation auf dem internationalen Finanzmarkt drastisch verändert; die Zinssätze schnellten - nicht zuletzt durch große Kreditnachfrage der USA - in die Höhe; die variabel verzinsten Kredite der Entwicklungsländer wurden immer teurer. Die Entwicklungsländer zahlen seit dieser Zeit einen enormen Schuldendienst, mehr als die Hälfte davon nur für die Zinsen. Trotz dieses Schuldendienstes stieg gleichzeitig die Gesamtverschuldung.
In Zahlen ausgedrückt ist die Verschuldung der Dritten Welt von 1982 bis 1991 von 900 Mrd. $ auf die gigantische, unvorstellbare Summe von 1470 Mrd. $ angestiegen (1). Damit entspricht die Höhe der ausländischen Verschuldung einem Anteil von 40% am Bruttoinlandsprodukt der Dritten Welt; für Schwarzafrika ist die Auslandsverschuldung sogar höher (109%) als das BIP (2).
1990 betrug die Verschuldung der Entwicklungsländer ca. 1450 Mrd. $; fast diese Summe haben die Entwicklungsländer schon einmal bezahlt, und zwar in Form des Schuldendienstes der Jahre 1982 bis 1990 (3). Die hohen Zinssätze halten die Dritte Welt in der Schuldenfalle gefangen: Trotz enormer Rückzahlungen ist die Gesamtverschuldung unvorstellbar groß geworden bzw. geblieben; es fehlt jede realistische Möglichkeit, diese Schulden jemals zurückzuzahlen.

Anregungen zur Weiterarbeit:
Rechenbeispiele für die variabel verzinsten Kredite der EL (ersten 2 Jahre 6% Zinsen, dann 8 Jahre 15% Zinsen) sollten einmal durchgerechnet werden, um die enorme Zusatzbelastung aus den Zinssteigerungen zu erfassen. Überschuldung ist auch ein wachsendes Problem vieler privater Haushalte bei uns. Ein Gespräch in einer Schuldnerberatungsstelle der Wohlfahrtsverbände kann die verhängnisvolle "Dynamik der Verschuldung" deutlich machen. Diskutieren sie die Frage der Legitimität der Schulden der Dritten Welt anhand der Stichwort: Zinssteigerungen durch Kreditverknappung; leichtfertige Kreditvergabepolitik der Banken; "die Schulden machen die Reichen, die Zinsen zahlen die Armen".

Quellen:
(1) Die Zahlen zur Gesamtverschuldung und zum Schuldendienst der ELs wurden entnommen aus OECD: Financing and External Debt of Developing Countries, 1990 Survey, Paris 1991. Die Zahlenangabe für 1991 (Schätzung) aus OECD: External Debt Statistics, Paris 1991.
(2) Anteil der Auslandsschulden der Dritten Welt aus World Development Report 1992. Es sei angemerkt, daß die Erfassung der Auslandsschulden durch die Weltbank (nicht alle ELs, nur langfristige Schulden) geringer ausfallen als die Kennziffern der OECD.
(3) OECD: Survey 1990.

Die Armen zahlen an die Reichen

1980 - 1990

Die »Dritte Welt« hat erhalten:

1195 Mrd. $

Öffentliche Entwicklungshilfe 40 %
Direktinvestitionen 16 %
Bankkredite 22 %
Sonstige Quellen 22 %

Die »Dritte Welt« hat gezahlt:

1528 Mrd. $

Tilgungen 42 %
Zinsen 58 %

Kapitalabfluß von der Dritten Welt 1980 - 1990:

333 Mrd. $

Die Armen zahlen an die Reichen

Die hohe Verschuldung der Entwicklungsländer hat u.a. zu einem enormen Schuldendienst geführt. Jahr für Jahr zahlen die Länder der Dritten Welt Milliardenbeträge für Tilgungen und Zinsen an die reichen Länder (seien es private Banken oder staatliche Stellen). 1990 betrug der Schuldendienst aller Entwicklungsländer laut OECD 162 Mrd. $. Dem standen an Kapitalzufluß lediglich 142 Mrd. $ gegenüber (1).
Ein Überblick über die gesamten 80er Jahre (1980 bis 1990) bestätigt diesen Trend; während bis 1982 mehr Geld in die Dritte Welt geflossen ist als von dort in die Industrieländer, hat sich seit 1982 diese Tendenz umgekehrt. Der explosiv gewachsene Schuldendienst bei gleichzeitig stark abnehmenden privaten Bankkrediten für die Dritte Welt und nur noch mäßigen Direktinvestitionen der Wirtschaft bedeutet eine negative "Kapitalbilanz": 1195 Mrd. $ Zuflüssen stand ein Schuldendienst in Höhe von 1528 Mrd. $ gegenüber; insgesamt 333 Mrd. Dollar beträgt per Saldo der Kapitalabfluß in diesem Jahrzehnt (11 Jahre) von den armen in die reichen Länder.
Dieser hohe negative Kapitaltransfer von Süd nach Nord stellt die kreditfinanzierten Entwicklungsstrategien infrage. Auch wenn der Schuldendienst wegen der Zinszahlungen immer höher ist als das aufgenommene Kapital; die kumulative Negativwirkung aus drastisch gestiegenen Zinssätzen (58% der Rückzahlungen allein für die Zinsen), ausbleibendem privaten Kapital und stagnierender öffentlicher Hilfe war für viele Volkswirtschaften der Dritten Welt ruinös, zumal jene ökonomischen Wachstumsimpulse weitgehend ausgeblieben sind, mit deren Hilfe man bei deutlich gesteigerter Ertragslage den Schuldendienst hatte bedienen sollen (2).

Anregungen zur Weiterarbeit:
Vergleichen Sie die Aufwendungen für öffentliche Entwicklungshilfe mit den Zinszahlungen der Dritten Welt. Diskutieren Sie mit ihren SchülerInnen auch die Logik der Kreditvergabe. Was spricht für kreditfinanzierte Investitionen, wie hat sich diese "Theorie" im Nord-Süd-Verhältnis bewährt? "Wer Schulden macht, soll sie auch zurückzahlen". Welche Gültigkeit hat diese häufig anzutreffende Position? Kontroverse Diskussionen erwünscht.

Quellen:
(1) Zahlenangaben aus: Organisation for Economic Cooperation and Development - OECD: Financing and External Debt of Developing Countries, 1990 Survey, Paris 1991. (für 1980 und 1981 aus Survey 1986).
(2) Es sei am Rande vermerkt, daß die Aufstellung hier nur die Kapitalströme aus und in die Dritte Welt erfaßt, nicht aber eine gesamte Zahlungsbilanz der Dritten Welt (incl. der Handelsströme und ihrer Erträge) bedeutet. Auch ein zweiter Hinweis soll Verwirrung reduzieren: Neben den OECD-Angaben werden häufig auch Weltbankangaben (World Debt Tables) zur Beschreibung des "Netto-Kapitaltransfers" herangezogen. Nach den Zahlenaufstellungen der Weltbank (World Debt Tables 1991//92) ist der Nettokapitaltransfer seit 1989 wieder positiv. Die Differenz ist u.a. daraus zu erklären, daß die OECD sämtliche Entwicklungsländer erfaßt (Weltbank nur 114 ELs), auch kurzfristige Schulden und deren Tilgungen miteinbezieht und einzelne Faktoren unterschiedlich berechnet.

Der Schuldendienst geht vor

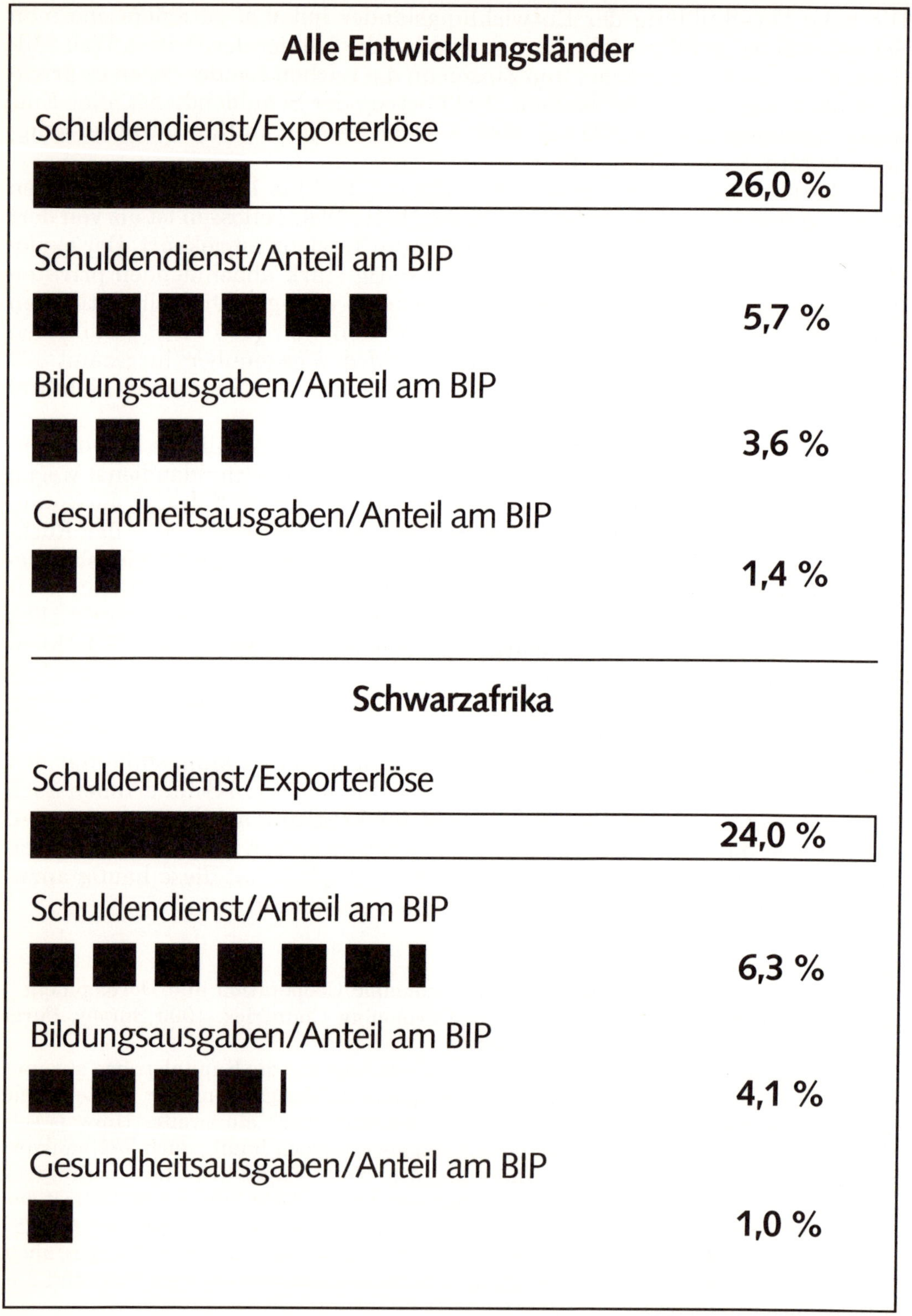

Der Schuldendienst geht vor

Die Belastung der Dritte Welt Länder durch den Schuldendienst ist enorm. Die dauerhaften, hohen Zins- und Tilgungsleistungen der Entwicklungsländer binden einen wesentlichen Teil der knappen Devisen und bedeuten gleichzeitig einen Devisenerwirtschaftungszwang, dem die gesamte Volkswirtschaft unterworfen ist (z.B. Zwang zum Ausbau des Exportsektors um jeden und für jeden Preis). Längst hat der Schuldendienst in vielen Entwicklungsländern absolute Priorität. Die Ausgaben für den Schuldendienst übertreffen dasjenige, was für Bildung und Gesundheitswesen zusammen ausgegeben wird.
Im Durchschnitt der Jahre 1985 bis 1990 haben die Entwicklungsländer 26% ihrer Exporteinnahmen für die Bedienung ihrer Schulden aufgewendet (1). Diese Durchschnittszahl täuscht darüber hinweg, daß in einzelnen Ländern diese Quote sogar noch weit darüber lag (Im "Hungerland" Äthiopien bei 33%, in Uganda (55%), Burundi (44%) und Madagaskar (47%) über 40%. Ghana (35%), die Elfenbeinküste (39%), Bolivien (40%), Honduras (40%) und Papua Neuguinea (36%) sind weitere herausragende Negativbeispiele für einen unglaublichen Schuldendienst) (2). In Schwarafrika insgesamt lag die Quote bei 24%.
Mißt man den Schuldendienst am Bruttoinlandsprodukt (kurz: BIP), der Summe aller im Inland produzierten Güter und erbrachten Dienstleistungen, so kommt man für alle Entwicklungsländer auf einen Prozentanteil von 5,7% (3). Demgegenüber erreichten die Gesamtausgaben für Bildung (3,6%) und für Gesundheit (1,4%) nicht einmal zusammen das, was die Dritte Welt für den ausländischen Schuldendienst aufbringt (4). Diese Aussage gilt auch für das ganz besonders von Hunger und Armut betroffenen Schwarzafrika. Auch dort übertrifft der Schuldendienst (6,3%) die zentralen Sozialausgaben für Bildung (4,1%) und Gesundheit (1%).

Anregungen zur Weiterarbeit:

Zahlungsverpflichtungen einerseits, Sozialverpflichtungen jeder Regierung für ihre BürgerInnen andererseits – welche Priorität ist zu setzen? Lassen Sie den Konflikt im Rollenspiel (Schuldner und Gläubiger diskutieren ihr Schuldenproblem) nachspielen.

Quellen:

(1) Zahlenangaben und Berechnungen aus: World Debt Tables 1991 - 92, Weltbank, Washington 1991. Die Berechnungen der Weltbank gelten "nur" für 90% der EL = 114 Staaten.
(2) Die Angaben über die Schuldendienstquote einzelner Länder gelten nur für das Jahr 1990 und sind dem World Development Report 1992 entnommen.
(3) World Debt Tables 1991-92.
(4) Angaben zum Anteil der Bildung (1989) und des Gesundheitswesens (1987) am BIP aus Human Development Report 1992.

Die Anpassung der Schuldnerländer

Für und wider »Strukturanpassungen«

Pro	Contra
Wachstum und Inwertsetzung der Ressourcen	
Nutzung der produktiven Potentiale des Landes	ökologische Zerstörungen durch Wachstum um jeden Preis
Förderung der Exporte	
vermehrte Deviseneinnahmen des Staates	Export dient weitgehend dem Schuldendienst, kommt nur wenigen zugute
Begrenzung der Löhne	
Eindämmung der Inflation; Verbesserung der internationalen Wettbewerbsfähigkeit	Reallohnverluste für die Arbeiter und Angestellten
Abwertung der Landeswährung	
Verteuerung der Importe kann heimischen Industrien nutzen	Verbilligung der Exporte reduziert die Exporteinnahmen
Begrenzung der Staatsausgaben	
Streichung von unproduktiven Vorhaben und Projekten	Streichungen im Gesundheits- und Sozialbereich
Abbau staatlicher Subventionen	
mehr Einnahmen aus Verkehr, Strom, öffentlicher Versorgung	Verteuerung der Grunddienste gefährdet die Armen
Verbesserung der Steuereinnahmen	
Steuerpflicht auch für die Reichen und hohen Einkommen	Steuerbelastungen für die ohnehin Armen
Marktpreise für Lebensmittel	
Preisanreize für die Bauern, die Produktion zu steigern	unbezahlbare Lebensmittel für die Armen

Die Anpassung der Schuldnerländer

Zu den wichtigsten Folgen der Verschuldung der Dritten Welt gehören die Anpassungsprogramme, die den hochverschuldeten und tendentiell zahlungsunfähigen Ländern vom Internationalen Währungsfonds (IWF) wie von der Weltbank (WB) "nahegelegt" werden. Ohne diese Strukturanpassungsprogramme (SAPs) gibt es keine Beistandskredite dieser Institutionen, ohne diese Beistandskredite widerum gelten die Länder als insolvent und "unangepaßt", was das Ausbleiben privater Kredite, aber auch staatlicher Entwicklungshilfe (die BR Deutschland nimmt es mit diesem Kriterium ganz besonders genau) zur Folge hat.

Die SAPs sind vielfach wegen ihrer negativen Auswirkungen auf die soziale Situation der Armen kritisiert worden. In den frühen 80er Jahren gab es eine Reihe von Veröffentlichungen, die auf die Verschlechterung der Lebensverhältnisse gerade der Armen durch Streichung staatlicher Sozialausgaben, Erhöhung von Preisen für Lebensmittel und Grunddienste (z.B. Schulgeld) oder durch diktierten Lohnstop hingewiesen haben. IWF und Weltbank haben auf diese Kritik mit einer Reihe von Programmen und Finanzierungen reagiert, die den "Schutz der Armen während des Anpassungsprozesses" zum Ziel hatten.

Die negativen sozialen Folgen der SAPs sind unübersehbar; allerdings muß auch in Erwägung gezogen werden, daß eine ökonomische Effizienzsteigerung, die Bekämpfung der Inflation, die Gesundung zerrüteter Staatsfinanzen, der Abbau marktverzerrender und unsinniger Subventionen oder das Ende überbewerteter Währungen durchaus die Lebenssituation aller positiv beeinflussen. Die ökonomische Rationalität vieler Maßnahmen der Strukturanpassung ist kaum zu bestreiten; fraglich bleibt indes, warum gerade die Armen die Kosten dieser Anpassung tragen mußten und ob hier nicht vielfach einem ökonomischen Wachstumsmodell gefolgt wurde, das weder sozial noch ökologisch wünschenswert ist.

Das Schaubild soll gerade die Ambivalenz einzelner SAP-Maßnahmen darstellen, die ökonomische Rationalität ebenso wie die sozialen und ökologischen Folgen verdeutlichen. Die Alternative kann nicht heißen "Strukturanpassung - ja oder nein", sondern muß fragen, wie eine Anpassung vereinbart werden kann, die ökonomische Effizienzsteigerung mit sozialen und ökologischen Belangen verbindet.

Anregungen zur Weiterarbeit:

Sprechen Sie (im Unterricht der Sek. II oder Erwachsenenbildung) anhand der hier aufgeführten Maßnahmen über den Widerstreit zwischen ökonomischer Notwendigkeit und sozialen/ökolog. Belangen. An welchen Stellen stimmen ökonomische Rationalität und soziale Erfordernisse überein? Welche Vermutungen über kurz- oder langfristige Folgen können gemacht werden?

Wo gibt es "Anpassungskonflikte" in unserer Gesellschaft (Werftenkrise, Stahlbranche, Landwirtschaft)?

Deutsche Banken und Schuldenkrise

Forderungen der deutschen Banken

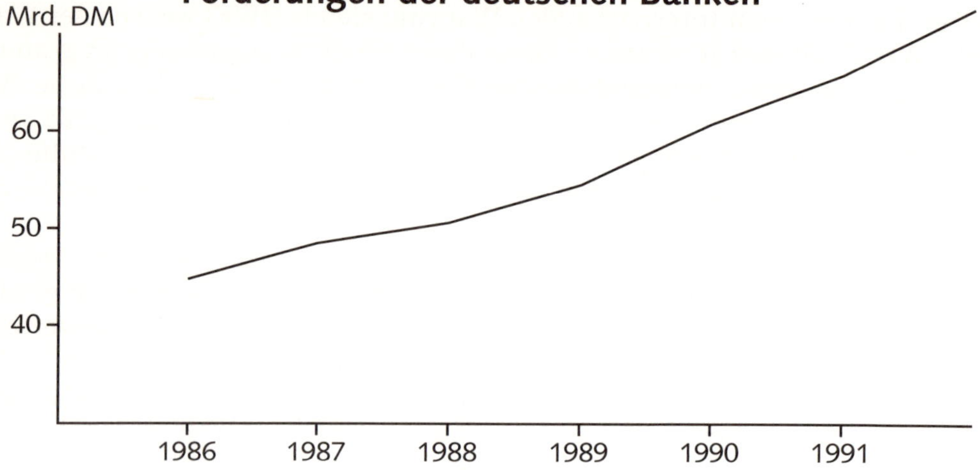

Wie die Wertberichtigung funktioniert

1. Eine deutsche Bank vergibt an ein "Dritte-Welt-Land" einen Kredit.
2. Nach einiger Zeit zeigt sich, daß das Land nicht in der Lage ist, den Kredit zurückzuzahlen.
3. Die Bank nimmt eine Wertberichtigung vor: In der Bilanz wird die Höhe der ausstehenden Forderung stufenweise (Jahr für Jahr) reduziert (berichtigt).
4. Diese Wertberichtigung, das Abschreiben der offenen Forderungen, kann die Bank als Aufwand geltend machen. Dadurch reduzieren sich die zu versteuernden Gewinne der Bank, sie spart Steuern bzw. einen Teil der eigentlich zu zahlenden Steuern wird mit Rücksicht auf die Problemkredite gestundet.
5. Wenn sich der Kredit schließlich als uneinbringlich erweist, wird die Bank ihn endgültig abschreiben. Die Verluste reduzieren erneut die zu versteuernden Gewinne.
6. Entscheidend ist aber, daß die vorläufige Steuerersparnis während der Wertberichtigung nicht verzinst wird. Die Banken erhalten für ihre Wertberichtigungen also ein zinsloses Darlehen der Allgemeinheit. Geschätzte Summe pro Jahr: 1,6 Mrd. DM.
7. Die Forderungen gegenüber den Dritte Welt Ländern bleiben ungeachtet der Wertberichtigungen in voller Höhe bestehen. Von der Wertberichtigung profitieren die deutschen Banken, nicht aber die Schuldnerländer.

Deutsche Banken und Schuldenkrise

Die deutschen Banken haben gegenüber den Entwicklungsländern (Stand: März 92) Forderungen in Höhe von ca. 70 Mrd DM (1). Die Tendenz ist in den letzten Jahren deutlich ansteigend, wie die Grafik zeigt: Ende 1986 beliefen sich die Forderungen noch auf 46 Mrd. DM, Ende 1991 waren es dann schon 67 Mrd. DM. Dies ist gemessen an der Gesamtverschuldung der Dritten Welt noch immer ein nur bescheidener Prozentsatz (2), der deutlich hinter der Größenordnung US-amerikanischer Banken bleibt.

Im internationalen Vergleich haben die deutschen Banken sehr gute Möglichkeiten, durch Wertberichtigungen eine Risikovorsorge bei den gefährdeten Krediten vorzunehmen (3). "Notleidende Kredite" werden in der Bilanz stufenweise "wertberichtigt", nach unten korrigiert; die hierbei eintretenden Verluste gelten als Aufwand, reduzieren also die Gewinnsumme, für die von den Banken Körperschaftssteuer entrichtet werden müßte. Die Steuerersparnis wird quasi im Vorgriff auf den Fall gewährt, daß die Kredite sich tatsächlich als uneinbringlich erweisen sollten. Zahlt das Schuldnerland den Kredit doch zurück, so muß die Steuerersparnis zurückerstattet werden. Wird der Kredit endgültig "abgeschrieben", so kann die Bank ihn ausbuchen.

In jedem Fall ist die im Vorgriff gewährte Steuerstundung zinslos. Die deutschen Banken verdienen durch diese zinslosen Kredite jedes Jahr ca. 1,6 Mrd DM, ein Geschenk der Allgemeinheit (4). Was bilanztechnisch längst wertberichtigt ist, bleibt andererseits als Forderung gegenüber den Dritte Welt-Ländern in voller Höhe bestehen.

Wenn die Allgemeinheit sich schon durch Steuereinnahmeverluste am Risiko beteiligt, so muß sie auch ein Recht haben, dies mit Bedingungen zu verbinden. Die steuerliche Abschreibung sollte daran geknüpft werden, daß auch die Forderungen gegenüber der Dritten Welt innerhalb einer bestimmten Frist gestrichen oder teilreduziert werden.

Anregungen zur Weiterarbeit:

Wenn eine Vertiefung der sicher recht speziellen Problematik (z.B. in den Fächern BWL, VWL) gewünscht ist, kann dies in Gesprächen mit örtlichen Bankenvertretern angesprochen werden. Nachfragen bei den Banken bekunden das Interesse der KundInnen, daß diese ihre internationale Verantwortung wahrnehmen.

Quellen:

(1) Vergl. Monatsberichte der Dt. Bundesbank, Statistische Beihefte Reihe 3, Mai 1992. Die OPEC-Länder und die "Off-Shore Bankenzentren" auf den Bahamas oder Bermudas, in Bahrain, Hongkong etc. werden hier nicht unter die EL gezählt.

(2) Der Prozentsatz liegt bei 3%. Zählt man alle Entwicklungsländer (incl. Offshore-Bankplätze und OPEC-Länder) zusammen, so bestehen von Seiten der deutschen Banken Forderungen (März 1992) in Höhe von ca. 115 Mrd DM (= ca. 5% der Gesamtverschuldung).

(3) Die Wertberichtigungen und damit die Risikovorsorge der deutschen Banken liegen bei ca. 50% bis 85% der Forderungen. Die Deutsche Bank (z.B.) hat ihre wackeligen Kredite zu 84% wertberichtigt (FR v. 3.4.92).

(4) Schätzung des Aktionsbriefes 2 von "Weltwirtschaft, Ökologie & Entwicklung", Bonn 1992.

Schuldendienst für den Bundeshaushalt

Schulden der Dritten Welt gegenüber der Bundesregierung (1990)

Kredite der Entwicklungshilfe	32 Mrd. DM
Kredite für Exportgarantien	13 Mrd. DM
Forderungen der ehemaligen DDR	5 Mrd. DM
öffentliche Gesamtschulden	**50 Mrd. DM**

Kapitalhilfe - Rückflüsse

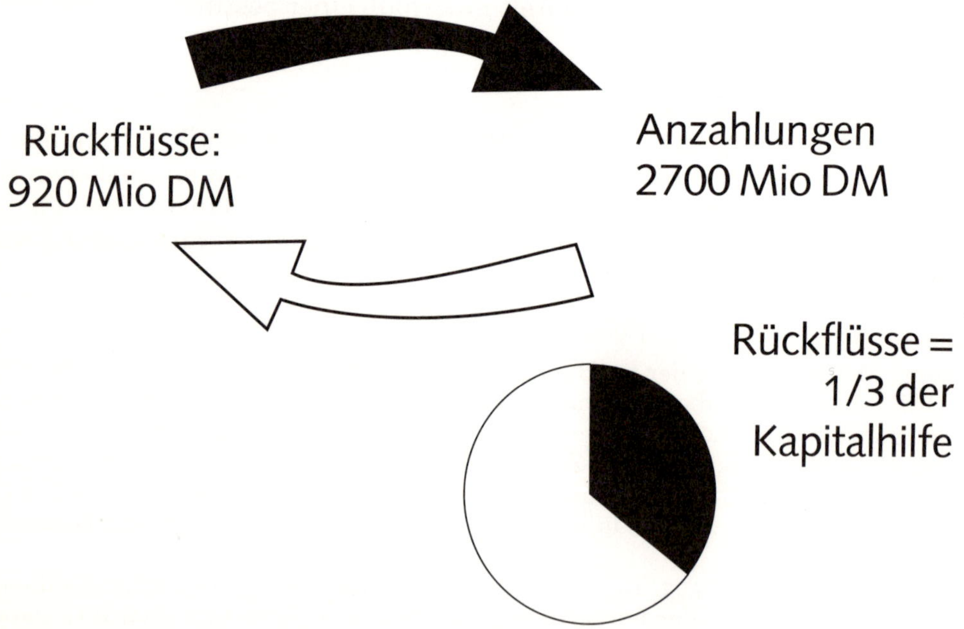

Schuldendienst für den Bundeshaushalt

Gegenüber der Bundesrepublik Deutschland, vertreten durch die Bundesregierung, standen die Länder der Dritten Welt Ende 1990 mit ca. 50 Mrd. DM in der Kreide (1).
Den größten Teil dieses beachtlichen Schuldenberges ("öffentliche Verschuldung") machen die Schulden aus Entwicklungshilfe-Krediten aus. Denn der wesentliche Teil der staatlichen Entwicklungshilfe, die "Finanzielle Zusammenarbeit" oder "Kapitalhilfe", wird auf Kreditbasis vergeben, wovon lediglich die ärmsten Entwicklungsländer ausgenommen sind. Diese günstig verzinsten Kredite müssen nach gewissen tilgungsfreien Fristen zurückgezahlt werden. Mittlerweile hat sich ein Schuldenberg von ca. 32 Mrd. DM aufgetürmt, den die Länder der Dritten Welt zurückzahlen sollen. Ein zweiter wesentlicher Bereich sind die Schulden aus Exportgarantien, die "Hermes-Kredite". Mit den Hermes-Ausfuhrbürgschaften sichert die Bundesregierung deutschen Firmen zu, daß sie im Falle fehlender Zahlungsfähigkeit ihrer Geschäftspartner (z.B. in der Dritten Welt) aus Steuermitteln entschädigt werden. Wenn dieser Schadensfall eintritt, übernimmt der Bundesfinanzminister die Kompensation; dem Empfängerland wird diese Summe dann aber als Kredit in Rechnung gestellt, der zurückzuzahlen ist. Die Kreditsumme der Dritten Welt betrug Ende 1990 ca. 13 Mrd. DM (2). Letzlich bleiben noch ca. 5 Mrd. DM an Forderungen, welche die Bundesregierung als Erbmasse der ehemaligen DDR übernommen hat.
Die Bundesregierung hat sich auf internationaler Ebene mehrfach gegen einen generellen Schuldenerlaß ausgesprochen. Schulden werden nur im Einzelfall erlassen, wenn die ärmsten Länder ohnehin nicht mehr zahlungsfähig sind oder wenn sie sich den Strukturanpassungsprogrammen von Weltbank und IWF unterworfen haben. Mitte 1992 hatte die Bundesregierung den Entwicklungsländern ca. 9 Mrd. DM Schulden aus Entwicklungshilfe (von insgesamt 32 Mrd. DM, also 28%) erlassen. Die Rückflüsse aus der Entwicklungshilfe bleiben dennoch beträchtlich. 1992 werden Rückflüsse in Höhe von 920 Mio. DM für den Bundeshaushalt erwartet (3). Dem steht neu-vergebene Kapitalhilfe in Höhe von ca. 2,7 Mrd. DM gegenüber. Rund ein Drittel der Kapitalhilfe fließt also als Schuldendienst aus früherer Entwicklungshilfe jährlich an den Finanzminister.

Anregungen zur Weiterarbeit:
Schreiben Sie Briefe an Politiker und Parteien, in denen Sie nach der Bereitschaft zum Schuldenerlaß fragen. Diskutieren Sie die Antworten in der Klasse.

Quellen:
(1) Alle Zahlenangaben nach Angaben der Bundesregierung, zitiert aus Informationsbrief Weltwirtschaft & Entwicklung (SD 4/91).
(2) Neben diesen bereits fällig gewordenen Hermes-Krediten (13 Mrd. DM) existieren gegenüber der Dritten Welt weitere Bürgschaften in Höhe von 125 Mrd. DM (!!). Auch diese Summe wird bei Zahlungsunfähigkeit der Empfängerländer in Kredite (Schulden) umgewandelt.
(3) Für den Bundeshaushalt 1992 werden aus der Dritten Welt erwartet: 868 Mio. DM Tilgungszahlungen; 251 Mio. Zinszahlungen; 200 Mio. DM davon werden wieder als zusätzliche Kapitalhilfe eingestellt; verbleiben also netto ca. 920 Mio. DM Rückflüsse, 1/3 der gesamten Kapitalhilfe.

Schuldenkauf für Naturschutz

So funktionieren »debt for nature swaps«

1. Eine Umweltgruppe will im Lande XY ein Naturschutzgebiet einrichten, damit der dortige Regenwald geschützt wird.

2. Sie kauft deshlab Schuldentitel dieses Landes auf, die von internationalen Banken mit einem Abschlag (z.B. 50 %) angeboten werden, weil das Land zahlungsunfähig ist.

3. Diesen Schuldschein bietet die Umweltorganisation der Regierung des betroffenen Landes an; er soll eingelöst werden gegen die Einrichtung eines Naturschutzgebietes.

4. Die Regierung folgt diesem Vorschlag und richtet ein solches Reservat ein. Dafür erhält sie den Schuldschein.

5. Die Eigentumsrechte und die Kontrolle über die Einhaltung der Bestimmungen werden auf eine lokale Organisation vor Ort übertragen. Diese erstattet regelmäßigen Bericht nach Europa.

Debt for Nature Swaps bis 1990:

100 Mio $

Gesamtschulden der Entwicklungsländer 1990:

1.450.000 Mio $

Schuldenkauf für Naturschutz

Seit einigen Jahren engagieren sich einige internationale Umweltorganisationen (z.B. WWF), aber auch kleinere Initiativen beim Kauf von Schuldentiteln, die dann für den Naturschutz aufgewendet werden. Meist kauft man eine bestimmte Fläche Land (z.B. Regenwaldgebiet), um es unter Naturschutz stellen zu lassen und dann einer örtlichen "Nichtregierungsorganisation" (NRO) zu überschreiben.
Diese "debt for nature swaps" profitieren davon, daß seit einiger Zeit uneinbringliche Schuldenforderungen gegenüber Dritte Welt-Ländern "verbilligt" auf Sekundärmärkten zum Verkauf angeboten werden. Je nach Wirtschaftskraft des betreffenen Landes werden derartige Forderungen teilweise mit erheblichem Abschlag offeriert; Schuldentitel für Bolivien wurden 1991 z.B. zu 10% des Nennwertes gehandelt (1). Mit diesem erworbenen Schuldtitel kauft die Umweltorganisation von der Regierung ein Stück Land, das dann als Naturschutzgebiet eingerichtet wird. Die Eigentumsrechte werden an eine örtliche NRO oder an die Regierung (z.B. Umweltministerium) übertragen, die auch über die Einhaltung der Naturschutzbestimmungen wachen sollen. Mit diesen debt for nature swaps sollen ökologisch gefährdete Gebiete erhalten werden; gleichzeitig wird – so die Überlegung – die Außenverschuldung abgebaut, weil zur Einlösung des Schuldscheines keine ausländischen Devisen aufgebracht werden müssen.
In der Realität sind mit dem "Schuldentausch gegen Naturschutz" viele Probleme verbunden: Indigene Völker werden aus Naturschutzreservaten vertrieben oder müssen ihre bisherige Landnutzung aufgeben, einheimische Partnergruppen sind schwer zu finden, eine effektive Kontrolle (z.B. des Abholzungsverbotes) ist kaum zu gewährleisten, die Inflation könnte verstärkt und die Schuldentitel könnten nachfragebedingt wieder teurer werden.
Debt for nature swaps sind also kaum das Modell zur Rettung des Regenwaldes oder zur Lösung des Schuldenproblems. Insgesamt wurden bis 1990 lediglich Schulden in Höhe von 100 Mio. $ in Naturschutz umgewandelt, dies waren 0.007% der Gesamtschulden von 1990 (1450 Mrd. $).

Anregungen zur Weiterarbeit: Ein Rollenspiel könnte das Problem des "Ökoimperialismus" verdeutlichen. Eine Gruppe reicher Emire kauft über debt for nature swaps ein großes Stück unserer Heimatstadt auf, die stark im Ausland verschuldet ist, und richtet dort ein Naturschutzgebiet ein. Einheimische dürfen das Gebiet ab sofort nicht mehr betreten und nicht mehr landwirtschaftlich nutzen. Eine einheimische Gruppe, die eng mit den Emiren zusammenarbeitet, erhält die Eigentumsrechte.
Wie würden wir auf eine derartige "Umwandlung von Schulden in Naturschutz" reagieren? Diskutieren Sie auch mögliche Alternativen (z.B. Übertragung von Eigentumsrechten an indigene Völker). Warum ist dieses Modell andererseits für uns als SpenderInnen besonders attraktiv?

Quellen: (1) Vergl. UN: Transnational Banks and the external Indebtedness of Developing Countries, New York 1992.
(2) Zahlenangaben aus WEED: Ökologische Dimensionen der Weltwirtschaftsbeziehungen, Bonn 1992.

Weltweit Hilfe für wen?

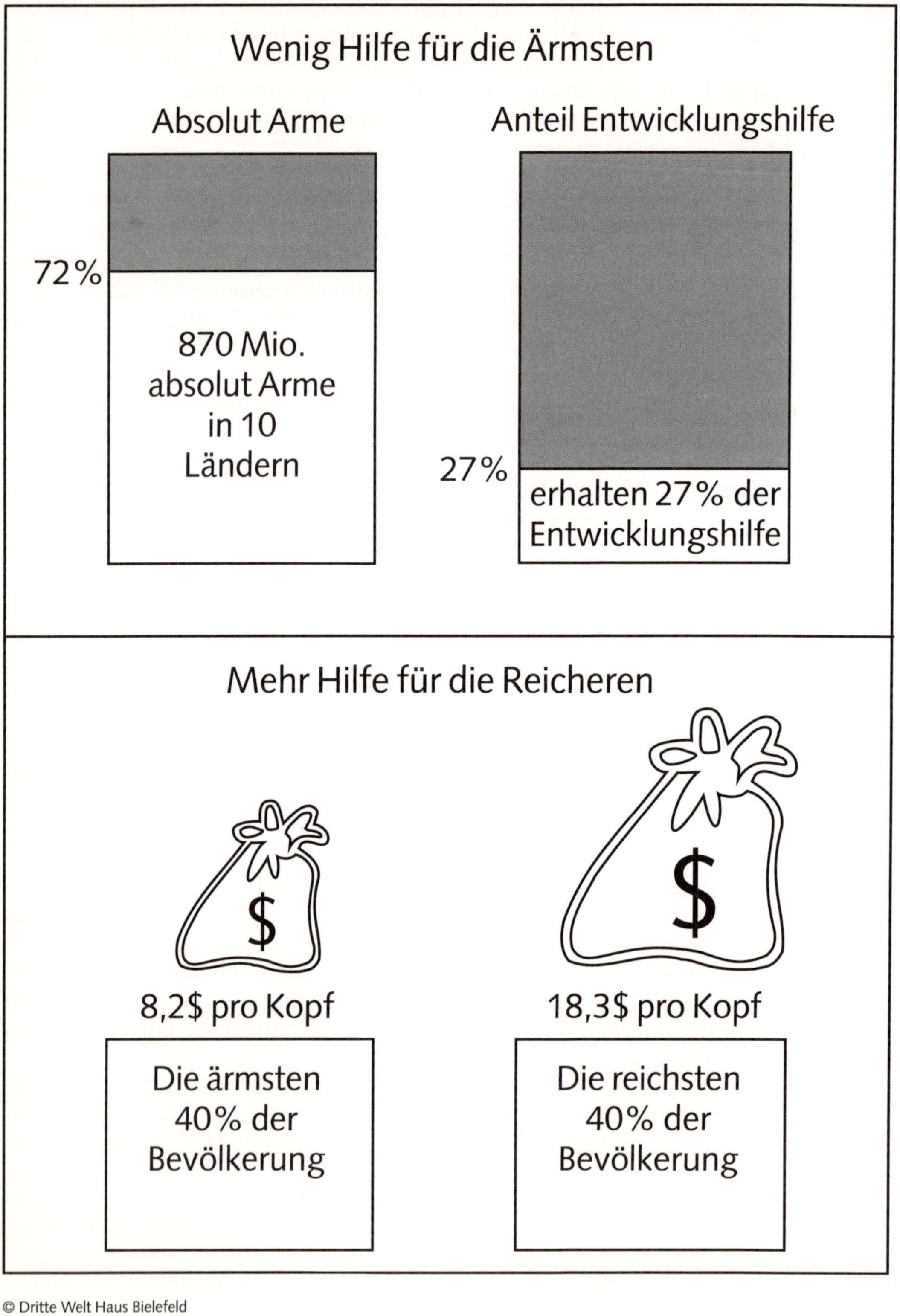

Weltweite Hilfe für wen?

Daß die Entwicklungshilfe nicht unbedingt die Ärmsten der Armen erreicht, gehört nicht nur zu den Ausreden jener, die Entwicklungshilfe nicht unterstützen wollen, sondern auch zu den Feststellungen derer, die sich ernsthaft mit den Auswirkungen dieser Transferzahlungen beschäftigen. Weil Entwicklungshilfe vielen Interessen gehorchen soll (Armutsbekämpfung, Aufstandsbekämpfung, Verbesserung der "Rahmenbedingungen", Flankierung von ökonomischer "Anpassung", außenpolitische Bindungen, wirtschaftliche Zusammenarbeit, Exportförderung der einheimischen Industrie) und gleichzeitig in einem spezifischen soziokulturellen Umfeld realisiert werden muß, ist sie im Endeffekt oft widersprüchlich und wenig effektiv.

Alle geben vor, mit Entwicklungshilfe (EH) die Armut bekämpfen zu wollen. Nach einer Aufstellung (1) des United Nations Development Programme (UNDP) fließt aber nur ein geringer Teil der EH dorthin, wo die wirklich Armen leben. 72% der absolut Armen leben in nur 10 Ländern der Dritten Welt (u.a. Indien, China, Bangla Desh). Diese 10 Länder erhalten aber nur 27% der weltweiten Entwicklungshilfe. Dieses Zahlenverhältnis deutet an, daß die Bekämpfung der Armut ganz offensichtlich nicht leitende Richtschnur der Vergabe von Entwicklungshilfe ist.

Äuffällig auch die Verteilung der Zielgruppen der Entwicklungshilfe, bezogen auf das jeweilige Empfängerland. Das UNDP geht davon aus, daß ein deutlich höherer Anteil der Entwicklungshilfe eher die reicheren Schichten eines Landes erreicht. Für die unteren 40% der Bevölkerung fließen pro Kopf 8,2 $ Entwicklungshilfe, die oberen 40% werden dagegen mit 18,3 $ pro Kopf bedacht, mehr als doppelt so viel.

Gerade die sozialen Verhältnisse in den einzelnen Ländern sind eine wesentliche Bedingung für Entwicklungshilfe, die schon aus diesem Grunde häufig scheitern muß. Wo immer wir helfen, machen wir die Armen ärmer und die Reichen reicher, behauptet Brigitte Erler in ihrem Buch "Tödliche Hilfe" (Dreisam-Verlag, Freiburg 1985). Gut gemeinte Projekte, Infrastrukturmaßnahmen, Straßen, Energie, dies alles nutzt am Ende den Reichen, die sich diese Dinge aneignen, während die Mehrheit der Armen nicht nur leer ausgeht, sondern nach dieser eingeleiteten Modernisierung weniger ökonomische und soziale Chancen hat als vorher. Eine umstrittene These, welche die Autorin an verschiedenen Beispielen erläutert; sie hat sicher einige Plausibilität für sich und läßt nach der Zielrichtung von Entwicklungshilfe fragen.

Anregungen zur Weiterarbeit:
Lassen Sie die SchülerInnen über die Verteilung der Entwicklungshilfe diskutieren. Welche Interessen werden mit der Entwicklungshilfe in Verbindung gebracht? Wie wird der relativ geringe Anteil der direkten Armutsbekämpfung wohl legitimiert? Welche besonderen Schwierigkeiten gibt es, mit Entwicklungshilfe die absolut Armen bzw. gerade die Ärmsten innerhalb einer Gesellschaft zu erreichen? Wie könnte man diese Probleme verringern – oder wäre es besser, das ganze zu lassen? Welche Schwierigkeiten ergäbe es wohl, wenn OPEC-Länder in unserer Stadt Entwicklungshilfeprojekte durchführen wollten?

Quellen:
(1) Alle Zahlenangaben aus UNDP: Human Development Report 1992.

Seltsame Vergabe von Entwicklungshilfe

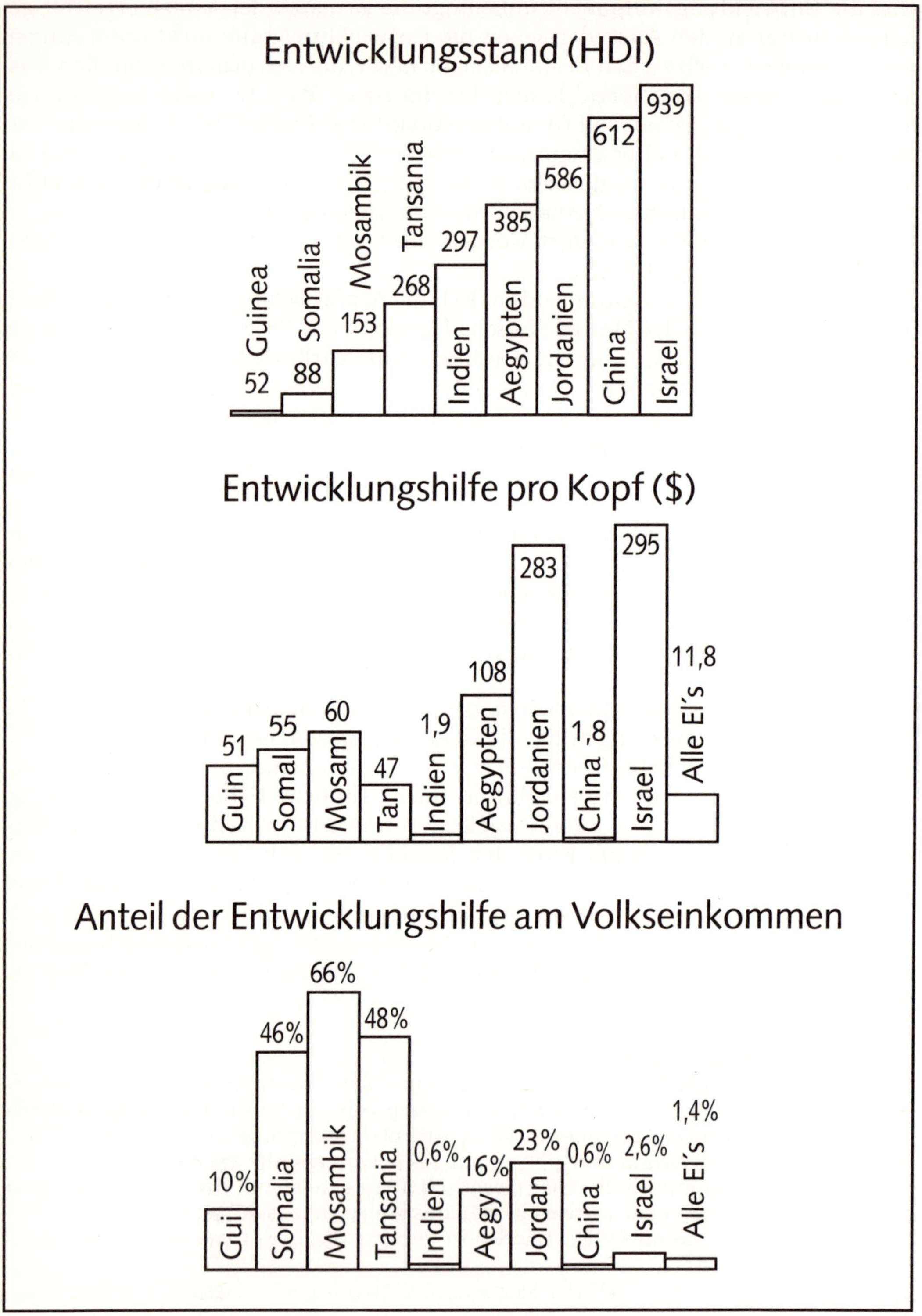

Seltsame Vergabe von Entwicklungshilfe

Entwicklungshilfe steht unter dem Anspruch der Armutsbekämpfung. Entsprechend könnte man annehmen, daß sie vor allem dorthin gegeben wird, wo die Armut am größten ist. Tatsächlich aber folgt die Entwicklungshilfe vielfach auch anderen Interessen; die Hilfe für "befreundete Regierungen" oder für Länder in strategisch wichtigen Gebieten (z.B. Naher Osten) beträgt oft ein Vielfaches der Hilfszuweisungen für andere, gerade auch sehr arme Staaten.
Am Beispiel von neun verschiedenen Ländern soll deutlich werden, daß die Vergabe von Entwicklungshilfe (bilaterale und multilaterale EH) offensichtlich weder strikt nach der sozialen Situation in den einzelnen Ländern noch nach der ökonomischen Stärke oder Schwäche des jeweiligen Empfängerstaates vergeben wird. Im oberen Schaubild sind zunächst die Staaten gemäß ihres "Entwicklungsstandes" in steigender Reihenfolge abgebildet. Dieser Entwicklungsstand folgt dem Human Development Index (HDI), einer Kennzahl aus Lebenserwartung, Bildungsstand und realer Kaufkraft pro Kopf (BSP pro Einwohner), die deutlich aussagekräftiger ist als die schlichte Angabe des Pro Kopf-Einkommens (1).
Vergleicht man nun diese Rangfolge mit der in der mittleren Abbildung wiedergegebenen "Entwicklungshilfe pro Kopf", d.h. pro EinwohnerIn im Empfängerland, so fällt auf, daß Israel und Jordanien ein Mehrfaches der Entwicklungshilfe erhalten, die den ärmsten Ländern wie Guinea, Somalia oder Mosambik zugeht (2). Auch das relativ reiche Ägypten wird noch immer mehr als doppelt so großzügig bedacht wie Guinea, das auf der HDI-Skala als ärmstes Land der Welt gilt. Indien, wo 410 Mio. Menschen in absoluter Armut leben, erhält lediglich eine Pro Kopf-Hilfe von 1,9 $. Im Durchschnitt aller Entwicklungsländer macht übrigens die gesamte bi- und multilaterale Entwicklungshilfe einen Betrag von 11,8 $ pro EinwohnerIn aus.
Aufschlußreich ist auch ein Blick auf die Größenordnung, welche die internationale Entwicklungshilfe insgesamt im Verhältnis zum Volkseinkommen (Bruttoinlandsprodukt) der jeweiligen Länder ausmacht. Während z.B. China gerade einmal 0,6% seines Einkommens aus der Entwicklungszusammenarbeit erhält, sind andere Staaten völlig von äußeren Geldzuweisungen abhängig; Mosambik (66%), aber auch Tansania (48%) und Somalia (46%) gelten als "overaided"; ihre finanzielle Situation ist völlig davon bestimmt, was die internationalen Quellen der Finanziellen und Technischen Zusammenarbeit für diese Länder vorsehen (3). Im Durchschnitt der Empfängerländer macht die Entwicklungshilfe im übrigen nur 1,4% des Bruttoinlandsproduktes aus, ist also weit weniger bedeutend als häufig vermutet.

Anregungen zur Weiterarbeit:
Erläutern und Diskutieren Sie mit den SchülerInnen, welcher Informationsgehalt aus den einzelnen Abbildungen herauszulesen ist. Welches Ungleichgewicht fällt den SchülerInnen am meisten auf? Wie wird die "seltsame Vergabe der Entwicklungshilfe" gedeutet?
Wie wird insgesamt die Größenordnung und der Stellenwert der Entwicklungshilfe beurteilt?

Quellen:
(1) Vergl. UNDP: Human Development Report 1992.
(2) Vergl. World Development Report 1992.
(3) Ebenda.

Entwicklungshilfe für die Ärmsten?

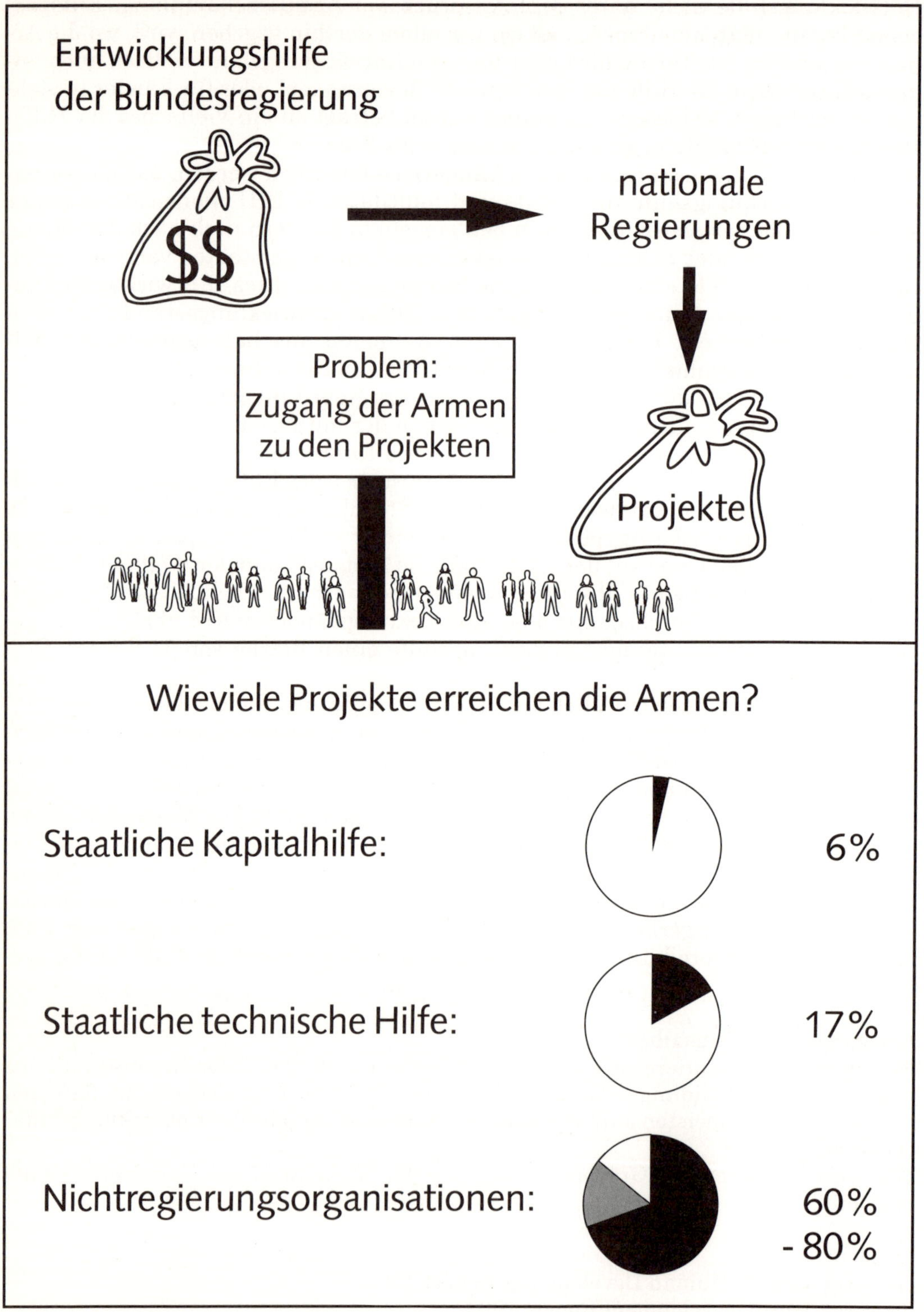

Entwicklungshilfe für die Ärmsten?

Staatliche Entwicklungshilfe beinhaltet im wesentlichen eine Zusammenarbeit zwischen den Regierungen bei bestimmten Projekten. Die deutsche Bundesregierung vergibt Gelder an die Regierungen in der Dritten Welt für Vorhaben, die gemeinsam beschlossen werden. Ohne Zustimmung der Regierungen kann staatliche Entwicklungszusammenarbeit (EZ) nicht realisiert werden.
Wenn EZ wirklich die Armen erreichen will, sind hier die Probleme und Konflikte schon vorprogrammiert. Denn nicht selten gehört eine Verbesserung der Lebenssituation der Armen keineswegs zu den Prioritäten nationaler Regierungen – dies gilt für Industrie- wie für Entwicklungsländer. Stattdessen ist man bestrebt, bestimmte lukrative Großprojekte fördern zu lassen oder zumindest dafür zu sorgen, daß der Nutzen von Entwicklungsprojekten dem eigenen Klientel (Gruppe, Volksgruppe, Wählerschaft) zugute kommt. An Selbsthilfe, an der politischen Selbstorganisation der Armen haben die meisten Regierungen kein Interesse.
Manche KritikerInnen folgern daraus, daß staatliche Entwicklungshilfe kaum eine Chance echter Armutsbekämpfung hat und daß man das Feld eher den Nichtregierungsorganisationen überlassen sollte, welche direkt mit Menschen, Gruppen, Genossenschaften zusammenarbeiten können, ohne daß der Staat alles bestimmt.
Unter der Fragestellung "Armutsbekämpfung durch Hilfe zur Selbsthilfe" wurden verschiedene Durchführungsorganisationen der Entwicklungshilfe gebeten, darüber Rechenschaft abzulegen, wieviele ihrer Projekte tatsächlich den Armen (Definitionsproblem) zugute kommen und Selbsthilfeprozesse unterstützen. Die Kreditanstalt für Wiederaufbau (KfW), welche die staatliche Finanzielle Zusammenarbeit realisiert, gab an, daß ca. 6% ihrer Projekte diesen Kriterien entsprächen (1). Bei der technischen Zusammenarbeit der GTZ (2) wurden 17% genannt. Die verschiedenen Nichtregierungsorganisationen gaben unterschiedliche Ziffern zwischen 60% und 80% an oder verweigerten derartige Zahlenangaben. Dabei ist zu beachten, daß alle diese Zahlen eigene Aussagen sind, die eher eine optimistische Einschätzung widerspiegeln.

Anregungen zur Weiterarbeit:
Diskutieren Sie mit ihrer Klasse die besonderen Schwierigkeiten, mit staatlicher Entwicklungshilfe die Armen zu erreichen und auch noch Selbsthilfeprozesse in Gang zu setzen.
Wenn Ihre Klasse oder Ihr Kurs vertieft in diese Thematik einsteigen will, könnten Sie u.U. einen Besuch in Bonn planen. Ein Besuchsprogramm des Deutschen Bundestages (Sie können auf Einladung Ihres zuständigen Bundestagsabgeordneten mit der Klasse nach Bonn fahren), der Fraktionen oder auch der Bundesregierung (BMZ, Referat Öffentlichkeitsarbeit, PF 12 03 22, 5300 Bonn 1) wären die Finanzierungsmöglichkeiten. In Bonn könnten Sie Gespräche im BMZ führen, mit zuständigen Politikern reden oder auch – als Kontrast – eine Nichtregierungsorganisation (Deutsche Welthungerhilfe, Andheri-Hilfe, Ev. Zentralstelle für Entwicklungshilfe etc.) besuchen.

Quellen:
(1) Vergl. den "Selbsthilfebericht" der Bundesregierung, BT.-Drs. 12/924 (Juli 1991). Die 6% sind ein Mittelwert aus 1985-1990.
(2) Deutsche Gesellschaft für technische Zusammenarbeit.

Großzügige deutsche Entwicklungshilfe?

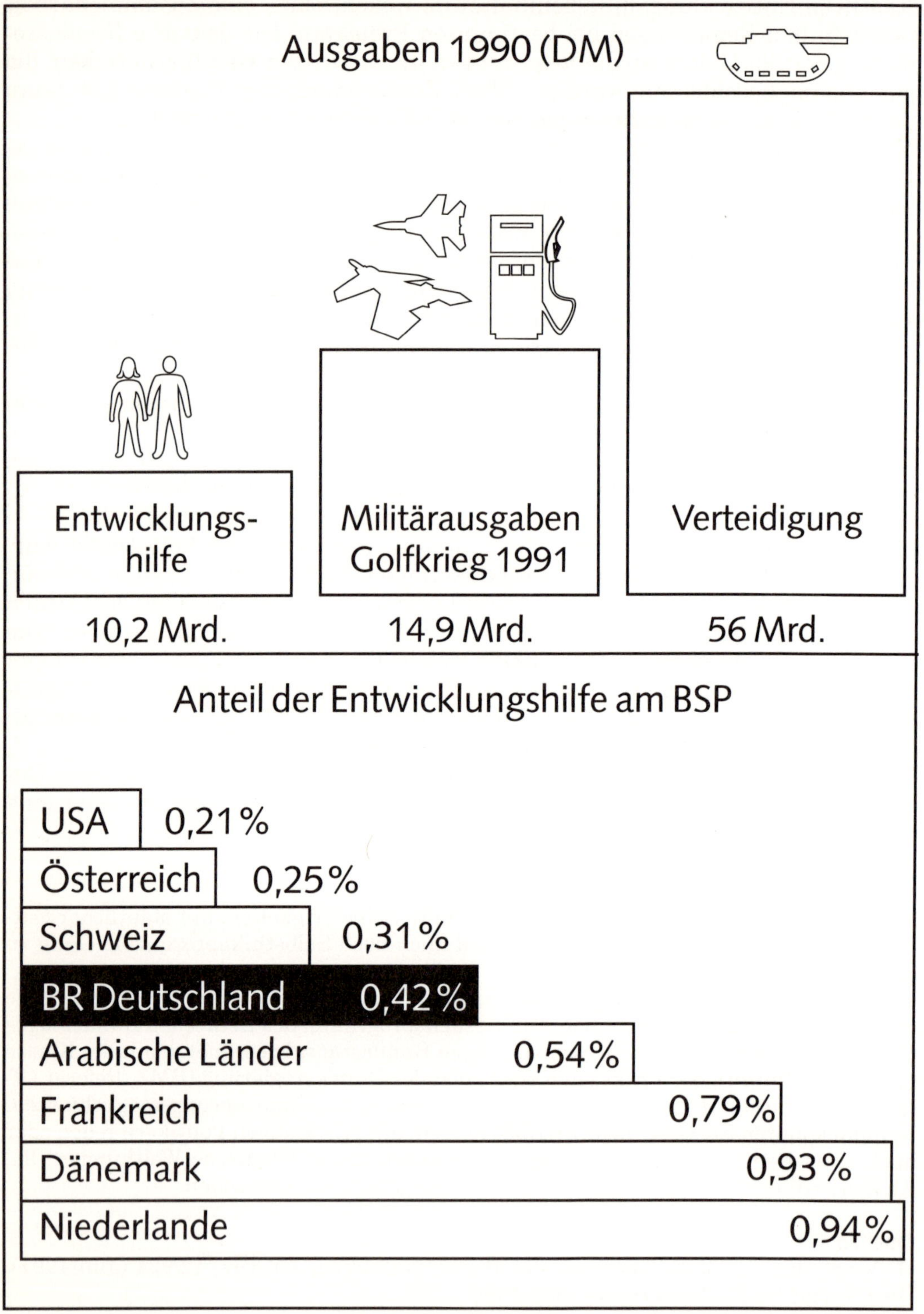

Großzügige deutsche Entwicklungshilfe?

Die "Milliardenbeträge" für die Entwicklungshilfe spielen im Bewußtsein der Öffentlichkeit eine große Rolle. Nach landläufiger Überzeugung gibt die Bundesrepublik Deutschland großzügig für die Völker des Südens. Doch wenn man die Entwicklungshilfeaufwendungen mit anderen Ausgaben mißt, ist Bescheidenheit eher angesagt. Auch im internationalen Vergleich nimmt die Gebefreudigkeit der Deutschen keinen Spitzenplatz ein.

Die Aufwendungen der Deutschen für Entwicklungshilfe lagen 1990 bei 10,2 Mrd. DM (1). Diese Summe ist sicher ein erheblicher Betrag, doch im Vergleich zu anderen staatlichen Aufwendungen verblassen diese Beträge für die ca. 4 Mrd. Menschen, die in der Dritten Welt leben. Als im Januar 1991 der (zweite) Golfkrieg von den USA und ihren Verbündeten inszeniert wurde, war die Bundesrepublik, wenn nicht militärisch, so doch als Finanzier zur Stelle. Kurzfristig ist es gelungen, aus dem Bundeshaushalt 14,9 Mrd. DM - dies ist allein die Summe für die militärischen Aufwendungen (2) des Golfkrieges - zu mobilisieren. Eine weitere Vergleichszahl macht die relative Höhe der Entwicklungshilfe deutlich: Im Jahre 1990 lagen die Verteidigungsausgaben bei rund 56 Mrd. DM (3).

Auch im internationalen Vergleich ist die Situation keineswegs vorbildlich. Schon 1976 hatte der damalige Bundeskanzler Schmidt vor der UNO versprochen, die Deutschen würden ihre Entwicklungshilfe auf 0,7% des Bruttosozialproduktes (BSP) anheben. 1992 hat Bundeskanzler Kohl vor der UNCED (Konferenz für Umwelt und Entwicklung) davon gesprochen, die Deutschen würden "so schnell wie möglich" versuchen, dieses 0,7%-Ziel zu erreichen. Warum auch 1992 erneut ein verbindlicher Zeitplan nicht genannt wurde, liegt auf der Hand; der Anteil der Entwicklungshilfe am BSP liegt bei gut 0,4% (1990 bei 0,42%) und ist damit deutlich von der 0,7%-Marke entfernt. Während die BR Deutschland mit ihren relativen Entwicklungshilfeaufwendungen einen guten Mittelplatz unter den Geberländern einnimmt, liegen die USA, aber auch Österreich und die Schweiz noch darunter. Die arabischen Länder (4), aber mehr noch Frankreich, die skandinavischen Länder und die Niederlande sind dagegen deutlich stärker bereit zu einem weltweiten Solidaritätsbeitrag.

Anregungen zur Weiterarbeit:

Diskutieren Sie die Berechtigung der Golfkriegs- oder Verteidigungsausgaben im Verhältnis zur Entwicklungshilfe. Welches Sicherheitsverständnis liegt derartigen Ausgabenprioritäten zugrunde? Auf wessen Kosten (Umschichtungen) könnte die Entwicklungshilfe (EH) – wenn überhaupt – erhöht werden und mit welchen Widerständen wäre in einem solchen Fall zu rechnen? Was spricht gegen eine rein quantitative Bewertung der EH?

Quellen:

(1) Gesamte Öffentliche Entwicklungshilfe (ODA) incl. Ausgaben der Länder für 1990. Vergl. BMZ Journalistenhandbuch 91/92.

(2) Vergl. Antwort der Bundesregierung auf die Kleine Anfrage der PDS/Linke Liste, BT-Drs. 12/1035.

(3) Verteidigungsetat (EPL. 14) 1990 plus Aufwendungen für Verteidigungslasten und zivile Verteidigung.

(4) Algerien, Irak, Kuwait, Libyen, Saudi-Arabien und VAR. Angabe gilt für 1989, zitiert nach BMZ Journalistenhandbuch 1991//92.

(5) BSP-Anteil der EH aus World Development Report 1992.

Deutschland zuerst?

Aufbauhilfe für den Osten 1991:

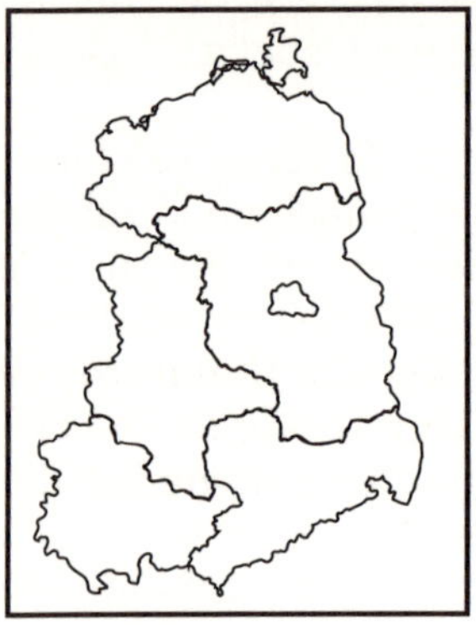

140 Mrd DM

Hilfe pro Einwohner: **8.537,- DM**

Entwicklungshilfe für den Süden 1991:

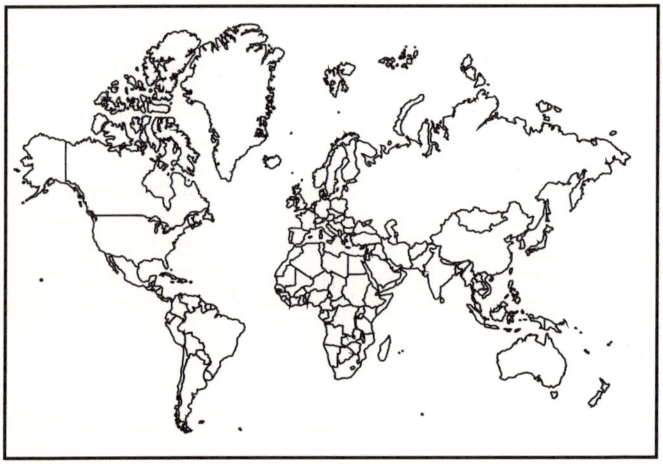

11 Mrd DM

Hilfe pro Einwohner: **2,69 DM**

Deutschland zuerst?

Seit der deutschen Wiedervereinigung hat die Aufbauhilfe für die neuen Bundesländer im Osten hohe finanzpolitische Priorität. In erheblichem Maße werden öffentliche Gelder für Aufbau und Entwicklung dieser Gebiete mobilisiert; Zielvorgabe ist dabei die Schaffung gleicher Lebensverhältnisse in Ost und West. Im krassen Gegensatz dazu steht die durchaus bescheidene Entwicklungshilfe für den Süden.
Nach Angaben der Deutschen Bundesbank (1) haben Bund, westliche Länder und Gemeinden im Jahre 1991 insgesamt 140 Mrd. DM in den Osten transferiert (1). Daß trotz dieses hohen Betrages der wirtschaftliche Aufbau in den fünf neuen Ländern schwierig und langwierig ist, hat sich mittlerweile herumgesprochen. Vor allem die soziale Situation vieler der 16,4 Mio. OstbürgerInnen ist noch weit vom allgemeinen Lebensstandard vieler Menschen in der BRD (West) entfernt. Immerhin errechnet sich pro Kopf der Bevölkerung der ehemaligen DDR eine Transfersumme von 8537.- DM.
Diese Pro Kopf-Berechnung soll einen Vergleich mit der Entwicklungshilfe möglich machen, welche die Bundesrepublik Deutschland für die gut 4 Milliarden Menschen des Südens leistet. Bei Gesamtaufwendungen von rund 11 Mrd. DM (2) macht die Entwicklungshilfe pro Mensch eine Summe von 2.69 DM aus. Das Mißverhältnis liegt auf der Hand – und soll Anlaß zum Nachdenken geben.

Anregungen zur Weiterarbeit:
Was ist an einer derartigen Gegenüberstellung vielleicht ärgerlich (vor allem für Menschen aus den neuen Bundesländern)? Diskutieren Sie mit Ihren SchülerInnen Kriterien für eine "angemessene Unterstützung" (Volksgenossen, Nachbarschaft, wirtschaftliche Zugehörigkeit, Größe der Bedürftigkeit, Begrenztheit der Aufgabe etc.). Welches effektive Veränderungspotential sehen sie in der Aufbauhilfe Ost, welches in der Entwicklungshilfe? Zu welchen Solidaritätsopfer sind wohl die Menschen bei uns bereit – für den Osten wie für den Süden? Hierzu können Passanten (mit Kassettenrekorder) befragt werden.

Quellen:
(1) Vergl. Geschäftsbericht der Deutschen Bundesbank 1991, S. 27f. Eingeschlossen in diese Summe sind Transferleistungen der Sozialversicherungssysteme sowie geförderte Kredite der öffentlichen Kreditinstitute.
(2) Geschätzte Gesamtsumme der öffentlichen Entwicklungshilfe (Bund und Länder) für 1991.

Stiefkind Grundbildung

Entwicklungshilfe vernachlässigt Grundbildung

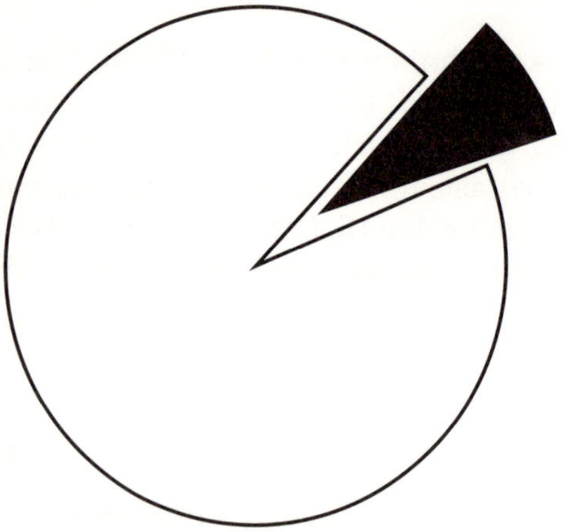

Grundbildung:
0,5%
andere Bildungsbereiche:
9,5%

Verwendung der Entwicklungshilfe

Ausbildungskasten

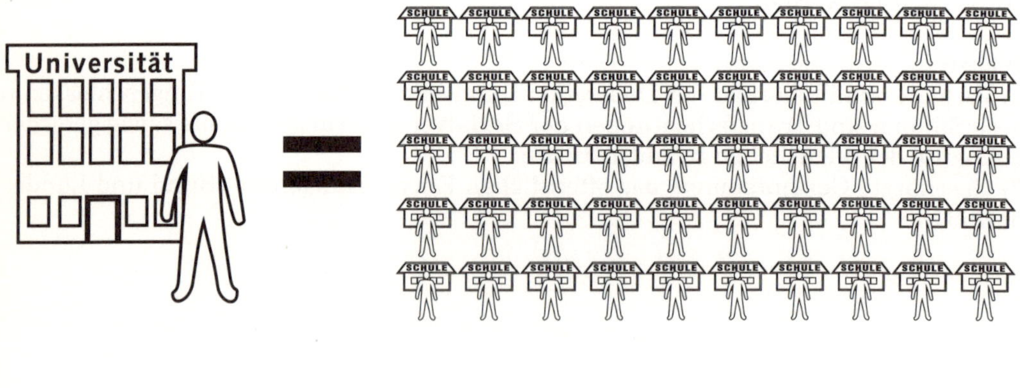

1 Student = 50 Grundschüler

Stiefkind Grundbildung

In vielen Erklärungen wird der Bildung der Menschen in der Dritten Welt eine Schlüsselrolle für die Entwicklung zugesprochen. Tatsächlich aber sind die Aufwendungen gerade für die Grundbildung der Mehrheit der Menschen/Kinder vielfach noch unzureichend. Die Entwicklungshilfe vernachlässigt den Bereich der Grundbildung völlig – und auch viele Dritte Welt-Länder widmen der höheren Ausbildung z.B. an den Hochschulen einen erheblichen Teil ihres Budgets, obwohl diese Aufwendungen nur einer kleinen privilegierten Gruppe zugute kommen.
Die Bildungsanstrengungen vieler Staaten der Dritten Welt waren erheblich und haben zu beachtlichen Einschulungsquoten geführt (1). Allerdings stagnieren die Aufwendungen vielerorts – und in Afrika ist die Einschulungsquote sogar rückläufig (2). Umso erstaunlicher ist, daß die Entwicklungshilfe den Bildungsbereich äußerst stiefmütterlich behandelt. Obwohl der Bildung, oft bezeichnet als notwendige Bildung von "Humankapital", in vielen Grundsatzerklärungen hohe Priorität eingeräumt wird, gehen ganze 10% der Entwicklungshilfe (bilaterale und multilaterale) in den Bildungssektor. Dort werden aber überwiegend die höhere Bildung, der Hochschulbereich oder die technischen Ausbildungsgänge gefördert. In die Grundbildung fließen ganze 0,5% der Entwicklungshilfe (3).
Diese Prioritätensetzung läßt sich auch in vielen Entwicklungsländern feststellen. Dort fließt ein überdimensionaler Anteil der Bildungsmittel in höhere Bildungsbereiche und kommt so den ohnehin Privilegierten zugute. Laut Weltbank geben Chile oder Uruquay mehr als die Hälfte ihres Bildungsetats für die höhere Bildung solcher Kinder aus, die zu den reichsten 20% der Bevölkerung gehören (4).
Andere Schwerpunkte zugunsten weniger privilegierter Kinder oder – je nach Land – zugunsten der Grundbildung wären notwendig. Gerade in Afrika, wo die Einschulungsquote am geringsten ist, wäre eine verbesserte Investition in die Grundbildung dringend erforderlich. Doch auch hier werden in erheblichem Maße höhere Bildungswege finanziert. Ein einziger Studienplatz an einer Hochschule kostet soviel wie Schulplätze von 50 GrundschülerInnen (5).

Anregungen zur Weiterarbeit:
Stellen Sie mögliche Ziele und finanzielle Prioritäten des Bildungswesens – hier bei uns wie in der Dritten Welt – zur Diskussion:
Grundbildung für alle; kompensatorische Förderung Benachteiligter; Förderung von Wissenschaften und technischem Know How; berufliche Bildung; Eliteförderung; Reduzierung von Bildungsanforderungen und Entakademisierung;

Quellen:

(1) Einschulungsquote in der Dritten Welt insgesamt bei 89%. Vergl. World Development Report 1992.
(2) Vergl. Unicef: Zur Situation der Kinder in der Welt 1992, S. 50.
(3) Vergl. Unicef 1992, a.a.O., S. 49.
(4) ebenda, S. 43.
(5) Berechnung des Children's Defense Fund, Zit. nach unicef 1992.

Bildung - Motor der Entwicklung?

Mehr Bildung -

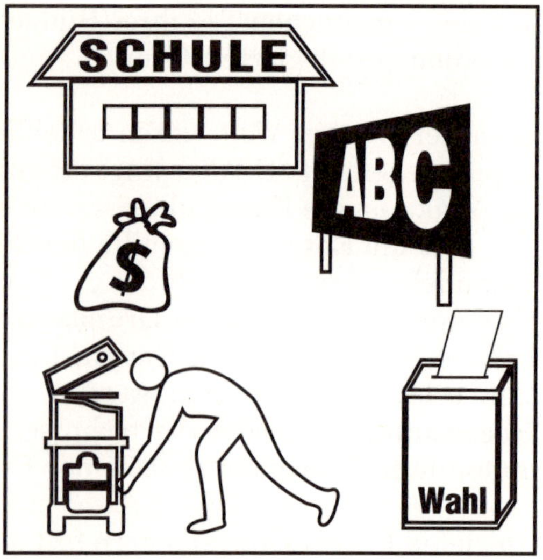

- Qualifizierung
- Erhöhung der Produktivität
- Mehr Einkommen
- Mehr politisches Bewußtsein

Größere Probleme?

- hohe Kosten
- Vergrößerung der Ungleichheit
- Entfremdung vom Landleben
- Orientierung auf "westlichen Fortschritt"

Bildung – Motor der Entwicklung?

Bildung oder Ausbildung gelten bei vielen als Schlüssel zum individuellen Aufstieg wie zu Wachstum und Wohlstand ganzer Nationen. Mit Bildung soll Unterentwicklung bekämpft und das Tor zu Fortschritt und Modernisierung eröffnet werden. Doch es gibt berechtigten Grund zur Skepsis, ob Bildung diese Verheißungen - in unserer Gesellschaft wie in der Dritten Welt - erfüllen kann.
Die Legitimation der Bildung und entsprechender öffentlicher wie privater Ausgaben liegt darin, zu einer besseren Qualifikation zu verhelfen. Diese widerum bedeutet individuell den Zugang zu den besser bezahlten Jobs, gesellschaftlich aber eine Erhöhung der allgemeinen Produktivität: Innovationsbereite Bauern erhöhen in der Dritten Welt den landwirtschaftlichen Output und fachlich qualifizierte ArbeiterInnen machen das Land als Niederlassungsort z.B. für transnationale Konzerne interessant. Außerdem sind gebildete, alphabetisierte Menschen, so die Vermutung, eher in der Lage, ihre Rechte wahrzunehmen und sich an politischen Entscheidungsprozessen zu beteiligen.
Ob diese positiven Bildungseffekte tatsächlich so eintreten, muß bezweifelt werden. In vielen Dritte Welt Ländern wird für die Bildung ein erheblicher Anteil der öffentlichen Haushalte (im Schnitt 3,6% des BIP). verwendet. Doch die Auswirkungen sind keineswegs in jeder Hinsicht wünschenswert; Bildung vergrößert die soziale Ungleichheit. Hoch qualifizierte Fachkräfte verdienen – auch in der Dritten Welt – ein vielfaches dessen, was ungelernte Kräfte erhalten, führen einen vergleichsweise aufwendigen Lebensstil, entfernen sich auch kulturell immer weiter vom "einfachen Volk". Die Höhergebildeten orientieren sich auf die Stadt hin; das einfache Landleben kommt für viele Schulabgänger – schon ab secondary school-level – nicht mehr in Frage. Stattdessen versucht man, der Unsicherheit und Armut auf dem Lande zu entfliehen, und landet doch häufig in der Arbeitslosigkeit der Städte, denn die begehrten white collar jobs sind rar. Das Schulsystem der Dritten Welt – in vielfacher Hinsicht auch ein koloniales Erbe – vermittelt im übrigen viele Wertvorstellungen, die dem westlichen Denken, seinen Vorstellungen von Fortschritt und Entwicklung, entsprechen. Traditionelle Kulturen verlieren an Einfluß, nicht wegen der Schulen, aber eben auch durch die Schulen.
Bildung - Motor oder Hemmnis der Entwicklung? Fraglich bleibt, welche Entwicklung gemeint ist. Bildung kann gesellschaftliche Veränderungen fördern und steuern, aber auch althergebrachte und überkommende Abhängigkeiten zementieren. Eine absolut positive, emanzipatorische Wirkung von Bildung gibt es nicht. Es besteht Anlaß, nach der Qualität und dem Ziel von Bildung zu fragen – hier wie in der Dritten Welt.

Anregungen zur Weiterarbeit:
Erläutern Sie die positiven wie fragwürdigen Folgen der Bildung in der Dritten Welt. Welche Ambivalenzen des Bildungswesens können die SchülerInnen nachvollziehen, vielleicht sogar in unserer Gesellschaft festmachen?

Quellen:
Zur Ambivalenz der Bildung (am Beispiel Afrika) vergl. den lesenswerten Aufsatz von Chr. Adick: Expansion, Rezession und Krisen des nachkolonialen Bildungswesens in Afrika (in: Zeitschrift PERIPHERIE 45/92).

Nahrungsmittelhilfe

Keine Chance gegen Billigimporte

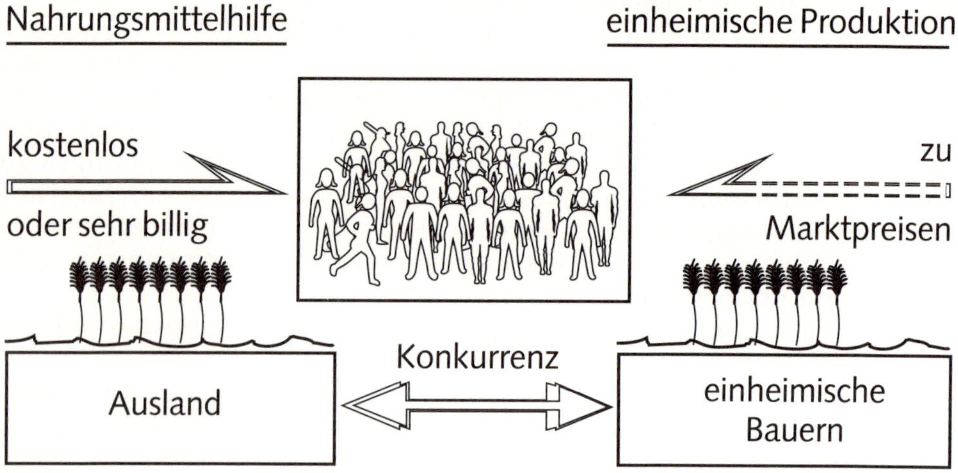

Teufelskreis Nahrungsmittelhilfe

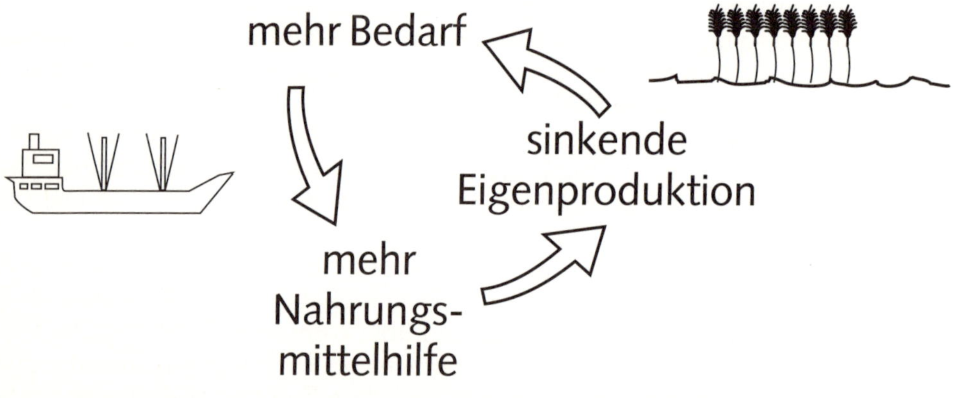

Nahrungsmittelhilfe: Nur selten Katastrophenhilfe

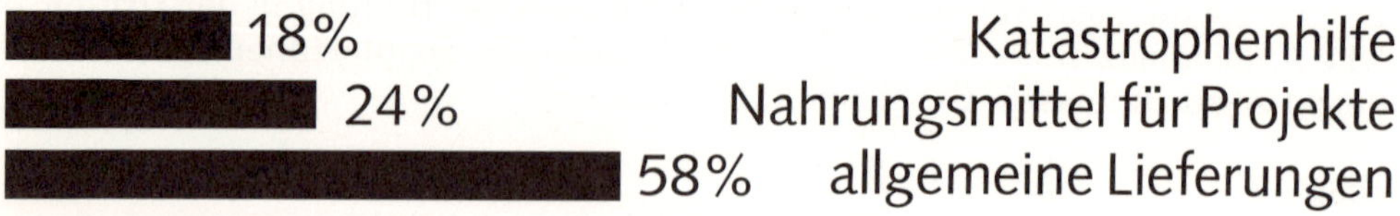

Nahrungsmittelhilfe

In Hungersnöten und bei katastrophalen Engpässen soll Nahrungsmittelhilfe aus dem Ausland das Überleben von Menschen sichern. Dies ist im allgemeinen die Vorstellung der Öffentlichkeit. Tatsächlich aber wird Nahrungsmittel häufig chronisch – auch jenseits besonderer Mangeljahre – gewährt und untergräbt so die Fähigkeit von Ländern, für ihre Ernährung selbst zu sorgen.
Gegen die dauerhafte Lieferung billiger Nahrungsmittel (Getreide, aber auch Milchpulver, Butteröl, Zucker etc.) sind jene machtlos, die eigentlich für die Ernährung in jedem Land zuständig sein sollten: Bäuerinnen und Bauern. Sie sind darauf angewiesen, ihre Nahrungsmittelprodukte zumindest kostendeckend zu verkaufen, um damit ihren Lebensunterhalt zu sichern und die neue Aussaat bewerkstelligen zu können. Nahrungsmittelhilfe (NMH) aus dem Ausland kann dies verhindern, denn kostenlose oder stark verbilligte Lebensmittel aus Übersee werden von der städtischen Bevölkerung den teureren einheimischen Nahrungsmitteln vorgezogen. Die Folge: Die Bauern können nur unzureichend verkaufen und sind in ihrer Existenz gefährdet, zumal mit der ausländischen Lieferung oft neue Konsummuster (Weizen statt Hirse) verbunden sind.
Nahrungsmittelhilfe kann so einen Teufelskreis auslösen. Mangelnder Absatz läßt auch die Bauern die einheimische Produktion zurückfahren; der offene, jetzt ungedeckte Bedarf muß auch im nächsten Jahr mit ausländischen Importen gedeckt werden – und untergräbt noch mehr die Möglichkeiten der einheimischen Bauern, ihre Produkte zu verkaufen. Am Ende hat die Selbstversorgung drastisch abgenommen; viele Länder sind in starkem Maße und dauerhaft von ausländischen Nahrungsmittellieferungen abhängig.
Nur der kleinere Teil der NMH wird tatsächlichen in Fällen akuter Not oder katastrophaler Hungersituationen zur Verfügung gestellt (18%). Der größte Teil verläßt – jedes Jahr wiederkehrend – als Massenlieferung die Häfen Nordamerikas, Europas oder Australiens (58%). 24% der NMH werden in Zusammenhang mit Entwicklungshilfeprojekten vergeben (1).
Unbestritten ist die Notwendigkeit von NMH in Katastrophenfällen, aber auch die Schädlichkeit dauerhafter Lieferungen. Längst wurden Strategien entwickelt, diese vor allem die einheimische Landwirtschaft schädigenden Effekte zu verringern, z.B. durch den Aufkauf der benötigten Nahrungsmittel in den fruchtbareren Regionen des Landes oder im Nachbarland ("Dreieckskooperationen"). Doch in der Praxis ist es weitgehend bei den Lieferungen aus dem Ausland (Europa) geblieben, nicht zuletzt, weil wachsende Agrarüberschüsse ein Ventil brauchen und die Agrarlobby dankbar ist, über die NMH wenigstens einen Teil ihrer Überproduktion los zu werden.

Anregungen zur Weiterarbeit:
Diskutieren Sie in der Klasse den Zielkonflikt Versorgung der Armen mit Lebensmitteln vs. Fähigkeit der Bauern zur Nahrungsmittelselbstversorgung. "Afrika wird totgefüttert" – Was spricht für, was gegen diese Behauptung?

Quellen:
(1) Zahlenangaben über die weltweite Aufteilung NMH - Katastrophenhilfe aus: Weltbank, Food Aid in Africa: Agenda for the 1990s, Washington/Rome 1991.

Nur eine kleine Spende

Private Spende für Entwicklungshilfe

Pro Bundesbürger
pro Jahr:

19.23 DM

entspricht:

Arbeitslohn von 1 Std, 20 Min.

entspricht:

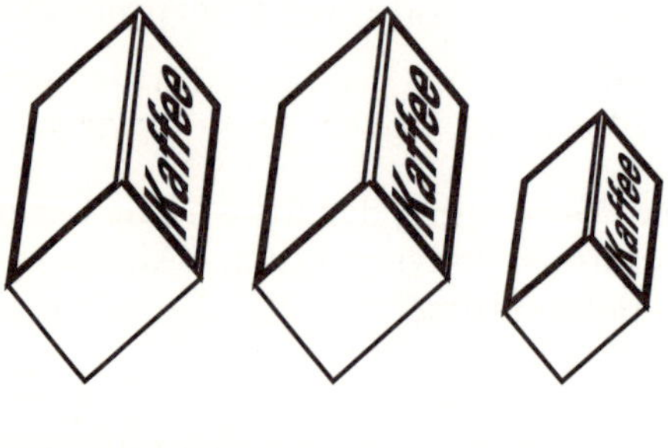

Preis von 2½ Pfd. Kaffee

Nur eine kleine Spende

Neben den staatlichen Aufwendungen für die Entwicklungshilfe sind die privaten Spenden für die Dritte Welt ein häufiger Diskussionspunkt entwicklungspolitischer Gespräche. Doch die Größenordnung dieser Spenden wird wohl meistens überschätzt, denn tatsächlich kann man für das Gros der bundesdeutschen Bevölkerung nicht von einer ernsthaften Bereitschaft sprechen, mit den Menschen in der Dritten Welt zu teilen.
1990 spendeten die Bundesbürger (West) insgesamt 1,222 Mrd. DM (1) für private Entwicklungshilfe (zum Vergleich: Die gesamten staatlichen Aufwendungen – Bund und Länder – lagen 1990 bei 10,2 Mrd DM). Mit dieser Summe zeigten sich die Deutschen hinter den US-Amerikanern als das spendenfreudigste Volk der Welt (2).
Doch pro Kopf der BewohnerInnen der westlichen BR Deutschland macht dieser Betrag lediglich 19.23 DM aus. Diese Summe ist angesichts eines statistischen Durchschnittsnettoeinkommens pro Haushalt von 3906 DM (3) nicht eben überwältigend. Für 19.23 DM (netto) mußte man in der Industrie ca. 1 Stunde und 20 Min. (4) arbeiten. Oder auch: Die Spenden für Entwicklungshilfe entsprachen dem Einkaufspreis von 2 1/2 Pfund Kaffee.
Die Durchschnittsspende – berechnet pro Kopf der Bevölkerung – darf nicht darüber hinwegtäuschen, daß wahrscheinlich eine Mehrheit der Bevölkerung überhaupt nicht spendet, während eine Minderheit dann natürlich auf höhere Spendensätze kommt. Auch diese sind angesichts hoher Einkommen für den größeren Teil unseres Volkes (und der Absetzbarkeit der Spenden beim Finanzamt) jedoch kaum von existentieller Größenordnung.

Anregungen zur Weiterarbeit:
Diskutieren Sie mögliche Motive, Einkommenssituationen, weltanschauliche Orientierungen von Menschen, die zu Spenden bereit sind, und von solchen, die "grundsätzlich nichts geben". Was wäre für die Klasse/Kurs ein wirkliches Teilen im Gegensatz zu einer Spende? Was wäre oder ist der Einzelne/die Einzelne bereit zu tun?
Der schlechte Ruf mancher obskurer Spendenorganisation ist Grund oder Vorwand für viele MitbürgerInnen, nichts (mehr) zu spenden. Diskutieren Sie Kriterien für eine seriöse, unterstützenswürdige Entwicklungshilfe (Fachlichkeit, Nachhaltigkeit, Überprüfbarkeit, Auswahl der Partner, Öffentlichkeitsarbeit hier bei uns, Transparenz der Finanzen etc.). Lassen Sie sich von Spendenorganisationen Jahresberichte, Selbstdarstellungen, Plakate, Projektbeschreibungen etc. schicken.
Das Deutsche Zentralinstitut für soziale Fragen (DZI, Miquelstr. 83, 1000 Berlin 33) prüft unabhängig die (finanzenbezogene, nicht die entwicklungspolitische) Seriösität der Spendenorganisationen und verschickt auf Wunsch kurze Begutachtungen über einzelne Organisationen. Seit 1992 hat das DZI begonnen, Zertifikate für geprüfte Organisationen zu vergeben.

Quellen:
(1) Zahlenangaben aus Memorandum der Bundesregierung zur DAC-Jahresprüfung 1991/92.
(2) Pressemitteilung des BMZ vom 3.7. 91.
(3) Zahlenangaben des Stat. Bundesamtes, zitiert nach Fischer Weltalmanach 1992.
(4) Bruttostundenverdienst in der Industrie (1989) abzüglich 25% Bruttoanteil. Vergl. Stat. Jahrbuch BR Deutschland 1990, S. 28.

Gigantische Militärausgaben

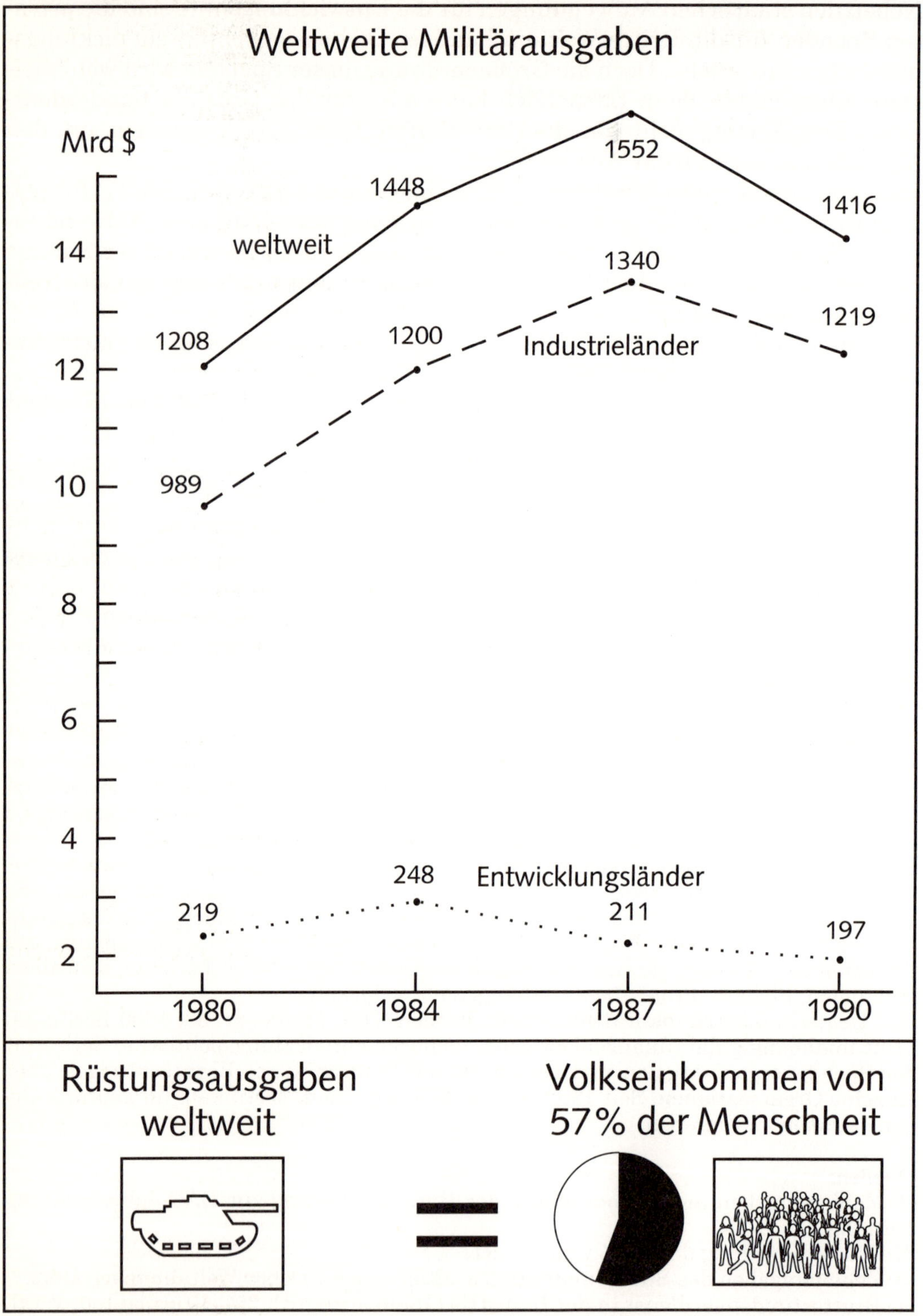

Gigantische Militärausgaben

Trotz leicht abnehmender Tendenz (in der Dritten Welt seit 1984, in den Industrieländern seit 1987) sind die Gesamtausgaben der Staaten für Militärzwekke noch immer gigantisch. Für 1990 geben die Vereinten Nationen die Summe dieser Ausgaben mit 1416 Mrd. DM (885 Mrd $) an (1). Daran hatten die Industrieländer einen Anteil von 86% (2).
Militärausgaben erhöhen nicht nur die Möglichkeiten militärischer Eskalationen mit tödlichem Ausgang für viele Menschen. Sie binden auch lebenswichtige Gelder, die in anderen Bereichen dringend benötigt würden; Gesundheitsbereich und Bildungswesen brauchen zusätzliche Gelder, die gleichzeitig produktive Investitionen (Human Capital) wären; Infrastruktur und Umweltschutz müssen ausgebaut und den Lebensbedürfnissen der wachsenden Zahl der Menschen angepaßt werden. Stattdessen werden Milliardenbeträge in den unproduktiven Bereich der Rüstung gelenkt. Auch die Länder der "Dritten Welt" geben 4,4% ihres Bruttosozialproduktes für Militärzwecke aus (3).
Die riesigen Rüstungsausgaben sind "ein Verbrechen an den Armen" (Weltkirchenrat). Die weltweiten Militärausgaben entsprechen dem gesamten Volkseinkommen von gut 3 Milliarden Menschen (in den ärmsten Ländern der Erde), das sind 57% der Menschheit.

Anregungen zur Weiterarbeit:
Diskutieren Sie mit den SchülerInnen die "Legitimation" für Rüstungsausgaben. Wie sehen die Argumentationsmuster bei uns aus, wie sind sie vermutlich in der Dritten Welt? Welches Verständnis von "Bedrohung" bzw. von "Sicherheit" liegt diesen Mittelverwendungen zugrunde?

Quellen:
(1) Um eine bessere Vorstellung zu ermöglichen, werden hier die absoluen Beträge in DM (1 $ = 1.60 DM) angegeben. Die Umrechnung gibt natürlich keine Kaufkraftparität wieder.
(2) Die UN-Zahlen zu den Rüstungsausgaben aus UNDP: Human Development Report 1992.
Es sei noch einmal daran erinnert, daß die Angaben der einzelnen Quellen (UN, SIPRI, Ruth Leger Sivard etc.) sich unterscheiden, weil sie unterschiedlich erfassen.
(3) ebenda.
(4) Zahlenangaben zum Bruttosozialprodukt (Volkseinkommen) der ärmsten Länder der Erde (alle low income countries ohne Ägypten) aus dem World Development Report 1992, bezogen auf 1990.

Wer rüstet zuviel?

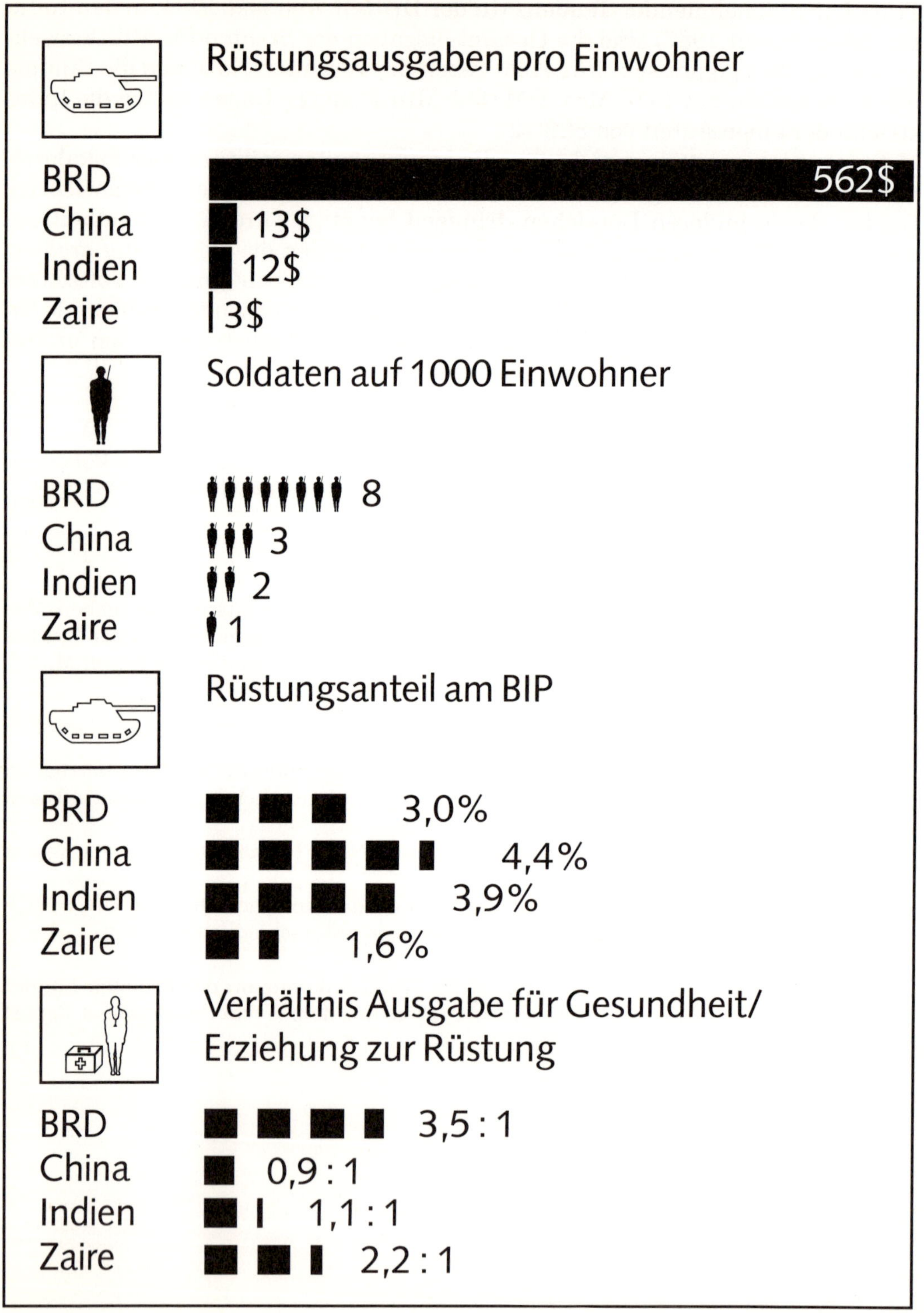

Wer rüstet zuviel?

Immer wieder wurde von verschiedenen Organisationen (Nichtregierungsorganisationen, einzelnen Regierungen, aber auch Weltbank) angemahnt, daß die hohen Ausgaben der Dritte Welt-Länder für Rüstungsexporte auf Kosten der Menschen und ihrer Entwicklungsmöglichkeiten gehen. Eine Reduzierung dieser Militärausgaben ist entsprechend öfters gefordert worden, auch von der Bundesregierung (BM Spranger 1991); Deutschland werde, so hieß es, die Entwicklungszusammenarbeit mit solchen Staaten reduzieren, die "überhohe Rüstungsausgaben" aufweisen.
Mittlerweile ist dies in einzelnen Fällen geschehen. Strittig und schwierig zu entscheiden ist aber, in welchen Fällen man von "überhohen Rüstungsausgaben" sprechen kann. Einheitliche Kriterien für alle Staaten und Regionen, die lediglich von statistischen Zahlen ausgehen, sind kaum anzuwenden. Das regionale Umfeld (hoch gerüstete Nachbarn?), das militärische Konfliktpotential der Region, aber auch die innergesellschaftliche Repression und Militarisierung sind wesentliche Entscheidungsbezüge für eine derartige Beurteilung. Darüber hinaus müssen die Militärausgaben in Relation zu anderen ökonomischen Größen gesetzt werden.
Wird die absolute Summe der Rüstungsausgaben zugrunde gelegt, so ist offensichtlich, daß die Länder des Nordens in enormem Maße "überrüstet" sind. So gibt die BR Deutschland – alle Zahlen beziehen sich auf 1987 – pro Einwohner (562 \$) 43mal mehr für Militärzwecke aus als China (13 \$). Noch drastischer sind die Unterschiede im Vergleich zu Indien (12 \$) und Zaire (3 \$).
Bei der Anzahl der Soldaten pro 1000 Einwohner liegt die BR Deutschland ebenfalls deutlich vor den Vergleichsländern.
Der Anteil am Brottoinlandsprodukt (BIP) ist dagegen bei manchem Dritte Welt-Land höher als in der BRD. Wegen des enormen Reichtums unseres Landes schlagen selbst die gigantischen Rüstungsausgaben relativ schwächer zu Buche als in China oder Indien.
Eine häufig gewählte Bezugsgröße sind die Militärausgaben im Vergleich zu den öffentlichen Ausgaben für Gesundheit und Bildung. Hier zeigt sich, daß China mehr Geld für Rüstungszwecke als für diese beiden Sozialbereiche ausgibt.
Die Bundesregierung hat im Jahre 1992 Indien und China die Entwicklungshilfe gekürzt, weil sie diese Länder als überrüstet einstuft.

Anregungen zur Weiterarbeit:
Diskutieren Sie mit Ihren SchülerInnen (Oberstufe) mögliche Kriterien für eine Beurteilung von Rüstungsausgaben. Welche Bezugsgrößen sind über derartige Daten hinaus noch wichtig? Welche Legitimation haben Länder wie die BR Deutschland, eine Kürzung der Rüstungsausgaben zu verlangen, wenn sie gleichzeitig selbst enorme Summen für Militärzwecke tätigen und Rüstungsgüter in die Dritte Welt exportieren?

Quellen:
Die Daten sind der Publikation "Ruth Legard Sivard: World Military and Social Expenditures 1991", Washington 1991, entnommen. Die Daten beziehen sich auf das Jahr 1987. Neuere Daten sind für viele ELs nicht zu erhalten. Wegen der internationalen Vergleichbarkeit sind diese von Ruth Leger Sivard errechneten Daten aber eine wichtige, anerkannte Quelle.

Rüstungsexporte

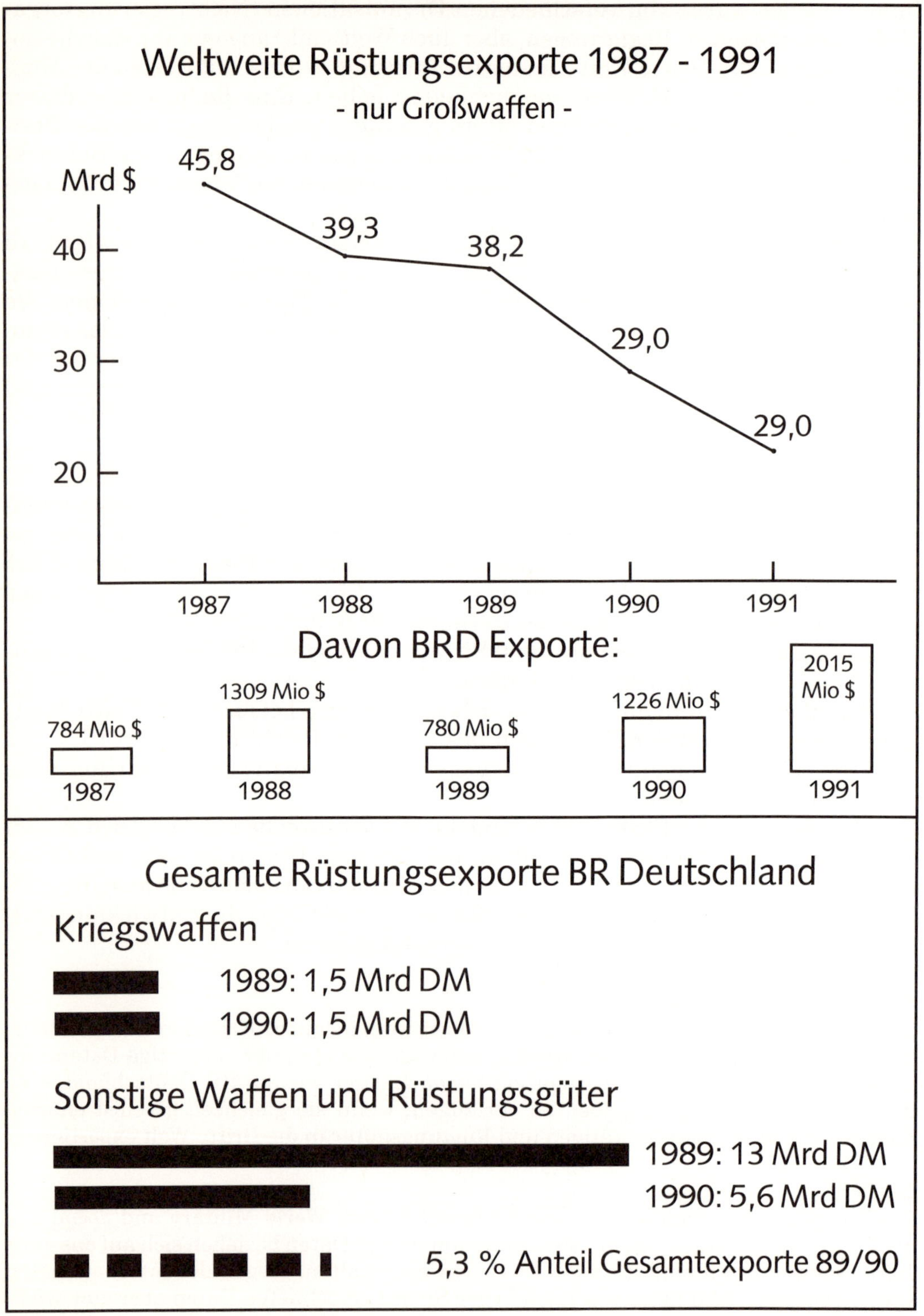

Rüstungsexporte

Der weltweite Handel mit Waffen ist seit einigen Jahren rückläufig. Dieser Trend dürfte vor allem auf wirtschaftliche Schwierigkeiten der Empfängerländer zurückzuführen sein. Das Ende des Ost-West-Konflikts könnte diese Entwicklung noch verstärken. Dennoch gehört der Handel mit Waffen und Rüstungsgütern wertmäßig noch immer zu den wichtigsten und lukrativsten Handelssektoren, an denen auch zunehmend "Schwellenländer" als Exporteure teilhaben (1).

1991 wurden laut SIPRI (2) Großwaffen im Wert von 22,1 Mrd. $ gehandelt. Damit setzte sich der Abwärtstrend der vergangenen Jahr fort. Interessant ist, daß die Bundesrepublik Deutschland in den Jahren 1990 und 1991 (vor allem durch den Verkauf von Armeebeständen der ehemaligen NVA) ihre Exporte erhöhte. 1991 war sie in der SIPRI-Statistik mit einem Volumen von ca. 2 Mrd. $ zum ersten Mal drittgrößter Waffenexporteur hinter den USA und der ehemaligen Sowjetunion. Ob mittelfristig diese Position wieder an Frankreich oder Grossbritannien abgegeben wird, bleibt abzuwarten.

Die Rüstungsexporte der BR Deutschland (über die von SIPRI erhobenen Großwaffen hinaus) sind gemäß Kriegswaffenkontrollgesetz und Außenwirtschaftsgesetz aufgeführt. Während der Kriegswaffenexport (Panzer, schwere Waffen) 1989 und 1990 jeweils rund 1,5 Mrd. DM betrug, gab es bei den "sonstigen Rüstungsgütern" (leichte Waffen, Munition, Transporter etc.) 1989 und auch 1990 erhebliche von der Bundesregierung genehmigte Ausfuhren: 1989 in 133 Staaten (Volumen: 13 Mrd. DM) und 1990 in 124 Staaten (Volumen: 5,6 Mrd. DM). Selbstredend liegt ein Großteil dieser Empfänger in der Dritten Welt. Der gemittelte Anteil für 1989/90 dieser Rüstungsexporte am deutschen Gesamtexport liegt bei 5,3% (1989: 7,4%; 1990: 3,3%) (2).

Anregungen zur Weiterarbeit

Die rechtlichen und statistischen Details zum Thema Rüstungsexporte sind relativ kompliziert. Ein gutes, informatives Handbuch für die Hand des Lehrers/der Lehrerin (Uli Jäger: Rüstung ohne Grenzen. Handbuch gegen Rüstungsexporte, 212 S., Tübingen 1992. Preis: 18.oo DM. Bezug: Verein für Friedenspädagogik, Bachgasse 22, 7400 Tübingen) kann bei Bedarf herangezogen werden. Aufschlußreicher ist für die SchülerInnen wahrscheinlich aber eine Diskussion mit Politikern/Vertretern der Wirtschaft über die Legitimation von Rüstungsexporten.

Quellen:

(1) 54 Entwicklungsländer besitzen eigene Rüstungsproduktionsanlagen, 3/4 der weltweit gehandelten Waffen gingen (1978 bis 1988) an Dritte Welt-Staaten. Vergl. Finanzierung und Entwicklung 9/91.

(2) Zahlen aus dem Jahresbericht 1992 des SIPRI (Stockholm International Peace Research Institute), zitiert nach FR v. 20.6.92.

Das SIPRI erfasst nur Großwaffentransfers und legt offizielle Statistiken für die Berechnungen zugrunde.

(3) Zahlen zu den bundesdeutschen Rüstungsexporten aus BT-Drs. 12/1140.

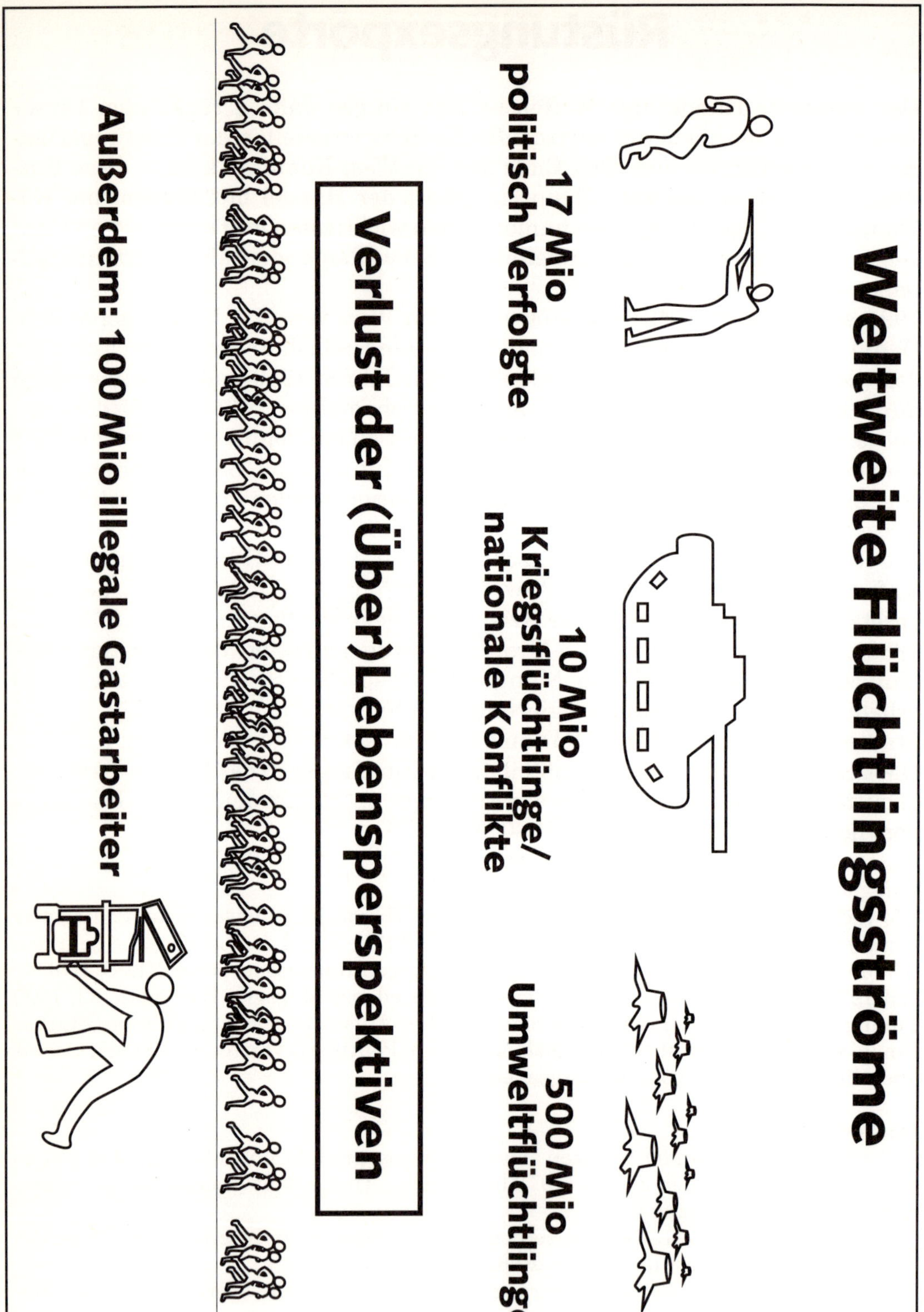
Weltweite Flüchtlingsströme
17 Mio
politisch Verfolgte
10 Mio
Kriegsflüchtlinge/
nationale Konflikte
500 Mio
Umweltflüchtlinge
Verlust der (Über)Lebensperspektiven
Außerdem: 100 Mio illegale Gastarbeiter

Weltweite Flüchtlingsströme

Wieviele Menschen weltweit auf der Flucht sind, darüber gibt es nur ungenaue Angaben. Zur üblicherweise als erstes genannten Kategorie der "politisch Verfolgten" (laut UNHCR Anfang 1991: 17,2 Mio. Menschen) kommen diejenigen , die auf Grund kriegerischer Konflikte – vor allem wegen ethnisch oder politisch begründeter innerstaatlicher Kriege – ihr Heimatgebiet verlassen mußten. Die hier genannte Zahl von 10 Millionen Menschen (Mitte 1992) ist eine ungefähre, jährlich schwankende Schätzzahl, die u.a. die 2,2 Mio. Menschen aus dem "Jugoslawien-Konflikt" miteinbezieht. Ein Großteil dieser Kriegsflüchtlinge verläßt übrigens nicht das Land, sondern flieht in militärisch weniger bedrohte Regionen ("Binnenflüchtlinge"). Ein weiteres, wesentliches Kontingent bilden die "Umweltflüchtlinge", die "gezwungen sind, ihre traditionelle Umgebung vorübergehend oder dauerhaft zu verlassen, da Umweltschäden ihre Existenz in Gefahr brachten und/oder die Lebensqualität schwerwiegend beeinträchtigten" (UNEP). Das Internationale Komitee vom Roten Kreuz spricht von 500 Millionen Menschen, die zu dieser Kategorie zu rechnen sind. Versteppung des Bodens, abnehmende Bodenerträge durch Erosion, Desertifikation und Vordringen der Wüsten, Versalzung und Versteppung, aber auch Vertreibung durch Staudammbauten oder Großprojekte wären Ursachen für diese enorme (wachsende) Zahl der Umweltflüchtlinge.

Armutsflüchtlinge und politische Flüchtlinge sind kaum sauber voneinander zu trennen, auch wenn das Flüchtlingsrecht auf diese Unterscheidung größten Wert legt. Politisch Verfolgte sind häufig auch sozial bedroht, Umweltflüchtlinge nicht zuletzt Opfer fragwürdiger politischer Entscheidungen, Kriegsflüchtlinge auch auf der Suche nach ökonomischen Überlebensmöglichkeiten. Und schließlich gehört auch die Zahl der MigrantInnen, die auf der Suche nach Einkommen ihre Heimat verlassen, in diesen Zusammenhang. Die internationale Arbeitsorganisation (ILO) spricht hier von 120 Mio. Menschen, davon 100 Mio. "illegale GastarbeiterInnen".

Solange Armut existiert, werden Menschen sich auf die Flucht machen. Solange in anderen Teilen der Welt die (Über)Lebensperspektiven deutlich besser sind, werden Menschen dorthin zu gelangen versuchen. Noch kommt nur ein verschwindend geringer Prozentsatz (5,2% der "politischen Flüchtlinge") nach Europa. Nichts spricht dafür, daß es so bleiben wird, wenn Armut und ökologische Zerstörungen weitergehen wie bisher.

Anregungen zur Weiterarbeit:

Gerade die Verschränkung der sozialen, politischen und ökologischen Dimensionen der Fluchtursachen sollte im Unterricht zur Sprache kommen. Ein eindrucksvoller Spielfilm (DER MARSCH; 90 Min., GB 1990) über Afrikaner, die aus bitterster Armut heraus aufbrechen und nach Europa ziehen, ist ausleihbar bei der Landeszentrale für polit. Bildung NRW, PF 101103, 4000 Düsseldorf 1. Zielgruppe: Ab Klasse 11.

Quellen:

Eine Arbeitshilfe (16 Seiten, Bielefeld 1992) zum Thema "Fremdenfeindlichkeit" (mit knappen Texten u.a. zum Weltflüchtlingsproblem) ist für 1.60 DM in Briefmarken erhältlich im Dritte Welt Haus Bielefeld, August Bebel Str. 62, 4800 Bielefeld 1.

Zuviele Flüchtlinge?

Zuviele Flüchtlinge?

In der Bundesrepublik Deutschland wie in vielen Ländern Westeuropas gehört das "Flüchtlingsproblem" zu den meist-diskutierten innenpolitischen Themen. Dabei wird von Politikern wie von Medien die Meinung vertreten, die "Aufnahmekapazität" bei uns sei erschöpft, weitere Flüchtlinge könnten aus sozialen und ökonomischen Gründen nicht mehr aufgenommen werden.
Ein Blick über die Grenzen macht deutlich, daß in anderen Kontinenten ungleich mehr Flüchtlinge leben als in den reichen Staaten Westeuropas. Nach Auskunft des Hohen Flüchtlingskommissars der Vereinten Nationen (UNHCR) lebt der überwiegende Teil der Flüchtlinge (1) in Ländern der "Dritten Welt". Wie ungleich stärker andere Länder vom weltweiten Flüchtlingsstrom betroffen sind, zeigt die Relation von Einwohnern und Flüchtlingen. In zahlreichen Ländern leben im Verhältnis zu den Einwohnern deutlich mehr Flüchtlinge als z.B. in der Bundesrepublik Deutschland (Malawi: 105 Flüchtlinge auf 1000 Einwohner; Guinea: 56 Flüchtlinge; Guatemala: 24 Flüchtlinge; Äthiopien: 16 Flüchtlinge; USA: 4 Flüchtlinge) (2).
Nur 5,2% der ca. 17,2 Millionen Flüchtlinge kommt nach Europa. Die 80 Millionen Deutschen haben Ende 1990 gerade einmal 0,9% dieser Weltflüchtlinge aufgenommen. 85% der Weltflüchtlinge verbleiben in der Dritten Welt.
Die Zahlen beziehen sich auf 1990. Natürlich können bestimmte Ereignisse (vor allem Kriege) zu drastischen Veränderungen dieser einzelnen Anteile führen. So hat der "Jugoslawien-Krieg" 1992 wahrscheinlich für dieses Jahr die Relationen deutlich in Richtung auf einen höheren europäischen Anteil verschoben.

Anregungen zur Weiterarbeit:
"Das Boot ist voll". Diskutieren Sie (ab Klasse 9) diese Aussage im Lichte dieser internationalen Vergleichszahlen. Wie beurteilen Sie die von Politikern und Medien herangezogenen Bezugsgrößen (Überfremdung, soziale Akzeptanz der Bevölkerung, Kosten, Integrationschancen) zur Quantifizierung einer "Aufnahmekapazität für Flüchtlinge"? Lassen Sie sich vom UNO-Flüchtlingskommissar (UNHCR, Rheinallee 6, 5300 Bonn 2) die neueste "Statistik zur Weltflüchtlingsproblematik" schicken und untersuchen Sie, welches die Hauptaufnahmeländer sind und aus welchen Staaten die Flüchtlinge kommen.

Quellen:
(1): Unter die "Weltflüchtlinge" werden hier nur diejenigen Menschen gezählt, die vom UNHCR als Flüchtlinge erfasst und registriert sind. Die Bundesregierung nennt im Vergleich dazu eine deutlich höhere Flüchtlingszahl für die BRD, was aber an den unterschiedlichen Erfassungskriterien liegt. Daß der UNHCR immer nur einen Teil der Flüchtlinge erfasst, gilt aber natürlich auch für die anderen Staaten. Für den internationalen Vergleich ist aber ein Bezug auf die UNHCR-Statistik notwendig.
(2): Information des UNHCR, Bonn 1991. Die Flüchtlingszahlen beziehen sich auf den 31.12.90. Die Einwohnerzahlen wurden dem Weltentwicklungsbericht 1992 entnommen (Bezugsjahr meist 1990).

Flüchtlinge in Deutschland

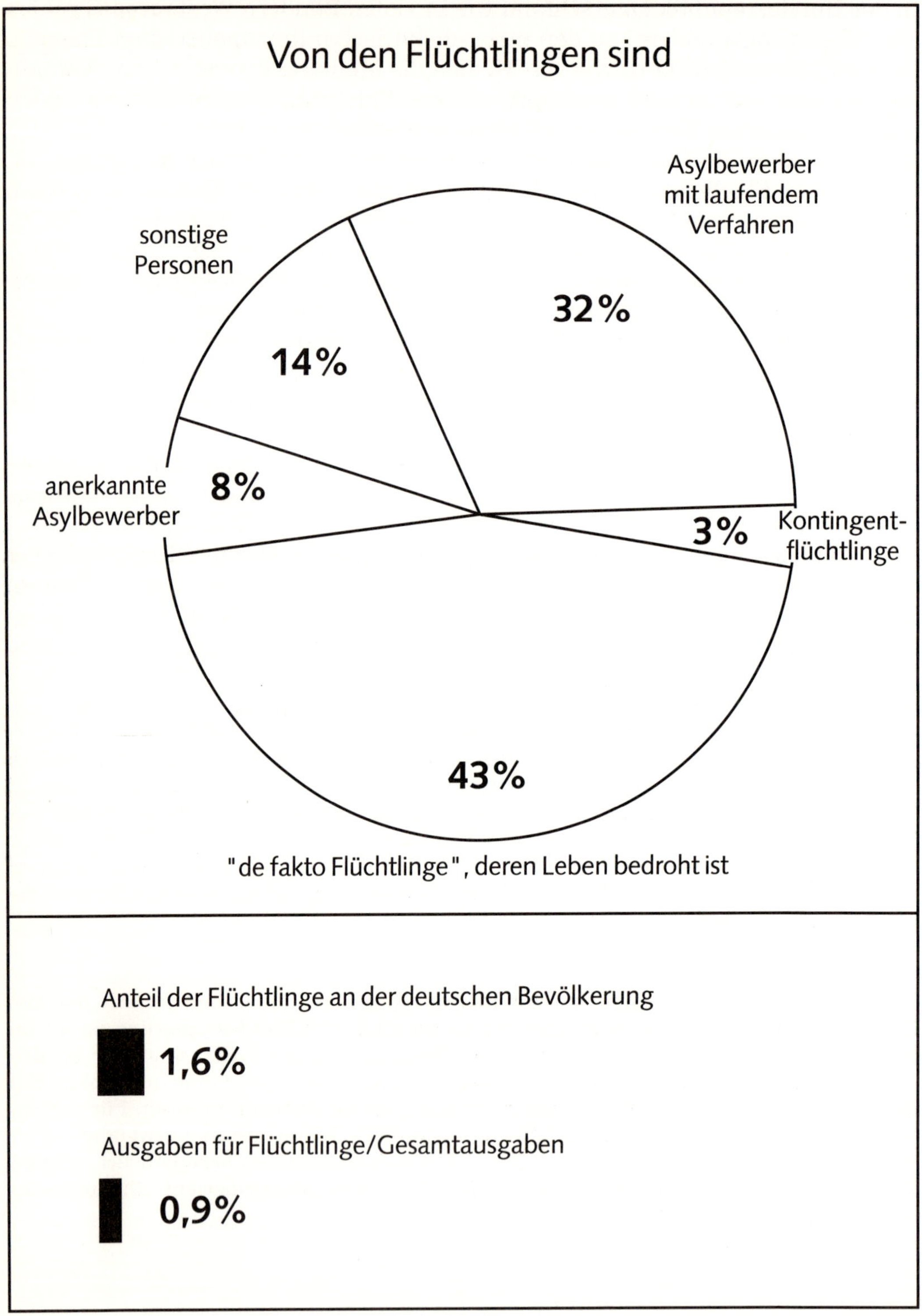

Flüchtlinge in Deutschland

Flüchtlinge werden in der Bundesrepublik Deutschland unterschiedlichen Kategorien zugeordnet, was gravierende Auswirkungen auf ihren rechtlichen Status hat. Nach Angaben (1) des Bundesinnenministeriums (BMI) haben sich Ende 1991 insgesamt 1,2 Mio. Menschen als Flüchtlinge bei uns aufgehalten. Diese Zahl wird allerdings von verschiedenen Organisationen als weitaus überhöht bezeichnet, weil hier automatisch 2 Familienangehörige pro Asylbewerber unterstellt, die ausreisenden Asylbewerber nicht erfasst und eine Reihe von Doppelzählungen (z.B. Kontingentflüchtlinge und Asylbewerber werden teilweise doppelt gerechnet) vorgenommen werden. Außerdem werden die heimatlosen Ausländer, von denen sich 15.000 bereits seit 1949 in der BRD befinden, ebenso wie 15.000 hier geborene Kinder als Flüchtlinge gezählt (2).
Das BMI gibt ausgehend von seiner Statistik die unterschiedlichen Kategorien wie folgt an: 100.000 (8% aller Flüchtlinge) sind anerkannte Asylbewerber. 38.000 (3%) sind aufgrund bestimmter internationaler Vereinbarungen ("Kontingentflüchtlinge") bei uns. Die größte Gruppe machen die "de fakto Flüchtlinge" aus. 520.000 Menschen (43% der Flüchtlinge) sind bei uns und dürfen nicht abgeschoben werden, weil die Genfer Flüchtlingskonvention (Bleiberecht) oder sonstige dringende humanitäre Gründe dies verbieten (Duldung für Flüchtlinge aus Kriegsgebieten). Somit sind nach offiziellem Eingeständnis 54% der Flüchtlinge aus Gründen tatsächlicher Bedrohung oder Verfolgung bei uns und haben das Recht zumindest auf einen zeitweiligen Aufenthalt.
380.000 Menschen (32%) werden als Asylbewerber geführt, deren Verfahren bevorsteht oder noch nicht abgeschlossen ist.
Folgt man der hohen Zahl des BMI, so haben die Flüchtlinge einen Anteil von ca. 1,6% an der deutschen Wohnbevölkerung, eine Zahl, die schwerlich auf Überfremdung schließen läßt (gesamter Ausländeranteil BRD 1991: 7,3%). Immer wieder werden die "hohen Kosten", die Bund, Länder und Gemeinden für die Unterbringung und Versorgung der Flüchtlinge aufbringen müssen, zur Stimmungsmache gegen Flüchtlinge verwendet. Die angeblichen 6,4 Mrd DM (BMI-Angabe für 1991) machen rund 0,9% der Gesamtausgaben dieser drei Körperschaften aus.

Anregungen zur Weiterarbeit:
Lassen Sie Ihre SchülerInnen (ab Klasse 8) einige Stationen aus dem Leben der Flüchtlinge anlaufen. Ausländeramt, Aufnahmestelle, Wohnheim, Beratungsstellen der Wohlfahrtsverbände für Flüchtlinge sowie Ausländerbeirat/Flüchtlingsrat und freie Flüchtlingsgruppen sind wahrscheinlich nach Absprache bereit, bei einem "Erkundungslauf" SchülerInnen zu empfangen und Ihnen Auskunft zu geben.

Quellen:
(1) Schreiben des BMI von März 1992 betreffend das Jahr 1991.
(2) Vergl. dazu G. Gugel: Ausländer, Aussiedler, Übersiedler, Tübingen 1992, S. 92f.

Asyl-Mißbrauch?

Von 100 Asylsuchenden, die zu uns kommen...

...	werden in der ersten Instanz als asylberechtigt anerkannt	5-10%
...	werden von den Gerichten als asylberechtigt anerkannt	5-10%
...	erhalten ein Bleiberecht, weil sie verfolgt werden	15-30%
...	werden aus humanitären Gründen (z.B. wegen Kriegsereignissen) geduldet	15-25%
...	**können als Verfolgte oder Bedrohte in der Bundesrepublik bleiben**	**ca 60-70%**
	Von den übrigen...	
...	stellen einen Folgeantrag	5%
...	reisen wieder aus	15%
...	werden abgeschoben	5%
...	ist der Verbleib unklar	15%

Asyl-Mißbrauch?

In Wahlkämpfen und Podiumsdiskussionen in der Bundesrepublk Deutschland ist immer wieder von einem "massenhaften Mißbrauch" des Asylrechts die Rede. Dabei wird häufig unterstellt, daß es sich bei fast allen AsylbewerberInnen um "Wirtschaftsflüchtlinge" handelt, ausgenommen jene 5% bis 10%, deren Asylantrag vom Bundesamt für die Anerkennung ausländischer Flüchtlinge akzeptiert wird.

Tatsächlich aber befindet sich weit mehr als die Hälfte der Asyl-begehrenden Flüchtlinge in einer akuten Situation der Verfolgung oder Lebensbedrohung. Richtig ist, daß nur 5% bis 10% von Ihnen (1991: 6,9%, 1990: 4,4%; 1989: 5,0%, in den Jahren davor deutlich mehr) erstinstanzlich vom Bundesamt als asylberechtigt anerkannt werden. Nach Angaben von "Pro Asyl" verdoppelt sich diese Zahl noch einmal durch Gerichtsentscheide, die auf dem Instanzenweg eine solche Asyl-Berechtigung aussprechen (1). Weitere 15 - 30% der Asylsuchenden erhalten ein Bleiberecht, weil sie "aus begründeter Furcht vor Verfolgung" ihre Heimat verlassen haben und gemäß Genfer Flüchtlingskonvention, der die Bundesrepublik Deutschland gesetzlich bindend beigetreten ist, hier aufgenommen werden müssen. Hinzu kommen weitere 15 - 25%, deren Abschiebung ausgesetzt wird ("Duldung"), weil humanitäre Gründe (z.B. keine Abschiebung in Kriegsgebiete) dies zwingend nahelegen. Insgesamt sind dies also ca. 60 - 70% der "AsylantragsstellerInnen", bei denen man von einer Verfolgung oder einer unmittelbaren Gefährdung ihres Lebens und ihrer Freiheit ausgehen muß.

Bei den übrigen Flüchtlingen ist festzuhalten, daß rund jeder siebte Antragsteller die Bundesrepublik wieder freiwillig verläßt. Bei weiteren 15% ist der Verbleib unklar. 5% stellen einen Folgeantrag, 5% der Asylsuchenden werden nach Ablehnung ihres Asylbegehrens ageschoben.

Anregungen zur Weiterarbeit:

Versuchen Sie, die unterschiedlichen rechtlichen Grundlagen der Aufenthaltsgenehmigungen für ausländische Flüchtlinge herauszuarbeiten. Ziehen Sie ggfs. Experten von Rechtshilfekomitees oder Flüchtlingsgruppen hinzu. Fordern Sie die SchülerInnen auf, Briefe an Abgeordnete/Parteienvertreter/JournalistInnen zu schreiben, wenn diese davon sprechen, daß 90% der Asylbewerber das Asylrecht "mißbrauchen". Diskutieren Sie die Antwortschreiben in der Klasse. Wenden Sie sich für weitere Informationen an Pro Asyl, Neue Schlesingergasse 22, 6000 Frankfurt 1 (Tel. 069/293160).

Quellen:

(1) Die Zahlen wurden errechnet aufgrund der Angaben des Bundesinnenministeriums (BMI) über den Verbleib abgelehnter Asylbewerber (1989 und erstes Halbjahr 1990) gemäß den Veröffentlichungen von "Pro Asyl" unter Hinzuziehung der Asylzahlen 1991. Als Grundgesamtheit wurden hier alle Asylsuchende (incl. die anerkannten AsylbewerberInnen) gewählt. Die Zahlenangaben sind Annäherungswerte. Die Zuordnungsanteile zu den einzelnen Kategorien schwanken von Jahr zu Jahr, z.B. wenn durch Kriegsereignisse in Südosteuropa plötzlich die Zahl der Flüchtlinge ansteigt, die aus humanitären Gründen hier eine zeitweilige Duldung (Aufenthaltsbefugnis) erhalten.

Zeitperspektiven

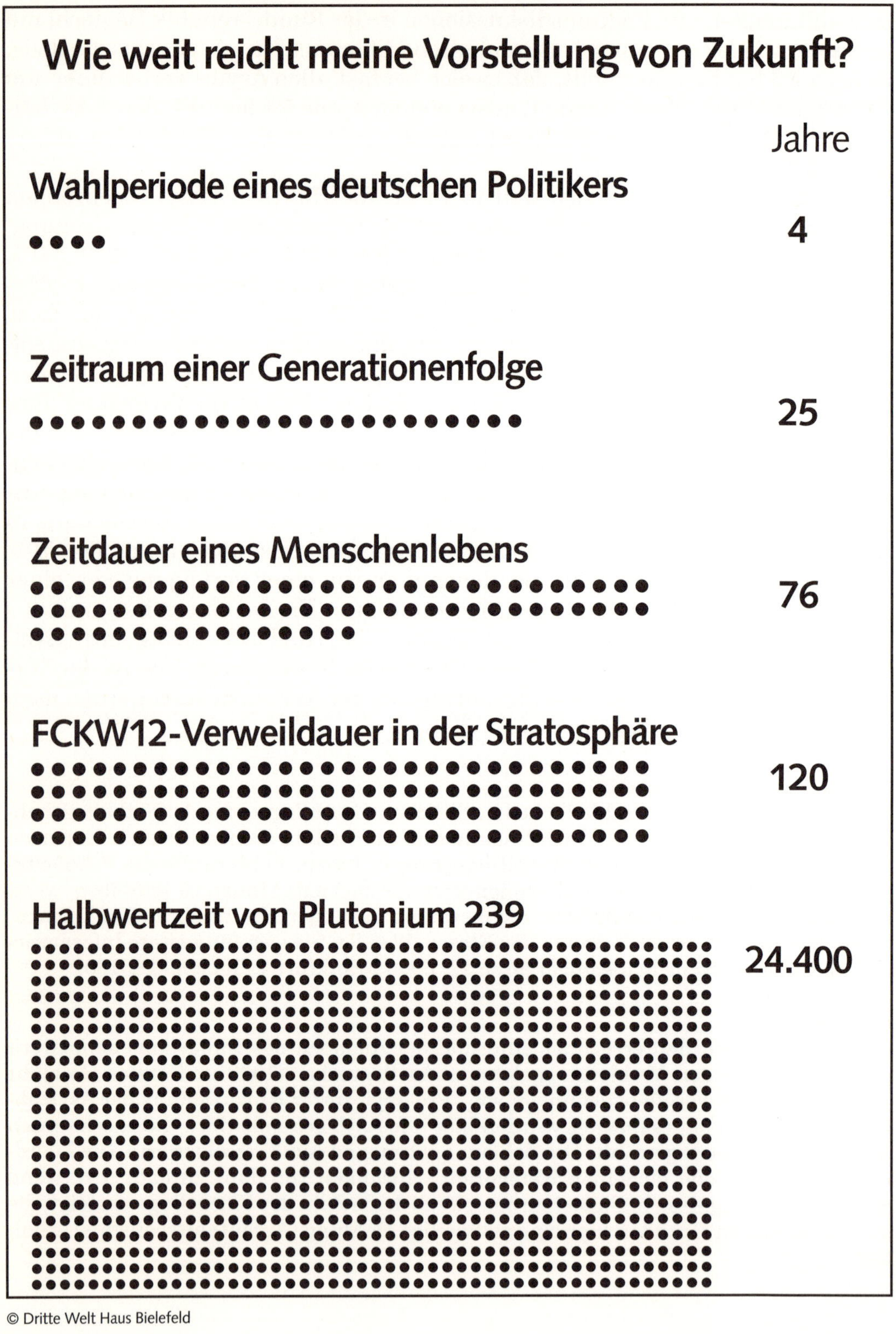

Zeitperspektiven

Wie weit reicht die Zukunft, für die ich mich verantwortlich fühle? Unsere sinnliche Wahrnehmung, unsere emotionalen Erwartungen, ja selbst unsere kognitiven Vorstellungen sind allzu sehr im Hier und Jetzt gefangen. Vieles von dem, war wir tun oder unterlassen, ist von einer Zeitperspektive geprägt, die gerade noch einen Teil unseres eigenen Lebens umfasst. Wie können wir lernen, auf Zukunft hin zu denken, die uns selbst übersteigt?

Man hat PolitikerInnen vielfach vorgeworfen, daß ihre Perspektive nur bis zur nächsten Wahl reicht (also 4 bis 5 Jahre umfasst). Kurzfristige Nachteile für eine langfristige Verbesserung von Lebensumständen einzufordern, das ist bei derartigen Perspektiven von Politik kaum möglich.

Doch auch die persönliche Perspektive ist begrenzt. "Nach mir die Sintflut", so sprechen zwar nur wenige; auf der anderen Seite handeln wir aber häufig so, als wären wir die letzte Generation, als sollten wir noch einmal auf die Paucke hauen, bevor "ohnehin alles zusammenbricht", wie es gerade Jugendliche häufiger formulieren. In etwa 25 Jahren ist die nächste Generation herangewachsen, bereit, die selben Fehler wieder zu machen, oder aber auch dazu verurteilt, die Hypothek ihrer Vorgängergenerationen zu übernehmen. Nach 76 Jahren (im statistischen Durchschnitt) ist ein Menschenleben in der BR Deutschland zuende. Endet damit auch unsere Zeitperspektive?

Die Folgen unseres Handelns bestehen jedenfalls länger. Die Fluorchlorkohlenwasserstoffe zum Beispiel, die wir heute in die Atmoshäre ablassen, haben eine Verweildauer, die über ein Menschenalter hinausgeht. FCKW 12 verbleibt rund 120 Jahre in der Stratosphäre (1). Der Dank kommender Generationen ist uns gewiß.

Noch drastischer sind die zeitlichen Auswirkungen der Atomenergie. Einzelne Radioisotope bleiben Zehntausende von Jahren gefährlich, auch wenn bei uns gerne von der "Entsorgung radioaktiver Abfälle" gesprochen wird. Plutonium 239 zum Beispiel, ein wenn auch minimaler Rückstand der Atomproduktion, hat eine Halbwertzeit von 24.400 Jahren. Nach dieser Zeit ist also 50% der ursprünglichen Radioaktivität zerfallen; nach 10 Halbwertzeiten (= eine Viertelmillion Jahre) verbleibt noch ein Tausendstel der ursprünglichen Radioaktivität, ein immer noch lebensgefährliches Relikt. Zerfällt das Plutonium 235, wird es zu Uran 235, und das wiederum hat eine Halbwertzeit von 710.000 Jahren (2).

Wessen Vorstellungskraft, Phantasie, Verantwortlichkeit reicht soweit, derartige Hypotheken den Menschen aufzubürden, die in ein paar Zehntausenden von Jahren leben werden. Wer kennt sichere Verwahrplätze für eine solche Zeitdauer, wer kennt die Sprache, die Schrift, das Material, mit dem er die Menschen des Jahres 26.000 nach Christus vor der radioaktiven Strahlung warnen kann?

Anregungen zur Weiterarbeit: Sprechen Sie mit den SchülerInnen über deren Zukunftserwartungen und -Perspektiven. Was läßt uns resignieren, die Perspektive begrenzen, was andererseits erweitert den Blick und die Beschäftigung mit der Zukunft (Selbstvertrauen, eigene Kinder)?

Quellen:

(1) Vergl. den Dritten Bericht der Enquete-Kommission "Schutz der Erde", Bonn 1990, S. 294 (BT-Drs. 11/8030).

(2) Vergl. N. Lenssen: Bewältigung der radioaktiven Abfälle; in: Worldwatch Institute, Zur Lage der Welt 1992, Frankfurt 1992.

Zeitverzögerung

Von der wissenschaftlichen Erkenntnis zum politischen Handeln

Beispiel: Zerstörung der Ozonschicht

1974 – Zwei US-Berichte verweisen auf die Zerstörung der Ozonschicht durch FCKW

1984 – Britische Wissenschaftler stellen ein Ozonloch über der Antarktis fest

1987 – Im "Montrealer Protokoll" verpflichten sich 36 Länder zum Einfrieren der FCKW-Produktion

1990 – Im "Londoner Abkommen" wird eine drastische Verringerung der FCKW's vereinbart

1991 – Die NASA stellt eine erhebliche Verringerung der Ozonschicht über der Nordhalbkugel fest

1992 – Das "Londoner Abkommen" kann noch nicht in Kraft treten, weil es erst 29 Staaten ratifiziert haben.

Zeitverzögerung

Die globalen Krisen erfordern eine kompetente, aber auch rasch handelnde Politik. Viele krisenhafte Entwicklungen könnten in ihren schädlichen Auswirkungen begrenzt werden, wenn rechtzeitig gegengesteuert würde. Doch das nationale wie das internationale politische System ist offensichtlich zu raschen Reaktionen nicht in der Lage.

Am Beispiel der Ausdünnung und Zerstörung der Ozonschicht durch Chlorverbindungen (FCKWs) kann nachvollzogen werden, welche Zeiträume von der wissenschaftlichen Erkenntnis hin zum durchgreifenden Handeln der Politik vergehen. Im Jahre 1974 haben US-Forscher zum ersten Mal auf den Zusammenhang zwischen FCKWs einerseits und der Zerstörung der Ozonschicht in der Stratosphäre andererseits hingewiesen. Britische Wissenschaftler meldeten 10 Jahre später als erste das sogenannte Ozonloch über der Antarktis.

Wie zu erwarten hat die chemische Industrie den ersten Forschungsberichten, die einen Zusammenhang zwischen Chorverbindungen und Ozonzerstörung behaupteten, zunächst widersprochen und weiteren Forschungsbedarf angemeldet. Auch die Politik tat zunächst nichts, wartete auf weitere wissenschaftliche Erkenntnisse und auf die Entwicklung von Substituten (Ersatzstoffen) durch die Chemieindustrie.

Während in den USA schon relativ frühzeitig erste nationale Maßnahmen eingeleitet wurden, dauerte es auf der internationalen Ebene (nur hier sind Produktionseinschränkungen im Endeffekt wirksam) bis 1987, daß sich Staaten verbindlich auf ein Einfrieren ihrer Produktion von Fluorchlorkohlenwasserstoffen festlegten ("Montrealer Abkommen"). Die hier vereinbarten Produktionsziffern erwiesen sich angesichts immer drastischerer Forschungsergebnisse als zu hoch; drei Jahre später kam es dann im "Londoner Abkommen" (Folgekonferenz Montreal) zu Zielformulierungen, die wesentliche Produktionsbereiche der FCKWs bis zum Jahre 2000 gänzlich einstellen sollen. Dieses Abkommen ist aber (Juni 1992) noch nicht in Kraft getreten, weil es noch immer nicht von einer ausreichend großen Zahl der Unterzeichnerstaaten ratifiziert wurde.

Ähnliche "Zeitverzögerungen" ließen sich über andere globale Gefährdungen berichten. Erste wissenschaftliche Hinweise auf den Treibhauseffekt gab es beispielsweise schon 1827, doch selbst bei der UNCED 1992 konnte sich die Staatengemeinschaft noch nicht auf verbindliche Reduktionsziele für die Treibhausgase verständigen.

Anregungen zur Weiterarbeit:

Im Rahmen von Projekten (Bibliotheken, Zeitungsarchiv) könnten SchülerInnen die "Zeitverzögerungen" anhand verschiedener Beispiele (z.B. Einführung des bleifreien Benzins, Tempolimit als der "Tod der Deutschen Autoindustrie", Verpackungsverordnung, Asbest-Verbot, FCKW-Verbot etc.) aufarbeiten.

Diskutieren Sie mit den SchülerInnen den Zielkonflikt "gesicherte wissenschaftliche Erkenntnisse" einerseits und "rasches Handeln der Politik" andererseits. Welche (berechtigten?) Interessen stehen einem unmittelbaren Handeln der Politik entgegen, vor allem wenn dies drastische Eingriffe in die Ökonomie zur Folge hätte? Ist die Ökodiktatur ein besseres Modell, die notwendigen Veränderungen schnell durchzusetzen?

Zielvorstellung: Dauerhafte Entwicklung

Industrieländer

Verbrauchsniveau senken

Schadstoffe

Rohstoffe

Energie

Zerstörungen einstellen

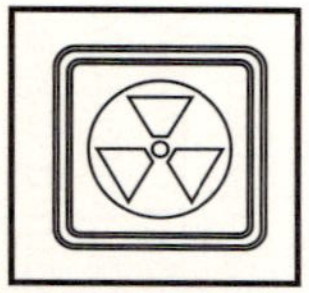
Atomenergie

FCKWs

Giftmüll

Ziel: Neuer Lebensstil

Entwicklungsländer

Verbrauchsniveau ökologisch-verträglich steigern

Neue Industrien aufbauen

Landwirtschaft entwickeln

Wälder und Natur schützen

Entwicklung vorantreiben

Armut bekämpfen

Bevölkerungswachstum stoppen

Ziel: Befriedigung der Grundbedürfnisse

Zielvorstellung: Dauerhafte Entwicklung

Als Ausweg aus der globalen Krise, die sowohl eine "Entwicklungskrise" als auch eine "ökologische Krise" ist, wurde von verschiedenen AutorInnen die Zielvorstellung einer "dauerhaften Entwicklung" formuliert. Was darunter genau zu verstehen ist, bleibt einstweilen im Diskussionsprozeß. Zentral dabei ist aber die Vorstellung, daß die Menschheit einen Entwicklungsweg suchen muß, der die Lebenschancen der Menschen dauerhaft erhält, und zwar der heute lebenden wie der kommenden Generationen.

Die Weltkommission für Umwelt und Entwicklung hat den Begriff des "sustainable development" (1) in die Diskussion gebracht. Zu den zentralen Elementen dieser Leitvorstellung gehört die Forderung nach "diachronischer Solidarität" (Sachs) mit den kommenden, noch nicht geborenen Generationen, aber auch die Feststellung, daß die Überentwicklung im Norden wie die Unterentwicklung im Süden die ökologischen Grundlagen der Erde zerstören und daher kommenden Generationen Lebenschancen verbauen.

Welche Folgerungen sich aus dieser Ist-Analyse ergeben, ist Gegenstand von Diskussion und Kontroverse. Sicher bedeutet dieses Konzept eine Absage an alle Strategien nachholender Entwicklung, die das Modell westlicher Konsumgesellschaften auf die ganze Welt für übertragbar hielten. Stattdessen geht es jetzt um zwei Aufgaben:

1. Es müssen absolute, ökologisch begründete, verbindliche Obergrenzen (z.B. für Treibhausgasemissionen) formuliert werden, die insgesamt nicht überschritten werden dürfen.
2. Innerhalb dieser Grenzen müssen Ressourcenverbrauch, Schadstoffausstoß, Energieaufwand etc. neu – und zwar angemessener und gerechter – weltweit verteilt werden.

Für die Industrieländer müßte ein solches Modell (vergl. Schaubild) bedeuten, daß zunächst die Emission von Schadstoffen reduziert und der Verbrauch von Rohstoffen und Energie gedrosselt wird. Zerstörerische Produktionen (wie Atomenergie, FCKWs, Giftmüll etc.) sind einzustellen. Zielvorgabe für den Norden ist ein neuer Lebensstil, der den Umwelt- und Ressourcenverbrauch deutlich senkt und zu regenerierbaren Kreisläufen findet.

Für die Entwicklungsländer würde dauerhafte Entwicklung zunächst auch die Möglichkeit, ja die Notwendigkeit, beinhalten, das Verbrauchsniveau zu steiern. Auch Wälder und Natur können nur geschützt werden, wenn wirtschaftliche Ressourcen dafür vorhanden sind und erwirtschaftet werden. Entscheidend ist aber, daß der Aufbau neuer Industrien oder die Produktionsverbesserungen in der Landwirtschaft in ökologisch verträglicherer Weise von statten gehen (Eco-development).

In diesem Sinne muß "Entwicklung" vorangetrieben werden, einerseits ausgerichtet auf die Bekämpfung der Armut, andererseits in den Stand versetzt, gerade dadurch das weitere Bevölkerungswachstum einzuschränken. Zielvorgabe ist hier die Befriedung der Grundbedürfnisse der Bevölkerungsmehrheiten; ohne diese Überwindung der Armut kann es dauerhafte Entwicklung nicht geben.

Quellen:

(1) Ausführlich dazu H.J. Harborth: Sustainable Development-dauerhafte Entwicklung; in: Handbuch der Dritten Welt, Band 1, J.H.W. Dietz-Verlag, Bonn 1992, S. 231 - 508. (48.- DM; Buchhandel).

"Entwicklung" am Ende?

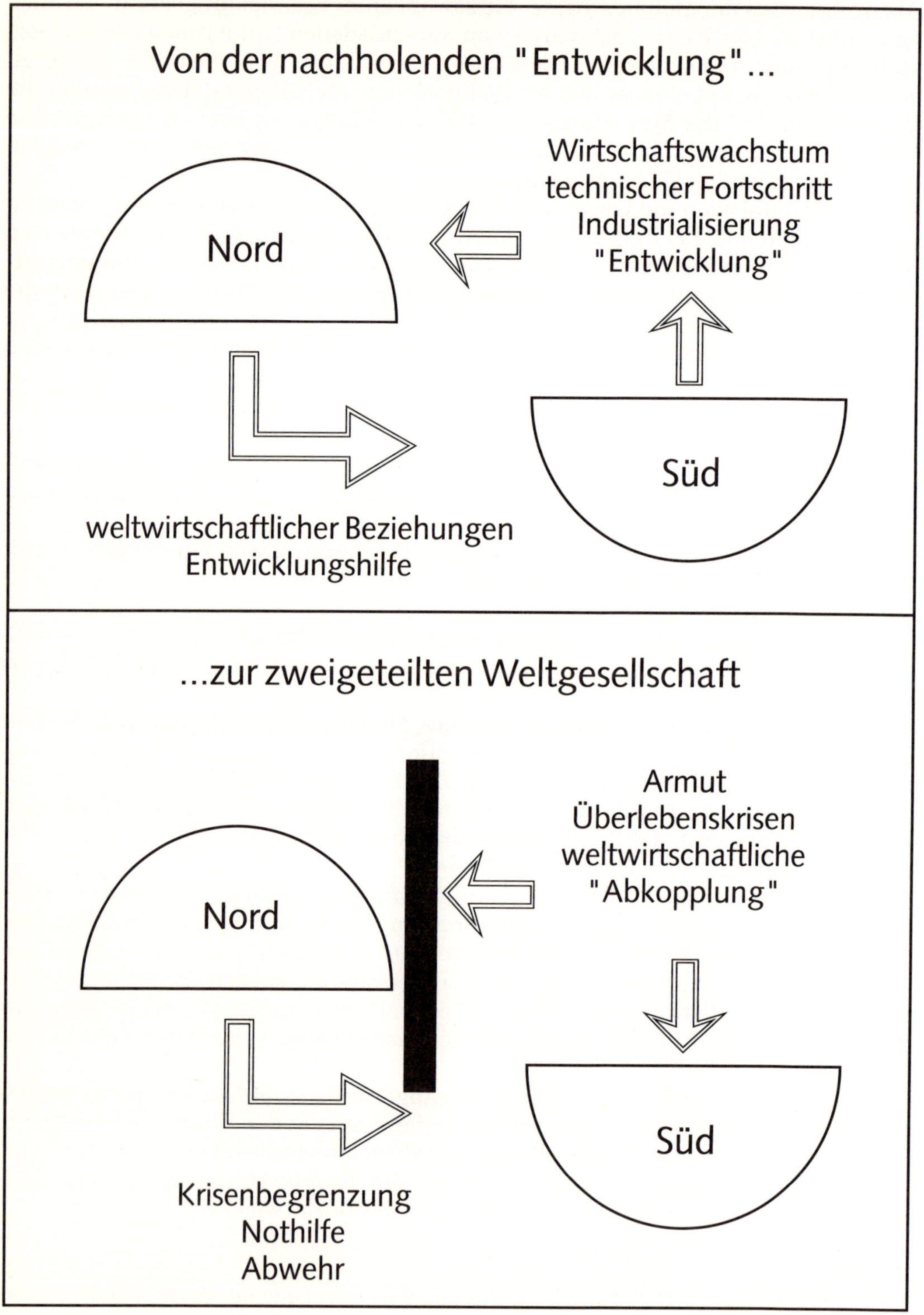

Entwicklung am Ende?

Lange Zeit war der "Mythos Entwicklung" die entscheidende Leitidee der internationalen Beziehungen: Die "Entwicklungsländern" sollten aufholen und modernisieren, sollten sich entwickeln und werden wie die Industrieländer. Technischer Fortschritt, Wachstum, Wohlstand und Lebensstil nach westlichem Vorbild waren die (unerfüllten) Verheißungen an die Völker des Südens.
Vielleicht ist spätestens die globale ökologische Krise Anlaß zum Zweifel darüber, ob die Leitidee von Entwicklung noch Gültigkeit haben kann. Zwar waren die Versuche der Entwicklungsländer trotz Entwicklungshilfe – bis auf wenige Ausnahmen – ohnehin nicht besonders erfolgreich, durch nachholende und nachahmende Modernisierung den Standard der Industrieländer zu erreichen. Doch spätestens die Erkenntnis darüber, daß die Erde das westliche Entwicklungsmodell schon ökologisch nicht verkraften könnte, wenn es sich tatsächlich weltweit durchsetzte, hat diese Zielvorstellung endgültig zerstört. Ökonomisches Wachstum, technischer Fortschritt, Industrialisierung etc. haben als verbindliche Axiome ausgedient. Die soziale Wirklichkeit in der Dritten Welt – nach über 30 Jahren nachholender Entwicklung – steht ebenso dagegen wie die ökologischen Belastungsgrenzen des Globus.
In der Realität ist die Vorstellung einer nachholenden, die Lebenssituation der Menschen tatsächlich verbessernden Entwicklung der Dritten Welt längst aufgegeben; wenn auch häufig noch nicht offen eingestanden, haben sich die "führenden westlichen Industrieländer" längst darauf eingerichtet, statt Entwicklungspolitik eine Krisenpolitik zu betreiben, welche die Zweiteilung der Welt in Arme und Reiche als gegeben hinnimmt. Ernsthafte Konzepte, die Kluft der Ungleichheit zu überbrücken, existieren nicht mehr. Selbst die weltwirtschaftliche Integration ist heute angesichts der ökonomischen Bedeutungslosigkeit vieler Dritte Welt-Länder kein Thema und keine Perspektive mehr. Heute geht es vielmehr um Risikominimierung, müssen die reichen Länder doch verhindern, daß die Armut im Süden zu globalen Umweltschäden (z.B. Zerstörung der Regenwälder) führt, unkontrollierbare Flüchtlingsströme auslöst oder strategische Rohstoffinteressen (Erdöl - Golfkrieg) verletzt. Abgrenzung und Abwehr ist daher das Gebot der Stunde, und sei es mit militärischen Mitteln. Dies alles führt zu einer Politik des Krisenmanagementes, das an den für den Norden gefährlichen Brennpunkten ansetzt oder in den schlimmsten Fällen Katastrophenhilfe leistet.
Die Politik der Krisenbegrenzung, wie sie heute betrieben wird, hat lediglich die Perspektive, durch ökonomische, politische und militärische Macht 3/4 der Menschheit auf Distanz zu halten. Eine Lebensperspektive für die Menschen des Südens hat sie nicht – und ebensowenig die Aussicht auf eine Existenz im Norden, die mit ethischen und politischen Vorstellungen von Gerechtigkeit, Freiheit oder Gleichheit zu vereinbaren wären. Ein "Paradigmenwechsel" tut not, der auch den Menschen im Norden noch eine humane Perspektive beläßt.

Quellen:

Vergl. dazu: W. Sachs: Sicherheit statt Entwicklung. Zum Aufstieg eines neuen Leitbegriffs in den Nord-Süd-Beziehungen. Abgedruckt in dem lesenswerten Reader "Solidarisch leben lernen" (epd Materialien IV/92; 7.- DM. Bezug: epd-Vertrieb, PF 50 05 50, 6000 Frankfurt 50.

Flaschenpfand

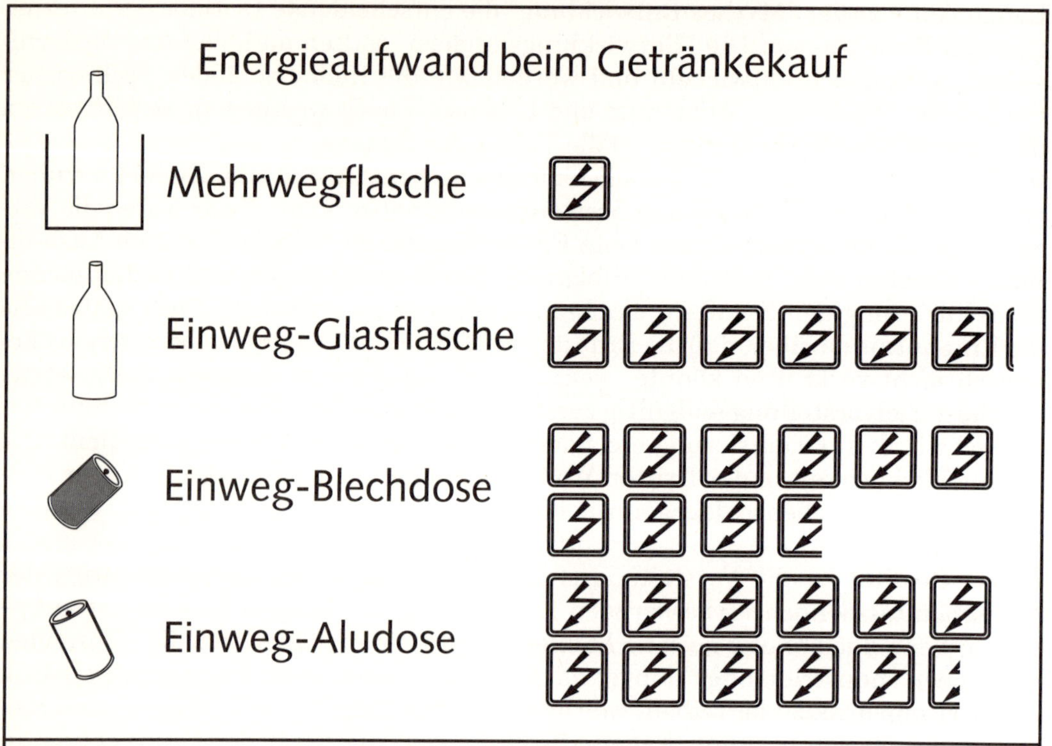

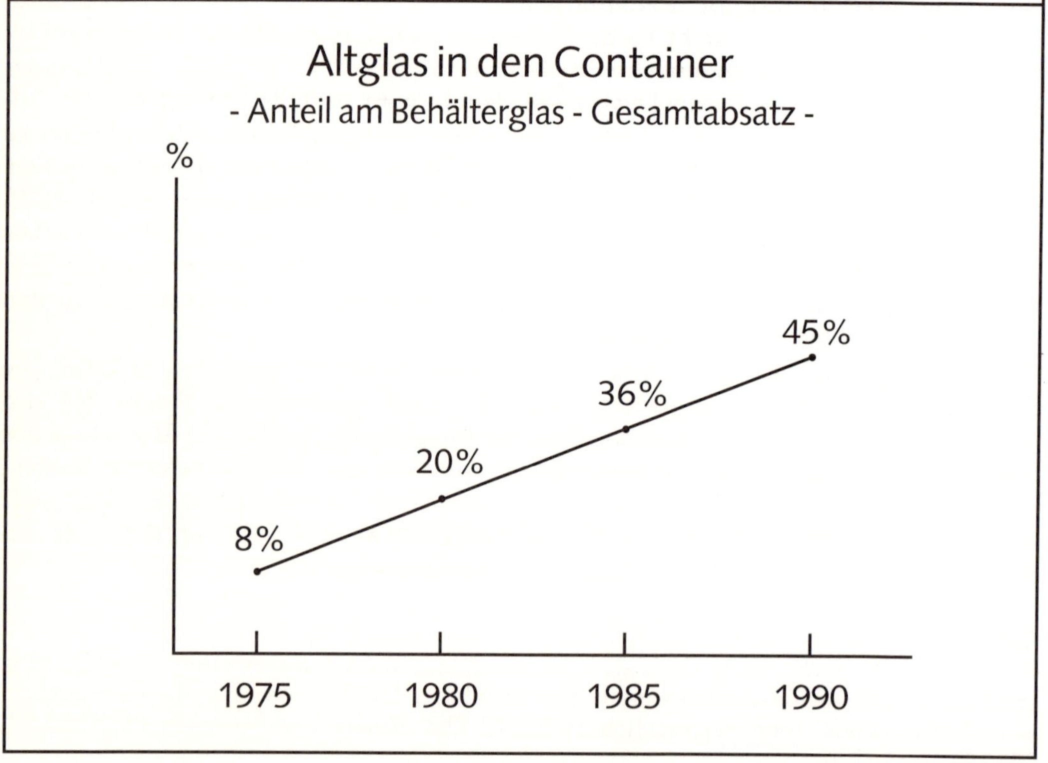

Flaschenpfand

Zu den einfachsten Möglichkeiten, Energie zu sparen und Abfall zu vermeiden, gehört der Kauf von Getränken in Mehrweg-Glasflaschen. Noch immer wird aber ein erheblicher Teil dieser Waren in Form von Dosen oder Einwegflaschen eingekauft. Außerdem werden die Altglassammelbehälter nur unzureichend für die Entsorgung von Einwegflaschen genutzt.
Gerade beim Getränkekauf siegt Bequemlichkeit häufig vor Umweltbewußtsein; obwohl der Sachverhalt weithin bekannt ist, nahm bei den Getränken der Anteil der Mehrwegverpackungen von 1970 (90%) bis 1987 (75%) ab (1), und dies trotz gestiegenen Umweltbewußtseins. Die Bundesregierung will durch die 1991 erlassene Verpackungsverordnung erreichen, daß die Gesamtquote nicht unter 72% (bei Konsummilch nicht unter 17%) absinkt.
Der Energieaufwand für eine Getränkeeinheit ist höchst unterschiedlich, je nachdem, welche Verpackungsart gewählt wird. Wenn man die im Schnitt 10mal wiederverwendete Mehrwegflasche als Maßeinheit nimmt, so kostet eine Einwegflasche 6,1mal mehr Energie. Bei der Einweg-Blechdose (der überwiegende Teil unserer Getränkedosen besteht aus Weissblech) ist es das 9,7fache und bei den Aluminium-Dosen (vor allem in den USA verwendet) ist es sogar das 11,5fache des Energieaufwandes, wobei hier natürlich auch noch wichtig ist, daß derartige Behältnisse zumindest wiederverwertet werden, was aber in Deutschland weitgehend nicht geschieht (2).
Nachlässigkeit und Bequemlichkeit läßt sich auch bei der Entsorgung von Altglas feststellen. Obwohl gerade in diesem Bereich fast flächendeckend Recycling-Möglichkeiten in Form von Glaskontainern angeboten werden, wird nur ca. 45% des Behälterglases von den VerbraucherInnen in die Altglassammelboxen verbracht. Diese Quote ist angesichts der angebotenen Möglichkeiten sicher gering, hat aber gegenüber früheren Jahren eine deutliche Steigerung erfahren (3).
Die umweltbewußte Wahl von Getränkeverpackungen und die Entsorgung von Altglas sind sicher nicht die entscheidenden Maßnahmen zur Rettung der Erde. Sie signalisieren aber doch im Kleinen, ob Menschen sich bis in ihr Verbraucherverhalten hinein um einen angemesseneren Umgang mit den Gütern der Erde bemühen oder ob schon kleinste Zumutungen das angeblich so gestiegene Umweltbewußtsein unglaubwürdig machen. Gerade junge Menschen sind sensibel für die Stimmigkeit von Reden und Handeln, selbst wenn dies nur einen Randbereich betrifft.

Anregungen zur Weiterarbeit:
Die SchülerInnen können Kunden von Getränkemärkten oder von Diskountläden, die nur Einwegverpackungen anbieten (wie es die Firma Aldi zur Zeit tut), nach den Gründen für ihre Wahl der Getränkeverpackungen befragen. Warum fällt es vielen im Alltag so schwer, kleine Verhaltensänderungen durchzuführen und durchzuhalten (Bequemlichkeit, ökonomische Gründe, vermutete Sinnlosigkeit umweltbewußten Handelns etc.)?
Wie sieht der Getränkeverkauf in der eigenen Schule aus?

Quellen:
(1) Vergl. Umweltbundesamt: Daten zur Umwelt 1990/1991, S. 471ff.
(2) Energieaufwendungen berechnet nach einer US-amerikanischen Untersuchung von 1990, zitiert nach L. Brown et al.: Zur Rettung des Planeten Erde. Worldwatch Institute, Frankfurt 1992, S. 70.
(3) Vergl. Umweltbundesamt: Daten zur Umwelt 1990/1991, S. 471.

Altpapier ist geduldig

Papierverbrauch steigend (BRD-West)

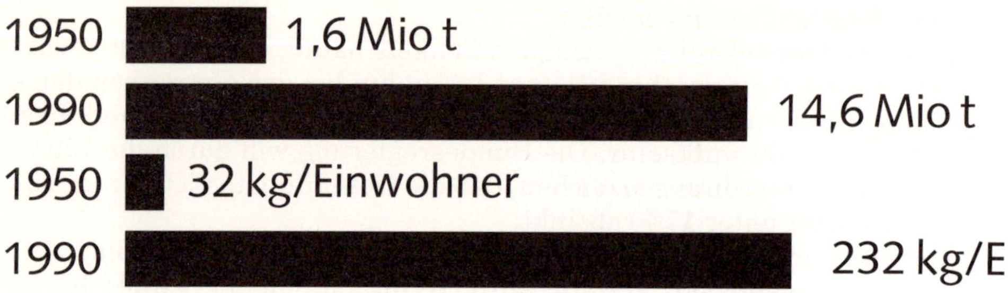

Anteil Altpapier an der Papierproduktion

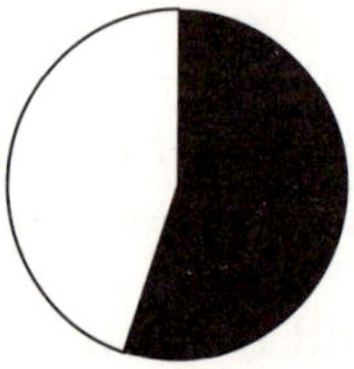

Möglichkeiten der Altpapierverwendung/Neupapiereinsparung:

Bereich	Ist-Altpapierquote	mögliche Altpapierquote	zusätzliche Altpapier-verwendung
Schulbücher	2%	50%	18.000 t
Schulhefte	30%	90%	47.000 t
Kopierpapier	16%	70%	300.000 t
Zeitungspapier	59%	70%	356.000 t

Altpapier ist geduldig

Durch einen immensen Papierverbrauch (er liegt pro Kopf bei ca. 232 kg; Weltdurchschnitt: 45 kg) tragen die Bundesbürgerinnen zum masssiven Müllaufkommen und zur Abholzung von Wäldern bei. Eine Reduzierung dieses oft völlig unnötigen Papierverbrauches ist also ökologisch wünschenswert; ein wichtiger Beitrag dazu wäre die verstärkte Einbindung von Altpapier in die Neuproduktion von Papier, Pappe und Karton.
Während 1950 der Papierverbrauch in der BRD noch bei 1,6 Mio. t lag (1), waren es vierzig Jahre später bereits 14,6 Mio. t. Dies ergab einen Pro Kopf-Verbrauch von 232 kg pro EinwohnerIn (2), womit die BR Deutschland hinter den USA und Japan den dritten Platz in der Skala der Papierverschwender belegt.
Auf der anderen Seite ist der Altpapier-Anteil bei der deutschen Papierproduktion im internationalen Vergleich relativ hoch. 49% der produzierten Papiermenge bestehen aus Altpapier. Diesen Anteil zu steigern ist ein wichtiges umweltpolitisches Ziel. Einerseits würde das Müllaufkommen und Abfallvolumen der Haushalte (ca. 12% des Hausmülls besteht aus Papier) reduziert, andererseits könnte neuer Zellstoff, neues Holz und damit die Rodung weiterer Bäume eingespart werden.
Der Altpapiermarkt in der BR Deutschland ist jedoch weitgehend gesättigt. Die Papierindustrie hat 1990 5,7 Mio. Tonnen Altpapier verwendet; zur Verfügung standen aber bereits 6,3 Mio. Tonnen. Dieser Überhang bedeutet, daß der Altpapiermarkt gesättigt und die Preise entsprechend niedrig sind. Viele Kommunen zahlen mittlerweile erhebliche Beträge, um das Altpapier ihrer BürgerInnen einsammeln zu lassen, ohne daß der Verkauf dieses Rohstoffes tatsächlich die Kosten wieder einbringen könnte (3).
Wenn diese Situation anders werden soll, muß die Nachfrage nach Altpapier gesteigert werden. Das Institut für Umwelt- und Energieforschung, Heidelberg sieht noch erhebliche Verwendungspotentiale für Altpapier (zusätzliche 5,2 Mio. Tonnen). Dies bedarf aber einer entsprechenden Nachfrage der VerbraucherInnen. Als Beispiele für eine zusätzliche Verwendung von Altpapier und einer Einsparung von neu-produziertem Papier werden u.a. genannt:
– Schulbücher. Zur Zeit ca. 2% aus Recycling-Papier bestehend. Technisch wäre eine Altpapierquote von mindestens 50% möglich, wodurch 18.000 t Altpapier wiederverwendet werden könnten.
– Schulhefte. Zur Zeit ca. 30% Altpapierquote; technisch machbar: 90%. Zusätzliche Altpapierverwendung: 47.000 Tonnen.
Weitere Verwendungs-/Einsparmöglichkeiten gibt es in anderen Bereiche, so beim Kopierpapier und im Zeitungsbereich.
Ein höherer Altpapieranteil und auch das Einsparen von Papier (Kopien beidseitig, Vermeidung unnötigen Papierverbrauchs) sind umweltpolitische Ziele, die ohne große Einbuße an Lebensqualität erreichbar sind. Es bedarf lediglich eines wachen VerbraucherInnenverhaltens. Die Verwendung von ökologisch-sinnvoll recycletem Papier wo immer möglich gehört dazu.

Quellen:

(1) Daten zum Papierverbrauch 1950 aus Umweltbundesamt: Daten zur Umwelt 1990/91, Berlin 1992.
(2) Daten aus Greenpeace-Studie Papier, erstellt vom IFEU-Institut Heidelberg, Hamburg 1991 (Vorabdruck).
(3) Ebenda.

Was kann ich schon tun?

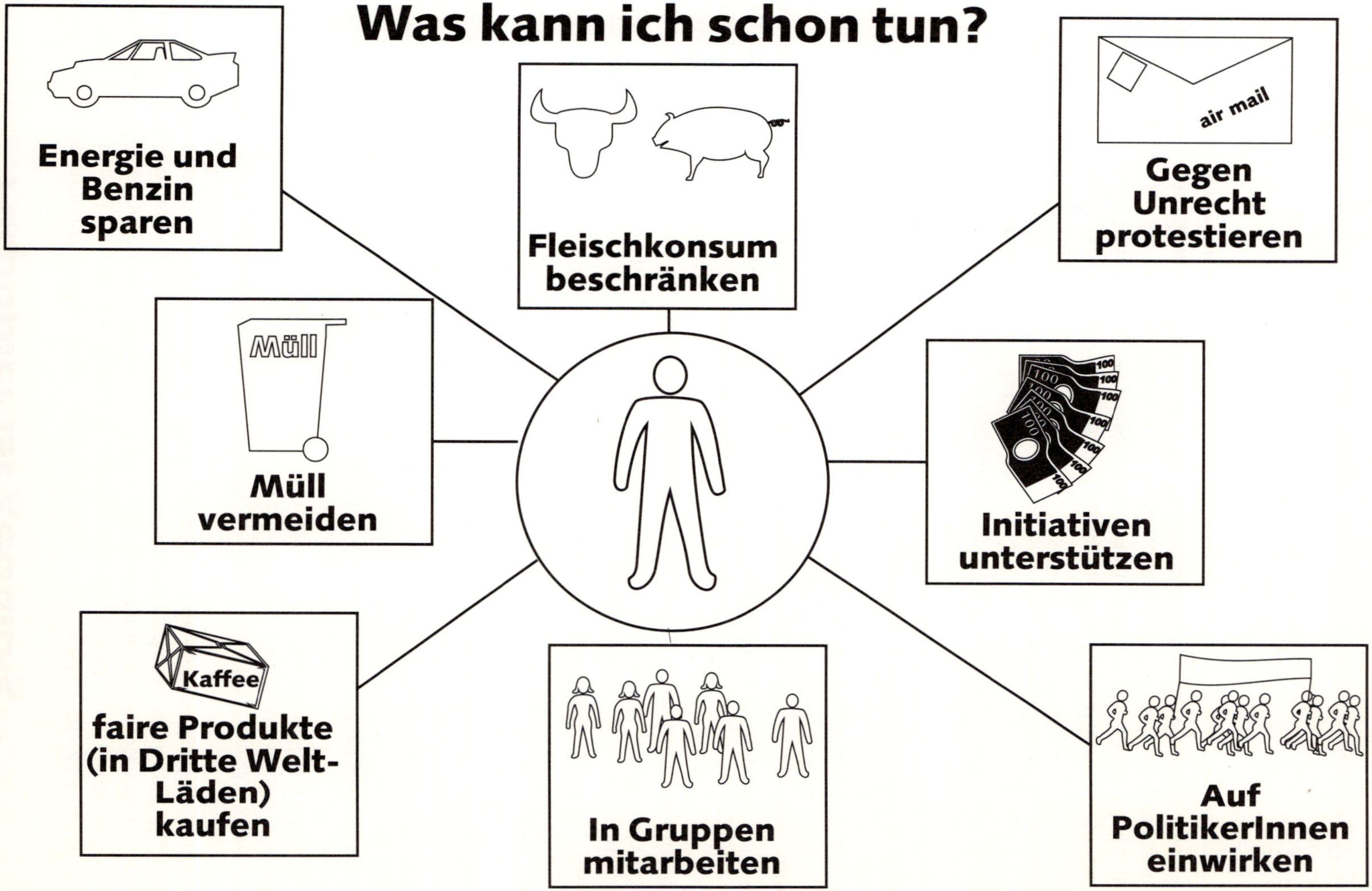

Was kann ich schon tun?

Informationen über weltweite Armut, eine wachsende ökonomische Kluft zwischen Nord und Süd oder die ökologischen Gefährdungen des Planeten Erde lassen viele Menschen resignieren; es fehlt u.a. auch eine Handlungsperspektive, die Mut machen könnte, die vor allem durch die Erfahrung gemeinsamer Betroffenheit und gemeinsamer Gegenaktion Stärke entstehen läßt.

Die Frage, was ich oder wir angesichts der oft Angst verursachenden Sachverhalte tun können, sollte Bestandteil des Unterrichts und der Bildungsarbeit sein. Dabei geht es zunächst darum, den Schritt zu gehen von der Resignation, der apathischen Lähmung des "es hat ja doch keinen Sinn" zur Bereitschaft, doch mit anderen zusammen zu versuchen, ein bißchen gegenzusteuern, gegenzuleben. Was hält mich ab, etwas zu tun, was gibt mir das Gefühl, daß Engagement doch nichts bringt? Diese Fragen sollten Gegenstand eines Gespräches werden, bei dem es gerade darauf ankommt, sich gegenseitig diese Resignation einzugestehen.

Einzelne SchülerInnen, die sich irgendwo schon engagiert haben, können vielleicht von ihren Erfahrungen berichten, vor allem davon, wie dieses Engagement sie selbst verändert hat, welche positiven Entwicklungen und neuen Wahrnehmungen bei ihnen dadurch ausgelöst wurden. Ähnlich können sich auch VertreterInnen von Basisgruppen etc. vor der Klasse äußern.

Der Hinweis auf mögliche Felder des Engagements ist dann nur noch der letzte Schritt. Das Schaubild zeigt einige Bereiche, in denen – mit unterschiedlichen Zumutungen – jede(r) etwas tun kann im Sinne einer menschen- und umweltgerechten Entwicklung. Ob dies mehr individuell – als kritische(r) VerbraucherIn, als KäuferIn von "fairen Produkten" im Dritte Welt Laden, als VermeiderIn von Abfall im eigenen Haushalt, als EnergiesparerIn oder bei der (fleischärmeren) Ernährung – geschieht, hängt von der persönlichen Situation ab. Sicher ist nicht jede(r) gewillt und in der Lage, sich in politischen Gruppen zu betätigen, auf PolitikerInnen einzuwirken, Briefe und Petitionen zu schreiben oder sonstige Protestformen wahrzunehmen. Aber der Hinweis auf existierende Basisgruppen vor Ort (Dritte Welt, Frieden, Ökologie, ai etc.) ist wichtig, weil er vielleicht den SchülerInnen soziale Lernchancen eröffnet, die man gerade in der Schule nicht geboten bekommt.

Spenden sind im übrigen zwar die häufigste Tätigkeitsform im entwicklungspolitischen Kontext, stehen aber in der Gefahr, daß die persönliche Eingebundenheit in den Problemkreis damit vermieden werden soll. Hier sollten eher entwicklungspolitische Initiativen vor Ort unterstützt werden, die sich gerade die Bewußtseinsveränderung zum Ziel gesetzt haben.

Sich zu engagieren für die Lösung globaler Probleme geschieht ohne Erfolgsgarantie und ohne Schutz vor Frust. Diese Zumutungen auf sich zu nehmen, ist nicht leicht. SchülerInnen brauchen dafür auch das ermutigende und glaubwürdige persönliche Beispiel von Menschen, denen sie vertrauen.

Wenn wir das gewußt hätten ...

Wenn wir das gewußt hätten ...

Vielfältig sind die Versuche, durch Aufklärung und Information Menschen auf drohende Gefahren, auf politische Mißstände oder Verbrechen aufmerksam zu machen. Dies geschieht stets in der Hoffnung, daß dieses "zur Kenntnis Bringen" doch zur Einsicht und zur Verhaltensänderung führen möge.
Was wäre, wenn wir das alles gewußt hätten, wenn wir geahnt hätten, in welchem Maße wir das Überleben der gesamten Menschheit aufs Spiel gesetzt haben, daß unsere "Weltordnung" täglich Tausende zu Tode kommen läßt? Oder haben wir es gewußt und doch nicht gewußt, verdrängt, verharmlost und verleugnet? Haben wir Zuflucht genommen zu den vielen Ideologien im Angebot, die uns einreden, dies alles sei hinzunehmen oder auf absehbare Zeit käme die neue, bessere Zukunft, wenn wir nur alles so weiterlaufen ließen wie bisher?
Information schafft noch keine Einsicht und Aufklärung keine Verhaltensänderung. Es stellen sich andere, weitergehende Fragen:
Wie können Menschen in einem existentiellen Sinne bewegt werden? Oder auch: Wodurch lassen wir selbst uns bewegen, was (be)trifft uns wirklich, was gibt den Mut hinzusehen, verringert die Angst, damit wir nicht mehr verdrängen müssen? Und was sind unsere Träume und Ziele, unsere Projekte und Vorhaben, was gibt Hoffnung, Mut, Energie, Power, an den "Projekten des Lebens" zu arbeiten?

Anregungen zur Weiterarbeit:
Lassen Sie die SchülerInnen zur Aussage des Schaubildes ("Glaubst Du denn, wir hätten so weiter gemacht, wenn wir das alles gewußt hätten") Stellung beziehen. Was wissen wir denn wirklich nicht? Was hindert Menschen, Einsichten zu ziehen und Veränderungen (bei sich und in der Politik) durchzuführen? Was halten wir persönlich für die größte Schwierigkeit, selbst konsequent zu sein? Welchen Vorwurf könnten spätere Generationen an uns richten, wenn wir wirklich alles so weiterlaufen ließen?

Hinweise zur Benutzung dieses Schaubilderbuches

1. Die Schaubilder versuchen, aus teilweise sehr komplexen Zusammenhänge einzelne Aspekte darzustellen und zu erläutern. Manche Ausarbeitungen sind dabei bewußt provokativ formuliert, um ausgewählte Gesichtspunkte deutlich zu machen.
2. Das Anspruchsniveau der Darstellungen und Texte ist unterschiedlich. Viele Schaubilder dürften eher für die Oberstufe oder die Erwachsenenbildung geeignet sein. In fast jedem Fall ist eine Vorbereitung (Hinführung zum Thema) und eine Nachbereitung (Erläuterung der Schaubilder, Zusammenhänge herstellen, Vertiefung, Aktivierung) notwendig. Die "Hinweise zur Weiterarbeit" sollen dabei behilflich sein.
3. Die Grafiken und Texte folgen keinem "geschlossenen Weltbild", das auf alle Probleme und Gefährdungen die richtige Antwort parat hätte. Wir haben durchaus auch unterschiedliche, ja gegenläufige Aspekte eines Themas dargestellt. Viele Bereiche müssen wir heute eher als offene Problemfelder beschreiben; wie die politischen Lösungen (des Nord-Süd-Gefälles wie der globalen Ökologie) genau aussehen könnten, steht noch dahin. Mehr und präzisere Fragen zu stellen ist zur Zeit vielleicht die angemessene und ehrlichere Form der politischen Bildung als fertige Antworten zu vermitteln.
4. Alles hängt mit allem zusammen. Wir haben deshalb darauf verzichtet, bei den einzelnen Schaubildern ständig Querverweise auf andere Grafiken anzugeben. Das ausführlichere Inhaltsverzeichnis (Seiten 3 bis 5) hilft hoffentlich bei der Suche nach Anknüpfungspunkten.
5. Auch die Begrifflichkeit dieses Buches ist unfertig. Endlos ist der Streit über Termini wie "Dritte Welt" oder "Entwicklungsländer", unbestritten ihre unguten Assoziationen, offen weiterhin die Frage, was denn an ihrer Stelle sinnvollerweise als Begriff verwendet werden sollte. Ein ideologiefreies Äquivalent gibt es (noch) nicht, weshalb wir an diesen alten, ursprünglich keineswegs negativ gemeinten Bezeichnungen festgehalten haben.
6. Die Schaubilder und Erläuterungen können im besten Falle einzelne Aspekte weltweiter Verwicklungen einsichtig machen; dies allein wird aber weder die Welt verändern noch die SchülerInnen oder BesucherInnen von Bildungsveranstaltungen zum Engagement bewegen. Auch wir glauben nicht (mehr) an die automatische Wirkung der Aufklärung, die in der Informationsvermittlung allein den Hebel für Veränderungen sieht. Doch die Überwindung von Resignation und Angst, die Ermutigung von Menschen und die Stärkung ihres Selbstvertrauens, auch das Leiden an ungerechten Verhältnissen und das Empfinden solidarischer Gemeinsamkeit, dies alles kann ein Buch nicht leisten. Der Atlas der Weltverwicklungen will in diesem Sinne Arbeitsmaterial an die Hand geben, das derartige Prozesse unterstützt, die Sie (und andere) anstossen müssen.

Bielefeld, im Sommer 1992 *Georg Krämer*

DRITTE WELT HAUS BIELEFELD

Das Dritte Welt Haus Bielefeld ist eine kleine, unabhängige Einrichtung, die seit 1980 besteht. Wir arbeiten im Bereich der entwicklungspolitischen Bildung und unterstützen einzelne, ausgewählte Projekte (mit Schwerpunkten Südliches Afrika/Mittelamerika). Neben acht hauptamtlichen MitarbeiterInnen arbeiten 10 verschiedene Gruppen zu unterschiedlichen Themen und Ländern. Die Finanzierung erfolgt durch kirchliche und öffentliche Zuschüsse, durch Spenden und durch Selbstausbeutung.
Wir veröffentlichen Unterrichtseinheiten, wirken mit bei Lehrerfortbildungen und Seminaren und unterstützen Schulen, Gruppen und Kirchengemeinden in der entwicklungsbezogenen Bildungsarbeit. Unsere Buchhandlung versendet bundesweit Unterrichtsreihen und "Dritte Welt-Fachliteratur".
Das Dritte Welt Haus ist ein gemeinnütziger Verein, der für jede Spende dankbar ist. Alle Zuwendungen sind steuerlich absetzbar.

Dritte Welt Haus Bielefeld
Konto: 90 894 bei Sparkasse Bielefeld (480 501 61)

Hinweise auf einige Materialien

Dritte Welt Haus Bielefeld: Eine Welt für alle. Unterrichtseinheiten für Sek. I und Sek. II. 64 S., Bielefeld 1990.
Die Broschüre (Din A 4) enthält Unterrichtsvorschläge, Hintergrundinformationen, kopierfähige Schülerarbeitsblätter und OH-Folienvorlagen zu den Themenbereichen "Zweigeteilte Weltgesellschaft"; "Weltwirtschaft am Beispiel Bananen"; "Globale Ökologie" und "Vorschläge für Projekttage/Projektwochen". Preis: 7.- DM (incl. Porto).

Dritte Welt Haus Bielefeld: Von Ampelspiel bis Zukunftswerkstatt. Ein Dritte Welt-Werkbuch. Peter Hammer-Verlag, Wuppertal 1990. 203 S.
Das für die Praxis konzipierte Werkbuch beschreibt 60 verschiedene kreative methodische Zugänge, in Unterricht oder Bildungsarbeit die "Dritte Welt" zum Thema zu machen. Die Vorschläge werden an einem konkreten Beispiel erläutert.
Preis: 16.80 DM.

Dritte Welt Haus Bielefeld: Auflistung Unterrichtseinheiten Sek. I und II. oder: **Auflistung Unterrichtseinheiten Grundschule.** Jährlich erneuerte knappe Auflistung von ca. 20 verschiedenen Unterrichtsmaterialien zum Thema "Dritte Welt", die in der letzten Zeit erschienen sind und für die Schule geeignet sind. Preis: 1.- DM (in Briefmarken zusenden).

Dritte Welt Haus Bielefeld
August Bebel Str. 62, 4800 Bielefeld 1
Tel. 0521/62802 · Fax 0521/63789